Johann Jacoby

Heinrich Simon - Ein Gedenkbuch für das deutsche Volk

Johann Jacoby

Heinrich Simon - Ein Gedenkbuch für das deutsche Volk

ISBN/EAN: 9783741167621

Hergestellt in Europa, USA, Kanada, Australien, Japan

Cover: Foto ©Andreas Hilbeck / pixelio.de

Manufactured and distributed by brebook publishing software (www.brebook.com)

Johann Jacoby

Heinrich Simon - Ein Gedenkbuch für das deutsche Volk

Heinrich Simon.

Ein Gedenkbuch für das deutsche Volk.

Herausgegeben

von

Dr. Johann Jacoby.

Zweiter Theil.
Mit Heinrich Simon's Denkmal.

Berlin.
Verlag von Julius Springer.
1865.

„Unsere Geschichtsschreibung ist erbärmlich, weil es an Biographieen fehlt; diese sind komponirt, statt objektiv. Wenn mir Ein Menschenleben von Tag zu Tag vorliegt in seinem Handeln und Denken, soweit das an äußerlichen Momenten darstellbar ist, so giebt mir dies eine bessere Einsicht in die Geschichte der Zeit, als die beste allgemeine Darstellung derselben."

Heinrich Simon.
(S. Thl. II. S. 179).

Inhalts-Verzeichniß.

                                                                    Seite
I. Kap. Die Märztage von 1848. Breslauer März-Depu-
         tation   1
II.   „ Vorparlament und Fünfziger-Ausschuß. Das deut-
         sche Parlament. Reichsregentschaft. Uebertritt
         auf Schweizerboden   17
III. „ Am Genfer See. Kauf des Gutes Mariafeld.
         Wiederhergestelltes Familienleben. 1849 bis 1851   121
IV.   „ Uebersiedlung nach Zürich. Industrielle Unterneh-
         mungen. 1852 bis 1857   144
V.   „ Wiedereintritt in die Politik. 1858. 1859 . . .   191
VI.   „ Die letzten Monate. 1860   201

Anhang.

I. Kap. Ehrenschenkung   225
II.   „ Einweihung des Simon-Denkmals am Wallensee.
         (Das Grütli der Deutschen.)   229
III. „ Heinrich Simon. Ein Nachruf   244

I.
Die Märztage von 1848. — Breslauer März-Deputation.

In keiner der acht preußischen Provinzen dürfte die Nachricht der französischen Februar-Revolution so erregte Gemüther vorgefunden haben, wie in der Provinz Schlesien. Abgesehen von anderen Umständen hatte die früher erwähnte Landeskalamität*) naturgemäß die Nächststehenden am tiefsten getroffen. Und so empfand man's auch in Schlesien doppelt, inmitten einer sturmbewegten Zeit den ständischen Ausschuß in Berlin ruhig und sorglos fortlagen zu sehen. Die Herren beriethen den neuen Strafgesetz-Entwurf, der vom Volke schon deshalb verurtheilt wurde, weil er auf politische Vergehen entehrende Strafen setzte. Erst am 6. März 1848 wurde der Ausschuß, und zwar ohne irgend ein Zugeständniß von Seiten der Regierung, — entlassen.

An demselben 6. März sollte die erste Volksversammlung in Breslau abgehalten werden. Sie wurde verboten, der Versammlungsplatz von Militär besetzt. In Folge dessen steigerte sich die Aufregung. Es kam zu Reibungen mit der bewaffneten Macht. Die Gemüther zu beruhigen,

---

*) Siehe den Schluß des ersten Theils.

ward eine außerordentliche Stadtverordneten-Versammlung zusammenberufen. Man beschloß in derselben, im Einverständniß mit dem Magistrat, eine Deputation an den König zu senden, Preßfreiheit und sofortige Berufung des Vereinigten Landtages zu fordern. Dies befriedigte jedoch weder die dicht gedrängten Zuhörer noch das draußen erwartungsvoll harrende Volk. Als darauf der Stadtverordnete Tschocke weitergehende Anträge stellen wollte, erhob sich in der Versammlung, dann auf den Zuhörerbänken heftiger Tumult. Die Sitzung wurde geschlossen und nur mit Mühe ein Zusammenstoß des Militärs und der Bevölkerung vermieden.

Zwei Tage später, am 8. März, ward in geheimer Sitzung des Magistrats und der Stadtverordneten beschlossen, eine Deputation, bestehend aus dem Oberbürgermeister Pinder und dem Stadtverordneten-Vorsteher Gräff, mit einer weitergehenden, der Volksstimmung und den Zeitereignissen besser entsprechenden Petition an den König zu senden. Am 13. März kehrte die Deputation von Berlin zurück mit der königlichen Genehmigung zur Organisation einer — „unbewaffneten" Bürgergarde und mit anderen halben Zugeständnissen, die Niemand zufrieden stellten. Von jetzt ab brachte jeder Tag neue Koncessionen, — aber zu spät. Das Volk war den königlichen Verheißungen vorangeeilt.

Nur einem seltenen Zusammentreffen günstiger Umstände ist es zu danken, daß die Stadt Breslau in jenen Tagen vor einer blutigen Revolution bewahrt blieb. Die Bürgerwehr war sofort organisirt worden, ihr und einem Freikorps von mehren hundert Arbeitern, Studenten und anderen jungen Leuten ward die Ueberwachung der Stadt anvertraut. Der Gouverneur, Graf Brandenburg, zog mit staatskluger Mäßigung das Militär zurück und öffnete das Zeughaus zur Bürgerbewaffnung. Vor allem wirkte aber die Einsicht und Energie der freisinnigen Parteiführer und das unbedingte Vertrauen des Volkes zu ihnen.

Am 19. März kamen die ersten Nachrichten von dem Straßenkampf in Berlin. Die Spannung war fieberhaft; die Haltung der Bevölkerung wurde von Stunde zu Stunde drohender. Volksmassen umstanden das Rathhaus, durchströmten die Straßen. Die Behörden erwiesen sich ohnmächtig. Der Oberpräsident der Provinz, v. Wedell, verließ auf Verlangen der Bevölkerung die Stadt; der Polizeipräsident Heinke legte sein Amt nieder, andere dem Volke mißliebige Beamte flohen oder verbargen sich. Auch Magistrat und Stadtverordnete hatten ihren Einfluß verloren. Die Namen der verhaßten Minister, der Name Metternichs, den man auf der Flucht von Wien in Breslau verborgen wähnte, wurden an die Schandsäule geschlagen. Tag und Nacht war die Bürgerwehr auf den Füßen. Eine Schreckensnachricht jagte die Andere. Bald fürchteten die Volksmassen Verrath aus Rußland: es hieß, russische Regimenter hätten die Grenze überschritten; bald hielten sie sich bereit die Eisenbahnschienen zu zerstören: es hieß, schlesisches Militär solle der berliner Besatzung zu Hülfe eilen. Die Rufe: „Abdankung des Königs!" „Republik!" wurden erst vereinzelt, dann immer häufiger gehört. Zagend sah man dem kommenden Tage entgegen. Er brachte ausführliche Berichte über das Blutbad in Berlin, zugleich aber die Nachricht von der Entlassung der Minister und die königliche Proklamation, die eine constitutionelle Verfassung versprach.

Am Morgen desselben Tages, noch vor Ankunft des Berliner Bahnzugs, fand bei Gräff eine Versammlung der hervorragendsten Parteiführer und sonstiger angesehener

Einwohner Breslaus statt. Auch da hörte man die Forderung: „Abdanken! Republik!" Ja, der „Landeshauptmann für Schlesien" wurde schon genannt. Von anderer Seite wurde dagegen ein Sicherheits-Ausschuß vorgeschlagen, und dieser Vorschlag fand zuletzt allgemeine Billigung.

Der „Sicherheits-Ausschuß", die sog. provisorische Regierung, wurde denn auch selben Tages gewählt: Vorsitzender desselben war der zeitherige Oberbürgermeister Pinder (bald darauf zum Oberpräsidenten der Provinz ernannt); die Mitglieder: Heinrich Simon, Abegg, Reg.-Rath Kuh (von Anfang April bis November Breslauer Polizeichef), Dr. Stein, Graf Eduard Reichenbach, Kaufmann Laßwitz u. A.

Das Volk, die städtischen Behörden und was von königlichen Behörden noch in Breslau vorhanden, respektirten die Beschlüsse dieser Kommission, die permanent auf dem Rathhause tagte. Sie blieb während der gefährlichsten Tage in Funktion und löste sich dann selbst auf.

Eine der ersten Handlungen des Sicherheits-Ausschusses war die Absendung einer Deputation an den König. Dieselbe bestand aus den Stadtverordneten Kopisch, Hipauf, Schreiber, Linderer, Siebig, Tschocke, den Stadträthen Becker und Theiner, Rittergutsbesitzer v. Weigelt, Kaufmann Laßwitz, Dr. Stein, Präsident Abegg und Heinrich Simon.

Unter den zahlreichen Deputationen, die damals aus allen Provinzen der Monarchie die Wünsche des Volkes vor den Thron brachten, unterschied sich die Breslauer März-Deputation von vorn herein durch Eins, sie forderte: „Urwahlen" als Fundament des neuzugestaltenden Staatswesens. Heinrich Simon und Stein waren es, die zuerst dies Schlagwort ausgesprochen, — eine Forderung, anfangs von Wenigen verstanden, deren Bedeutsamkeit aber bald allgemein einleuchtete: das Volk wollte sich selbst seine Verfassung geben!

Der Vorsitzende des Sicherheits-Ausschusses, Oberbürgermeister Pinder, hatte das dem Könige zu überreichende Schreiben verfaßt. Er las es vor. „Vom Allgemeinen Landtage wollen Sie die Constitution ausarbeiten lassen?!" rief Simon. — „Aber mein Gott! von Wem anders?!" — „Von den aus dem gesammten Volke frei gewählten Vertretern!" war Simon's Antwort. Dies entschied, und „Urwahlen!" war fortan das Losungswort der Breslauer Demokratie. —

Am andern Morgen sollte die Deputation nach Berlin gehen. Draußen harrte das Volk zu Tausenden; bis auf die Rathhaustreppe stand die Menge Kopf an Kopf gedrängt. Von Zeit zu Zeit kamen Rapporte von allen Enden der Stadt, von Zeit zu Zeit wurden Seitens des Sicherheits-Ausschusses die nothwendigen Befehle ertheilt. Dazwischen beruhigende Ansprachen beliebter Führer, bei welcher Gelegenheit namentlich Abegg sich als tüchtiger Volksredner bewies. Er sprach überzeugt und überzeugend, ruhig, mild und doch zugleich mit kraftvoller Autorität. Der Ruf: „Republik!" ertönte auf's Neue. Mit der Antwort: „Urwahlen!" wurde ihm begegnet.

Eine neue Petition an den König wird entworfen. Das erste beste Blatt Papier in der Eile dazu benutzt. Die allgemein gestellten Forderungen: Preßfreiheit, freies Associationsrecht, Geschwornen-Gericht u. s. w. begannen, „Urwahlen" schlossen die Petition. Nur wenn sämmtliche Wünsche sofort erfüllt würden, verbürgte sich der Sicherheits-Ausschuß, für die Ruhe der Stadt einstehen zu können.

Dienstag, am 21. März, früh sieben Uhr reiste die Deputation ab.

In Liegnitz, in allen Städten, in denen der Zug anhält, heißt's: „Wir schließen uns Euren Forderungen an!" Abends 9½ Uhr in Berlin angelangt, begiebt sich die Deputation sofort ins königliche Schloß. Sie wünscht dem König gemeldet zu werden; aber Preußen ist über Nacht ein „constitutioneller" Staat geworden: der Wunsch kann nur durch den Premierminister, Grafen Arnim, vermittelt werden.

Die Deputation überreicht dem Minister die Forderungen des Sicherheitsausschusses. Er liest, und sagt sichtlich überrascht: „Aber, meine Herren, Sie fordern Unmögliches. Sie gehen ja weiter als selbst die Rheinprovinz. Seine Majestät hat in einer eben erlassenen Proklamation gewährt, was nur irgend gegeben werden kann."

Die Deputation beharrt bei ihren Forderungen; deren sofortige Gewährung allein könne Breslau, Schlesien beruhigen. Abegg schildert mit beredten Worten, wie sie Breslau im völligen Insurrektionszustand verlassen; die königlichen Behörden seien theils geflohen theils außer Thätigkeit, Magistrat und Stadtverordnete ohnmächtig; — der Sicherheitsausschuß, die einzig dort noch respektirte Behörde, habe mit dem Volke durch Entsendung der Deputation einen Kompromiß geschlossen. „Der Thron schwankte," so endet er seine Rede, — „wir stützten ihn durch das Versprechen, mit dem **allgemeinen Stimmrechte** heimzukehren."

Darauf gab Stadtverordnete Kopisch Details über die Breslauer Zustände; Simon brachte die Forderungen des Volks einzeln zur Geltung.

Die Debatte dauerte zwei Stunden. Der Schwerpunkt betraf die Urwahlen. Das anfangs „Unmöglich"

scheinende" wurde ins Auge gefaßt. Die Frage: ob direkte
Wahlen, ob indirekte, ob geheime, ob öffentliche Abstimmung?
wurde behandelt. Die Deputation, nicht weiter autorisirt,
stellte als Grundbedingung auf, daß das zu erlassende Wahl=
gesetz „die Interessen aller Staatsbürger in gleichem
Maße zu wahren habe."

Schließlich meinte der Premier, er sehe dennoch die
Möglichkeit nicht ab, schon dem am 2. April zusammen=
tretenden Landtage eine derartige Proposition vorzulegen.

Graf Arnim hatte — nach Simon's Ansicht — bei
dieser ganzen Verhandlung eine vollkommen diplomatische
Staatsklugheit bewährt. Nur einmal entschlüpfte ihm die
Aeußerung: „Sie glauben nicht, was Alles dem Könige
in den letzten Tagen gerathen worden! Flucht aus Berlin!
und" — — (eine Pause) — „aber ich habe darauf bestan=
den, er dürfe Berlin nicht verlassen!" Im Laufe der
Debatte hatte der Graf seinen politischen Standpunkt aus=
führlich erörtert und dabei auf die Worte Gewicht gelegt:
„Der wahre Staatsmann müsse den Anforderungen einer
bewegten Zeit immer um einen Schritt vorangehen."

Auf die Bemerkung der Deputation, daß ihr Auftrag
an den König selbst gehe, antwortete der Minister: „Es
ist Mitternacht, der König schläft; er hat drei Tage und
drei Nächte nicht geschlafen! Doch wenn die Herren wün=
schen, will ich ihn wecken lassen......"

Die Audienz wurde auf den nächsten Morgen 10 Uhr
angesetzt.

Als am folgenden Tage (22. März) um 8 Uhr Morgens
die inzwischen aus Liegnitz angekommene Deputation mit
der Breslauer eine gemeinsame Berathung hielt, erklärte
Simon: „Wir müssen vor Allem darauf bestehen, daß der
Vereinigte Landtag gar nicht mehr zusammentritt, daß der

König das Wahlgesetz sofort erläßt, und schleunigst Urwahlen eingeleitet werden."

Mit diesem Entschluß gingen beide Deputationen zur Audienz.

Der König, von den Ministern und einigen hohen Militairs in Civilkleidung umgeben, saß nachlässig auf einem Sessel, überwacht, bleich; die Augen eingesunken, die Gestalt wie zusammengefallen. Ein erschütternder Anblick, das volle Bild der Verfallenheit. Graf Arnim stellte die Deputirten vor. Des Königs Gesicht blieb regungslos.

Der Verabredung gemäß ergriff Präsident Abegg zuerst das Wort zur Schilderung der breslauer und schlesischen Zustände. Er sprach tief ergreifend! Des Königs Gesicht blieb unverändert. Nur bei der Erwähnung, daß Graf Reichenbach*) wesentlich dazu beigetragen, die Ruhe der Stadt Breslau zu erhalten, trat eine Bewegung in des Königs Züge. Abegg schloß seine Rede mit der Auseinandersetzung dessen, was jetzt Noth thue, vor Allem: „unter Beseitigung des Vereinigten Landtags die schleunige Einleitung von Urwahlen nach sofortigem Erlaß eines volksthümlichen Wahlgesetzes."

Sodann sprach Kopisch**). Er gab Details aus den letzten Breslauer Tagen. Ungeschminkt, in einfacher Weise berichtete er über die bedeutungsreichsten Vorgänge. Zuweilen versagte ihm die Stimme vor Rührung. Thränen rollten ihm über die Wangen. Die Sprache des schlichten

---

*) Graf Eduard Reichenbach gehörte seit Anfang der vierziger Jahre zur freisinnigen Partei und war bei Hofe und seinen Standesgenossen besonders mißliebig.

**) Kaufmann, Bruder des Dichters. „Der Mann hat ein großes Herz!" sagte Simon noch in der Erinnerung an jenen Augenblick tief ergriffen.

warmherzigen Mannes machte einen sichtlichen Eindruck auf
den König, und selbst Worte wie: „Ich habe Aeußerungen
gehört, daß ein König, der unschuldiges Bürgerblut ver-
gossen, nicht auf dem Throne bleiben könne!" brachte mehr
die Erregung des Menschen, als die der beleidigten Majestät in seine Züge. Die Anrede schloß mit den Worten:
„Ew. Majestät! wenn Sie uns alle diese Forderungen be-
willigen, so" — mit abgewendetem Gesichte und gebrochener
Stimme — „hoffe ich, das Volk wird Ihnen verzeihen."
   Nun nahm der König das Wort, anfangs bewegt,
dann mit dem sichtlichen Bestreben, die Audienz zu schließen.
Er dankte den Deputirten, daß auch sie beigetragen, die Ruhe
in Schlesien aufrecht zu erhalten; ermahnte zum Zusammenhalten, da Einigung in Preußen, in ganz Deutschland jetzt
mehr Noth als je. Deshalb habe er sich an die Spitze der
deutschen Bewegung gestellt; man solle sich um ihn
schaaren. Im Westen bedrohe der Feind die Grenzen. Er
habe seinem Volke bereits eine Verfassung auf breitester
Grundlage verheißen in seiner Proklamation vom 10. März.
Er habe den Vereinigten Landtag zum 2. April einberufen,
habe auch die Wünsche der Deputation erfüllt u. s. w.
Nach und nach war des Königs Stimme monoton geworden.
Bei den folgenden Worten aber erhob er sie, und der Ton
erhielt eine gewisse Herbigkeit: „Das Alles that ich aus
eigenem freien Entschluß! merken Sie sich das, meine
Herren! Ich that es freiwillig!" Im Uebrigen verwies
er sie an seine „konstitutionellen" Minister und wollte gehen.
   Da trat Simon vor. Er sagte ungefähr Folgendes:
„Die Lage der Sache hat sich geändert, was gestern genügt
hätte, genügt nicht heute. Die jetzige Zeit erfordert große
Maaßnahmen. In Tagen, wo man sich nur mit Anstrengung aller Kräfte über dem Strom erhalten kann, dürfen

die Rücksichten auf ein bloß formelles Recht nicht Statt haben; sie werden dann zum Unrecht. Mag immerhin der Vereinigte Landtag zur Zeit noch als das gesetzliche Organ des Landes zu betrachten sein; aber er wurzelt nicht im Volk, und das Volk wendet sich mit Mißtrauen von ihm. Majestät! Schmälern Sie nicht Ihre neuste Verheißung, sich an die Spitze der deutschen Bewegung zu stellen. Es wäre ein innerer Widerspruch, dem Vereinigten Landtage die Berathung eines Gesetzes in die Hand zu geben, welches über die Zukunft unseres Staatslebens entscheiden soll. Möge Ew. Majestät nicht anstehen, aus eigener Macht sofort ein Gesetz zu verkünden, das die Urwähler zur Wahl der Abgeordneten einer National-Versammlung zusammenberuft."

Der König erwiderte noch einige Worte über den allgemein ausgesprochenen Wunsch des Landes, den Vereinigten Landtag zu berufen, und verwies in Bezug auf diese weitere Frage abermals an sein „verantwortliches" Ministerium. Die Audienz war geschlossen; sie hatte eine Stunde gedauert.

Nun traten die Deputationen mit dem Ministerium zusammen. Von diesem wurde ihnen die bereits ausgefertigte Kabinets-Ordre übergeben, in der alle ihre Wünsche erfüllt waren, einschließlich der Urwahlen. Das Wahlgesetz sollte dem Vereinigten Landtag sofort nach seinem Zusammentritt zur Begutachtung vorgelegt werden. Der auf diese Weise zu bildenden Volksvertretung blieb die weitere gesetzliche Thätigkeit vorbehalten.

Ueber die neue Frage nun, ob der Landtag überhaupt noch zusammenzutreten habe, entspann sich zwischen Ministerium und Deputation eine mehr als dreistündige Debatte. Von einer Seite leitete sie Graf Arnim, von der anderen ausschließlich Simon und Abegg. Scheinbar galt es eine unwesentliche Frage. Denn das Ministerium wußte so gut wie die Deputirten, daß der Vereinigte Landtag nur noch in der Luft schwebte, daß er bei seinen Entschließungen sich lediglich von der Zeitströmung werde treiben lassen. So konnte Graf Arnim allerdings mit Grund zu Simon sagen: "Bleiben Sie einige Tage hier, arbeiten Sie den Entwurf zum Wahlgesetze aus, ich stehe dafür, daß er angenommen wird." Und Simon konnte dies, unbeschadet der Sache, ablehnen.

Aber es galt in diesem Moment eine Prinzipienfrage: Anerkennung der Revolution, oder Anbahnen der **Reaktion**! Und da hieß es bei Letzterer: "Zeit gewonnen, Alles gewonnen!"

Die anwesenden Minister Graf Schwerin, Heinrich v. Arnim, schienen der Frage gegenüber eine unentschiedene Stellung einzunehmen. Kühne (interimistisch das Finanz-Ministerium verwaltend) streute hier und da Argumente rein büreaukratischer Natur ein. Kriegsminister v. Rohr zeigte sein Mißfallen über die neue Anforderung durch Kopfschütteln. Bornemann schien ihr geneigt. Graf Arnim aber — und vielleicht er allein unter seinen Kollegen — war sich seines Zieles wohl bewußt. Er that jenen Schritt voraus, den er Abends vorher als des wahren Staatsmannes würdig bezeichnet, aber er that ihn der Reaktion zu. Um dies gefahrlos thun zu können, stellte er sich als verantwortlicher Minister auf den Boden der "Gesetzlichkeit".

Simon dagegen betrachtete dieses künstliche sog. Festhalten des Bodens der Gesetzlichkeit, der ja längst — auch von der Regierung — verlassen war, als Unwahrheit und bloßen Vorwand. Das gab denn eine seltsame Situation.

Der "constitutionelle Minister" staunt, daß die Deputationen heut auf etwas bestehen, was gestern nicht gefordert worden, was „ungesetzlich" sei. Die Forderung erfüllen, wäre Absolutie. „Und gerade Sie' — sich zu Simon wendend — „können doch am Wenigsten den Boden des Gesetzes verlassen wollen, der Sie immer für Gesetzlichkeit eingetreten, der Sie noch im vorigen Jahre bei Erlaß des Patents vom 3. Februar — der Regierung den bitteren Vorwurf machten, daß sie den Weg des Gesetzes nicht inne gehalten habe." „Darauf habe ich zu erwidern", — war die Antwort — „daß damals, mitten im Frieden, der König das längst Verheißene, längst mit Sehnsucht Erwartete zu erfüllen hatte. Hätte er es gethan, so ständen wir wahrscheinlich nicht inmitten der jetzigen Katastrophe. Heut aber — nach einer Revolution — verhält es sich anders. Heut wird Niemand die Wohlthaten, die der König geben will, und die das Volk fordert, Absolutie nennen. Von demselben Standpunkt, von dem aus Sie den Erlaß eines Wahlgesetzes ohne Landtag für ungesetzlich erklären, müssen alle bisherigen Zugeständnisse des Königs ungesetzlich genannt werden. Geben Sie nicht halb, das säete bisher Mißtrauen und hat die Regierung gestürzt. Stellen Sie sich auf einen höhern Standpunkt, um den das deutsche Volk sich schaaren kann!"

Graf Arnims Antwort — ob sarkastisch, ob diplomatisch — lautete: „Ich gebe zu, daß Sie die größeren Staatsmänner sind, aber erkläre, daß ich meine Dimission einreiche, wenn der König Ihren Wunsch erfüllt." „Und ich auch! — ich auch!" riefen Graf Schwerin, der Kriegsminister und die Andern.

Die Debatte wurde zeitweise sehr heftig. Man verhandelte anfänglich in der Nähe der königlichen Gemächer, zog sich dann wegen jenes Grundes in einen entfernteren

Saal zurück. Und während dieser seltsamen Situation, in welcher der Volksmann den Vorwurf auf sich lud, den König wieder zum absoluten Herrscher machen zu wollen, — und das zarte Gewissen des neugebackenen „constitutionellen" Ministers sich gegen jenes Ansinnen sträubte, — ordnete sich in den Straßen Berlins, unter den Fenstern des königlichen Schlosses, in düsterer großartiger Feierlichkeit der Trauerzug, welcher die in der Revolution gefallenen Volkskämpfer zur Ruhe geleitete.

Endlich zogen sich die Minister zurück, um mit dem Könige zu berathen. Als sie nach längerer Zeit zurückkehrten, hatte die Kabinetsordre den wichtigen Zusatz erhalten: „Daß der König bei Einberufung des Vereinigten Landtages glaube den allgemeinen Wunsch des Landes zu erfüllen, und daher für jetzt auf den Antrag der Deputationen nicht eingehen könne." Dieser Zusatz genügte jedoch Letzteren nicht. Erst eine dritte Fassung der Kabinetsordre, die in Folge nochmaliger heftiger Debatte, nach nochmaliger Rücksprache der Minister mit dem Könige statt fand, entsprach annähernd ihren Wünschen, da nunmehr die Berücksichtigung eines etwanigen Protestes des Landes gegen Einberufung des Landtages in Aussicht gestellt war. — Gegen vier Uhr verließen die Deputationen das Schloß. Der Telegraph meldete die gewonnenen Resultate sofort nach Breslau. Mit dem Nachtzug kehrten die Deputirten nach Breslau zurück, nachdem es ihnen gelungen, noch in Berlin die königliche Kabinets-Ordre, mit einer an die städtischen Behörden Breslaus gerichteten, von Simon redigirten Zuschrift, in zahlreichen Exemplaren drucken zu lassen.

Breslau empfing am 23. März, Mittags zwölf Uhr, seine Deputirten am Bahnhofe und geleitete sie mit einem seiner großartigsten improvisirten Volkszüge aufs Rathhaus.

Die heimgebrachte Kabinets-Ordre und die Zuschrift der Deputation lauteten:

„An die städtischen Behörden von Breslau."

„Die zur Verhandlung über die Anträge der Sicherheits-Kommission der Stadt Breslau nach Berlin gesendete Deputation, welcher sich in Berlin eine Deputation der Stadt Liegnitz angeschlossen, überreicht hiermit, als Resultat ihrer Unterhandlungen, das von Sr. Majestät dem Könige und dem verantwortlichen Ministerium gezeichnete, hier angeschlossene Programm über das künftige Verhältniß zwischen der Krone und dem Volke.

„Die Deputation hat dem Könige und den Ministern gegenüber ihre Ueberzeugung dahin ausgesprochen, daß bei dem Andrange der Ereignisse das im angeschlossenen Programme gedachte Wahlgesetz sofort zu emaniren und nicht zuvor dem Vereinigten Landtage vorzulegen sei, der bei der neuen Ordnung der Dinge unmöglich erscheint.

„Die Deputation hofft, daß die bedeutenderen Kommunen des Staates ihre Stimmen in dieser Beziehung sofort abgeben werden, indem es hiervon abhängt, ob das auf Urwahlen gegründete Wahlgesetz dem Vereinigten Landtage vorzulegen oder nicht."

Berlin, den 22. März 1848.

Die Deputation der Stadt Breslau.

(Namen.)"

An die Deputirten der Städte Breslau und Liegnitz.

„Nachdem Ich eine konstitutionelle Verfassung auf den breitesten Grundlagen verheißen habe, ist es Mein Wille, ein volksthümliches Wahlgesetz zu erlassen, welches eine auf Urwahlen gegründete, alle Interessen des Volkes, ohne Unterschied der religiösen Glaubensbekenntnisse, umfassende Vertretung herbeizuführen geeignet ist, und dieses Gesetz vorher dem Vereinigten Landtage zur Begutachtung vorzulegen, dessen schleunige Berufung Ich nach allen bisher Mir zugegangenen Anträgen, für den allgemeinen Wunsch des Landes halten muß. Diesem bisher kund gegebenen Wunsche des Landes würde Ich entschieden zuwiderhandeln, wenn Ich nach Ihrem Antrage das neue Wahlgesetz ohne ständischen Beirath erlassen wollte.

„Sie werden daher, wie Ich zu Ihrer Loyalität vertraue, sich selbst überzeugen und Ihre Committenten davon zu überzeugen wissen, daß Ich auf Ihren gedachten Antrag für jetzt, und so lange nicht der allgemeine Wunsch des Landes sich dem Ihrigen anschließt, nicht eingehen kann."*)

„Der auf jene Weise zu bildenden neuen Vertretung Meines Volkes werden dann auch, Meinen bereits kund gegebenen Entschließungen entsprechend, Vorschläge über folgende Punkte vorgelegt werden:
1) über Sicherstellung der persönlichen Freiheit;
2) über freies Vereinigungs- und Versammlungsrecht;

---

*) Der erste Zusatz, den die Kabinets-Ordre erfahren, ist mit vergrößerter, der zweite Zusatz mit doppelt vergrößerter Schrift gedruckt.

3) über eine allgemeine Bürger-Wehr-Verfassung mit freier Wahl der Führer;
4) über die Verantwortlichkeit der Minister;
5) über die Einführung von Schwur-Gerichten für Strafsachen, namentlich für alle politischen und Preßvergehen;
6) über die Unabhängigkeit des Richterstandes;
7) über die Aufhebung des exmirten Gerichtsstandes, der Patrimonial-Gerichtsbarkeit und der Dominial-Polizei-Gewalt.

„Außerdem werde Ich demnächst das stehende Heer auf die neue Verfassung vereidigen lassen."

Berlin, den 22. März 1848.

Friedrich Wilhelm."

Gr. Arnim. Rohr. Gr. Schwerin. Arnim. Kühne.

Das Weitere in dieser Angelegenheit ist bekannt: die zahlreichen Proteste, namentlich aus Schlesien, gegen den Zusammentritt des Landtages, die dennoch getheilten Stimmen in der Monarchie, die Marionetten-Figur des Vereinigten Landtags, dem noch in der königlichen Proklamation vom 21. März die Aktion in der deutschen Frage zugedacht war ꝛc.

Immerhin hatte die Regierung Zeit gewonnen; der weit bis in den Mai hinausgeschobene Zusammentritt des Reichsparlaments in Frankfurt a. M. war eine Folge des verzögerten Erlasses des preußischen Wahlgesetzes.

II.

Vorparlament und Fünfziger-Ausschuß. — Das deutsche Parlament. — Reichsregentschaft. — Uebertritt auf Schweizerboden.

Bei der Rückkehr von Berlin, am 23. März 1848, fand Simon folgendes Schreiben vor:

Heidelberg, 12. März 1848.

Verehrter deutscher Mann!

„Aus der Bekanntmachung des unterzeichneten Komités werden Sie ersehen haben, daß dasselbe sämmtliche Deputirten der verschiedenen Kammern Deutschlands und jene, welche früher Deputirten waren, sodann die Bürgermeister, so wie die Mitglieder des gesetzgebenden Körpers der freien Städte eingeladen hat, sich am 30. März zu Frankfurt a. M. einfinden zu wollen, um am 31. März der ersten Versammlung und Berathung über die Gründung einer Volksvertretung, Volks-Parlament, bei dem deutschen Bunde beiwohnen zu können.

„Das Komité ist aber auch beauftragt, andere ihm bekannte ausgezeichnete, freisinnige Männer zu dieser Versammlung einzuladen, und stellt daher an Sie, verehrter

deutscher Mann! das Ersuchen, jener Versammlung in
Frankfurt a. M. beiwohnen zu wollen."

Das Komité.

Binding I. (für Frankfurt a. M.). Gagern (für Darm=
stadt). Römer (für Würtemberg). Stettmann (für
Preußen). Welker (für Baden). Itzstein (für Baden).
Willich der Aelt. (für Baiern).

Unterm 26. März 1848 schreibt Simon an Immer=
mann:

„Gott grüße Sie im freien Vaterlande, mein lieber
Immermann! Ich würde mich jetzt mit vollster Ruhe jeden
Moment zum Sterben niederlegen. Die Ideen, in denen
ich gelebt, und für die ich gekämpft — sie treten ins Leben
über das kühnste Hoffen hinaus. Ich habe das unendliche
Glück gehabt, auch unmittelbar dafür in Berlin wirken
zu können und fühle mich ganz beschämt, daß mir so viel
geworden.

„Ich bin zu der vorbereitenden deutschen Reichsver=
sammlung nach Frankfurt a. M. geladen und habe einige
Blanquets zu Einladungen tüchtiger Volksmänner erhalten.
Eins derselben folgt anbei, und ersuche ich Sie, sich am
28sten Abends in Leipzig einzufinden, an welchem Tage ich
dort ankomme. Erkundigen Sie sich nach meiner Wohnung
bei Robert Blum. Urlaub ist mit Leichtigkeit zu erlangen.
— Beiläufig, das Vorhaben ist auch für den Beamten
völlig loyal, da der König in derselben Richtung geht, und
Sie werden Momente für's ganze Leben dort gewinnen, —
die bedeutendsten deutschen Männer dort sehen.

„Ich rechne auf Sie."

Heinrich Simon.

Anderen Tages reiste Simon nach Frankfurt a. M. ab. Er glaubte — in vierzehn Tagen wieder daheim zu sein! —

Der gewichtige Antheil, den Heinrich Simon als Mitglied des Vorparlaments, des Fünfziger-Ausschusses und der deutschen Reichsversammlung an den politischen Ereignissen der Jahre 1848 und 1849 hatte, geht aus den Briefen und Reden hervor, die wir hier folgen lassen.

An .... zu Breslau.

Frankfurt am Main, 11. April 1848.

"Ermüdet von des Tages Last und Arbeit finde ich Ihren Brief mit der Nachricht über die Aeußerungen, die ...... in Eurer Klubsitzung über mich und Abegg gethan. Die folgenden Mittheilungen werden Sie in den Stand setzen, den Klub über die wahre Sachlage aufzuklären.

"Ich muß kurz sein, da ich eben, Abends zehn Uhr, nach Hause komme und morgen acht Uhr auf's Bureau muß. Ueberhaupt verfluche ich meine zeitige Stellung;*) sie ist die undankbarste von der Welt. Sowohl bei dem Vorparlamente als bei den jetzigen Sitzungen bin ich neben Allem, was jeden Anderen trifft, von Morgens bis in die Nacht mit diesen Teufels-Schreibereien, Anordnungen, Auskunftgeben ꝛc. beschäftiget — Nichts war vorbereitet, — und ich bin im Wortsinne in den ersten acht Tagen Morgens acht Uhr ausgegangen und kein Mal vor dem andern Morgen ein, zwei Uhr nach Haus gekommen, so daß mich

---

*) Er war zum Sekretair sowohl bei dem Vorparlament als bei dem Fünfziger Ausschuß gewählt worden.

nur die ungeheure Aufregung aufrecht erhalten. All diese
Bemühungen sind recht verdienstlich, aber nach außen sehr
undankbar; denn sie ziehen von der Hauptsache nothwendig
ab, wenn man nicht geistige Riesenkräfte hat, und zum
Ueberfluß macht man's dem Zehnten nicht recht. Doch
zur Sache, d. h. einige Mittheilungen über mein Verhalten bei dem Vorparlament.

„Bei meinem Wirken leitete mich ein Gesichtspunkt,
den ich nicht einen Moment aus den Augen verloren: unter allen Umständen und mit Beseitigung aller Hindernisse,
kämen sie von Ultra's der einen oder anderen Seite, die
baldigste Zusammenberufung einer wahrhaften
constituirenden deutschen National-Versammlung
zu sichern. Das war der ausschließliche Zweck des Vorparlaments. — Das Volk, das wirkliche Volk allein,
nicht jene bunt komponirte Versammlung, hat das Recht
niederzureißen und aufzubauen.

„Vor diesem großen Ziele mußte nach meinem Dafürhalten jede Parteirücksicht schwinden. Ich habe viele
der Exaltirten beschworen, nicht durch unzeitiges Austreten
aus jener Versammlung das Wohl des Vaterlandes und
nebenbei ihre Partei zu ruiniren. Dessenungeachtet haben
sie, fast absichtlich, einen Bruch herbeigeführt, der das
Vaterland in die drohendsten Gefahren stürzen konnte. Es
ist über diesen Schritt hier nur eine Stimme gewesen,
und sehr charakteristisch war die Art, wie sofort das anwesende Publikum — vielleicht dreitausend Personen — die
Sache aufnahm. Es erscholl sofort mehrseitig der Ruf:
„Man erkläre sie für Vaterlands-Verräther!"

„Nachdem jene Partei — Hecker und Struve an der
Spitze — sich entfernt hatte, wurde die „Souverainetät
des Volkes" in Hinblick auf die kommende deutsche Na-

al-Versammlung ausgesprochen, — ein Beschluß, der genügend zeigte, wer die Rückbleibenden gewesen.

„Was die beiden namentlichen Abstimmungen betrifft, welche von jener Partei als Parteiabstimmungen ausgebeutet werden, so habe ich bei der Frage über indirekte oder direkte Wahlen, im Prinzip für direkte Wahlen gestimmt; die weitere Frage aber: ob sämmtliche Staaten jetzt dem aufzustellenden Prinzipe gezwungen sein sollten? verneint, theils weil thatsächlich in Betreff mehrerer Staaten, namentlich Oesterreichs, angenommen wurde, daß sie sich momentan nicht fügen könnten; theils, weil es unter den augenblicklichen Verhältnissen in den Bauernkreisen ganz zweifellos ist, daß bei den großen Güterkomplexen namentlich in Oesterreich, — direkte Wahlen lediglich die herrschaftlichen Verwalter und dergleichen in die Versammlung bringen und ein dem Volke ungünstigeres Resultat herbeiführen würden. Das, was bei erwachtem politischen Leben, vielleicht in sechs Monaten bereits, zweckmäßig sein sollte, ist es heute noch nicht.

„Es erscheint unter allen Umständen sehr albern, in Beziehung auf einen Mann, der für das Volk unausgesetzt gekämpft hat, anzunehmen, er werde gegen die freiesten Wahlen sein; d. h. gegen die, welche den Volkswillen am sichersten zu Tage fördern. Es war bei Gott sehr wohlfeil, im vorliegenden Falle für direkte Wahlen zu stimmen. Ich liebe aber den wohlfeilen Ruhm nicht, sondern liebe das Volk.

„Die zweite namentliche Abstimmung fand darüber statt, ob die vorbereitende Versammlung sich für „permanent" erklären sollte. Ich stimmte dagegen, aus dem einfachen Grunde, weil mir nichts sicherer war, als daß sich diese Permanenz Seitens einer sehr eigenthümlich komponirten Vorversammlung — wenigstens die Hälfte der Versammlung hatte kein innerliches Recht, in derselben zu sitzen — der Zusammentritt einer wirklichen National-Vertretung nicht erfolgen, sie vielmehr selbst die Konstituante spielen würde, und dazu war sie nicht geeignet.

„Außerdem habe ich für den Soiron'schen Antrag (für eine Vertretung zu je Fünfzigtausend statt Siebenzigtausend) gestimmt; kurz überall dafür, daß der wirkliche Volkswille sich in der National-Versammlung kundgeben möge. Dies mein ausschließliches Ziel. Ich kann nicht auf Einzelnheiten eingehen, da mir die Zeit fehlt.

„In Beziehung darauf, daß ich Theil genommen haben soll an den Vorberathungen der republikanischen Rheinpreußen, in denen diese ihre Operationspläne beschlossen, daß ich jedoch nie mit ihnen gestimmt u. s. w., — so habe ich meinen Mitbürgern, insbesondere den Breslauern gegenüber, Gott sei Dank! nicht nöthig, meinen Charakter zu rechtfertigen. Von den Rheinländern sind mehrere der Führer mir näher getreten. Wenn diese als Republikaner geschildert werden, so ist dies unwahr. Alle diese bedeutenden Männer stehen vielmehr vollkommen auf meinem Standpunkte, die Republik als die zweifellos richtige Staatsform zu erachten, im Moment aber — auch für die Rheinprovinzen — für unzweckmäßig. Sie haben nicht für die Republik gewirkt.

„Im Uebrigen ist jene ganze Geschichte thatsächlich unwahr. Der ...... hat wahrscheinlich von einer Versammlung sprechen hören, die wir am Abend vor der Wahl des Fünfziger-Ausschusses bei Blum und Itzstein hatten, wo die Wahlliste für den Ausschuß festgestellt und beschlossen wurde, die Ausgetretenen zum Wiedereintritt zu vermögen. Es war dort nächst den Ausgeschiedenen die äußerste Fraktion versammelt, bei der zur Sprache kam, ob man wählen, resp. die Wahl annehmen solle. Nach langen Reden schloß sich endlich Itzstein meiner Erklärung an: „daß mir alle Partei-Rücksichten untergeordnet erschienen, ich nur ein Ziel kenne: die National-Versammlung, und nicht wüßte, wie es vor dem Vaterlande zu entschuldigen wäre, wenn wir nicht wählen oder die Wahl nicht annehmen wollten."

Ich erklärte, daß es sich hier um eine mir so heilige Gewissenspflicht handle, daß ich mich in keinem Falle dieserhalb an einen Parteibeschluß binde, sondern jedenfalls wählen würde. Diese Ansicht von der Nothwendigkeit der Wahl, die Johann Jacoby, Abegg, Raveau, Wesendonk und viele Andere vertheidigten, ging durch.

„Mein Name wurde in die Wahlliste aufgenommen. Als bei Feststellung der zu Wählenden von mehreren Seiten auf die oben gedachten namentlichen Abstimmungen wesentlich Rücksicht genommen wurde, erklärte ich, daß man dann meinen Namen von der Wahlliste streichen solle. Es wurde jedoch nun auch hier hervorgehoben, daß diese namentlichen Abstimmungen unmöglich als entscheidend gelten könnten, da sie nicht über reine Prinzipienfragen erfolgt, und man beharrte ausdrücklich darauf, mich Seitens dieser Partei zu wählen. Ich habe vier Fünftheile der Stimmen gehabt, d. h. nur die Ausgetretenen haben mich nicht gewählt.

„Eine Erklärung, die ich eine Meile von Frankfurt abgelegt haben soll, daß ich mit der entschiedensten Partei stimmen würde, ist eine Erfindung, oder es sind aus dem Zusammenhang genommene Worte. Eine derartige Verpflichtung wäre lächerlich gewesen.

„Ich will zum Schluß noch mein politisches Glaubensbekenntniß ablegen, mein jetziges; denn die Zeit schreitet über Alles weg. Als ich Mitte März in einem Flugblatt ein deutsches Reichsparlament wollte, welches die Souverainetät der einzelnen Staaten in Beziehung nach außen vollständig aufhebt, da waren die daran geknüpften Einzelheiten meinen Freunden noch ganz außer allem Zusammenhange, — heut will das Jeder, und so gestehe auch ich offen und ehrlich, daß ich heut nicht mehr der bin, der ich vor sechs Wochen war. Wo diese ungeheuren Zeiten in dem Einzelnen wahrhaftes Leben vorgefunden haben, da hat auch nothwendig ein entschiedenes Vorwärtsgehen eintreten müssen.

„Ich will, um kurz zu sein, demokratische, d. h. aus dem Volk entsprungene und rein für das Volk wirkende Regierungs-Formen. Ich will die Einheit Deutschlands, und ich nehme an, daß wenn diese begründet, der Volkswille sich vollständig geltend machen kann. Ich halte dafür, daß diese Einheit jetzt unmöglich, wenn an einzelnen wenigen Punkten die Republik proklamirt würde. Ich erkläre, daß ich unbedingt und mit vollster Hingebung das anerkennen werde, was sich bei der konstituirenden Versammlung, sofern sie frei zusammengesetzt ist, als Volkswillen erkennbar macht. Ich diene dem Volke.

„Wenn mich bei diesem Glaubensbekenntniß meine Mitbürger zum Deputirten bei der konstituirenden Versammlung wählen, so geht mein höchster Wunsch in Erfüllung. Aus den Händen des Vereinigten Landtages verschmähte ich natürlich, diese Erfüllung anzunehmen. Sie werden in den Zeitungen die betreffende Erklärung von mir und Abegg gelesen haben, die wir fünf Minuten darauf in die Zeitungen trugen, nachdem wir die Nachricht von unserer Wahl erhalten. Ich wünsche von Herzen, daß Ihr bessere Männer haben möget, d. h. solche, die mehr Talent, Charakter,

Kenntnisse und aufopfernde Hingebung für die Volkssache besitzen. Ihr traut mir Alle zu, daß ich mit Freuden dann zurücktrete. Aber in einem solch heiligen Momente ist es Zeit zu sagen: ich wünsche, daß meine Mitbürger mein zukünftiges Leben nach meinem vergangenen beurtheilen mögen. . . . . . .

Heinrich Simon."

Frankfurt a. M. 10. April 1848.

An den königl. preußischen Staats-Minister Herrn R. v. Auerswald. Berlin.

„Ew. Excellenz wollen uns gestatten, uns mit einigen Worten über eine Angelegenheit auszusprechen, welche Preußen verderblich zu werden droht. Als am 22. März d. J. eine Deputation der Stadt Breslau deren Anträge bei der Krone formirte, erklärte der Minister des Auswärtigen, Herr Heinrich v. Arnim, dem mitunterzeichneten H. Simon, in Veranlassung der eben anwesenden Posener Deputation, daß er in Betreff der nothwendigen Freigebung Posens ganz einverstanden sei und überhaupt keine anderen Reichsgrenzen als die Sprachgrenzen anerkenne.

„Bei dieser Ansicht, die nur als die Ansicht des Gesammt-Ministeriums gelten konnte, und die jedenfalls die Ansicht des ganzen gegenwärtigen Deutschlands ist, wie sich auch in den Verhandlungen des Vorparlamentes ausgesprochen — ist es uns eben so unerwartet als betrübend gewesen, wenn wir in den heut hierher gekommenen Verhandlungen des preußischen Allgemeinen Landtages Ew.

Excellenz betreffende Erklärung gefunden haben, nach welcher nur eine sogenannte „nationale Reorganisation Posens unter der Oberherrschaft Preußens" Statt haben soll.

„Der Erfolg einer solchen halben Maßregel scheint uns nicht zweifelhaft. Es liegen unseres Erachtens nur zwei Fälle vor. Posen ist mit Gewalt zu unterdrücken — dann keine Hoffnungen; oder Posen ist freizugeben — dann mit beiden Händen.

„Statt eines dieser Fälle ist wie wir annehmen, ein unglückseliger Mittelweg eingeschlagen, der alle Nachtheile des ersten Weges ohne die Vortheile des zweiten in sich vereinigt. Man hat mit Worten den Polen Hoffnungen auf volle Wiederherstellung erweckt und in der That sich ihnen feindlich gegenüber gestellt; man unterhandelte mit ihnen wie Macht gegen Macht und erklärte gleichzeitig Posen in Belagerungszustand.

„Welche aber von den beiden erwähnten Richtungen jetzt noch einzuschlagen, ist uns unbedenklich. Der Weg der Gewalt ist, abgesehen von allen Gründen des Rechts und der Politik, einfach schon deshalb zu verwerfen, weil er nach dem Zeugniß, welches die letzten sechs Wochen in ganz Europa abgelegt, unmöglich ist. Dagegen bietet die Freigebung Polens, ungeachtet aller damit verbundenen Verluste, die größten Vortheile, könnte man selbst davon absehen, daß es uns der Weg erscheint, den die Ehre Preußens gebietet. Nur auf diese Weise ist Polen, welches ungeachtet alles Temporisirens wieder auferstehen wird, als befreundeter Nachbar zu gewinnen; nur so ist es in die Macht Preußens gelegt, die von Deutschen bewohnten Grenz-Theile bei Preußen zu behalten; nur so erhalten wir einen Bundesgenossen gegen Asien; nur so kann Preußen sich vollständig Deutschland hingeben; nur so kann Preußen sich selbst genug thun, — d. h. vorangehen, wo es Entfaltung und Stärkung deutschen Geistes und deutscher Macht gilt.

„Wir beschwören Ew. Excellenz, in dieser gefahrdrohenden Angelegenheit auf ein schnelles und entscheidendes Handeln hinzuwirken, ehe auch hier sich das verhängnißvolle „zu spät" geltend macht. Man gebe die offene Erklärung öffentlich ab, daß man ein selbstständiges polnisches Reich wolle, und daß man lediglich zu dem Zwecke noch provisorisch die Regierungs-Gewalt inne behalte, um den Polen Gelegenheit zu geben, sich als Staat zu organisiren.

„Deutschland und Frankreich fordern die Wiederherstellung Polens; Deutschland fordert die Mitwirkung seiner Regierungen hierzu. Wir beschwören Sie, nicht ferner in einer Angelegenheit, in der die preußische Ehre zwei Generationen hindurch gelitten, durch Maßregeln, welche von Mißtrauen, Halbheit und Unwahrheit zeugen, Alles verlieren zu lassen ohne Etwas zu gewinnen.

„Wir haben zu diesem Schreiben auch noch eine besondere Veranlassung. Binnen Kurzem dürfte der Fünfziger-Ausschuß, von einer Deputation des polnischen Komités aufgefordert, sich in ähnlicher Art an die preußische Regierung wenden, und es erscheint uns wünschenswerth, daß die Freigebung Posens Seitens dieser Letzteren selbstständig und nicht abgedrungen erfolge; daß ferner die Stimmung, die jetzt schon leider eine höchst ungünstige für Preußen ist und in dieser Richtung noch verstärkt wurde durch die Deputirten-Wahlen Seitens des Vereinigten Landtages für die deutsche National-Versammlung, nicht durch das diplomatische Verhalten gegen Polen auf einen dem Vaterlande verderbenbringenden Grad gesteigert werde.

Hochachtungsvoll und ganz ergebenst

H. Simon. Johann Jacoby. Abegg.

———

Frankfurt a. M., 25. April.

„Woher kommt die Langsamkeit des preußischen Gouvernements bei den Wahlen zum deutschen Parlamente, — in einer Angelegenheit, der keine in diesem Momente an Wichtigkeit gleichsteht? Woher kommt dies bei Ministern, denen der gute Wille bei Beschleunigung dieser Wahlen nicht abzusprechen sein dürfte?

„Die Antwort ist einfach. Es kommt von jener Armee der noch aus dem alten Regime stammenden Beamten, die ihrerseits gar kein so außerordentliches Interesse dabei finden, die feste Konstituirung einer neuen Zeit zu fördern. Wir fangen bei den Direktoren im Ministerium des Innern, Herren v. Manteuffel*) und Matthies, an und hören bei den Landräthen auf. Sehr viele von diesen Herren werden Herrn v. Auerswald**) pflichtmäßig versichert haben, daß eine weitere Beschleunigung unmöglich, und Herr v. Auerswald hat ihnen anscheinend nicht darauf erwiedert, daß seit sechs Wochen diese Sorte von Unmöglichkeit sich unmöglich gemacht habe.

„Wir machen ausdrücklich darauf aufmerksam, daß diejenigen Administrativ-Beamten, welche der neuen Ordnung der Dinge widerstreben, baldigst beseitigt werden müssen;

———

*) Der spätere Minister-Präsident.
**) Damaliger Minister.

inzwischen aber würde es im Interesse des Volkes sein, wenn diejenigen unter ihnen, die anerkanntermaßen sich durch ihr Ultrathum ausgezeichnet haben, namentlich zusammengestellt und dem Volke, damit es sich vor ihnen hüte, durch die Zeitungen vorgeführt würden. Wir fordern hierdurch zu derartigen Zusammenstellungen in Berlin und in den einzelnen Provinzen auf.

"Wir weisen ferner dringend darauf hin, daß jede Thätigkeit der besten Minister gehemmt werden muß, wenn ihren Entschlüssen durch die fehlende Harmonie mit den Ministerialräthen und den Provinzialbeamten die Ausführung nicht gesichert ist. Wir machen darauf aufmerksam, daß von allen Oberpräsidenten nur die von Schlesien und Preußen geändert sind, und in den andern Provinzen zum Theil anerkannt Reaktionairgesinnte an der Spitze stehen; mit den Regierungs-Präsidenten ist es wo möglich noch ärger, und vor Allem sind die massenhaft vollgepfropften Ministerial-Büreaus zu säubern und unter den Geheimen Ober-Räthen in Berlin aufzuräumen. Wir garantiren dem Volke, daß ohne diese Maßregel allem zu seinen Gunsten Geschehenden die Spitze abgebrochen werden wird.

Heinrich Simon."

In Betreff der italienischen Frage schreibt Simon im April 1848:

"Ich bin vollständig damit einverstanden, daß wir den Italienern (der provisorischen Regierung zu Mailand) antworten, und auch mit der Art, in welcher der Kommissionsantrag dies vorschlägt. Das, was wir in Polen wollen, müssen wir auch in Italien wollen: Freiheit, Gerechtigkeit.

„Wir sprechen unserem eigenen Handeln, unserer eigenen vaterländischen Begeisterung das Todesurtheil, wenn wir den Kampf anderer Nationalitäten um Freiheit nicht anerkennen. Wir wollen uns nur dadurch von der einstigen französischen Republik unterscheiden, daß wir den Völkern die Freiheit nicht bringen, nicht aufzwängen wollen. Aber wenn eine fremde Nation im heiligen Kampfe erklärt: Ich will frei sein! so wäre es Deutschlands unwürdig, wenn es seine Kräfte dazu hergeben wollte, in dem Kampfe gegen diese Nation die Freiheit selbst zu bekämpfen.

„Soviel über die Frage selbst. Ich verschmähe es, in dieser Frage über das Prinzip hinauszugehen und auf das Feld der Nützlichkeit hinüber zu treten; verschmähe die leichte Ausführung, daß unsere jugendliche Freiheit nimmer blühen wird, wenn geknechtete Nationalitäten unsere Nachbarn sind. Daß die österreichischen Abgeordneten des Fünfziger-Ausschusses in dem Kommissionsantrage eine Beleidigung Oesterreichs sehen, ist ungerechtfertigt. Eine von uns ausgehende Beleidigung gegen einen einzelnen deutschen Stamm ist eine Unmöglichkeit; es wäre eine Beleidigung gegen uns selbst. Darüber also dürfen jene uns besonders werthen Männer beruhigt sein. Es kann bloß die Rede sein von Ansichten über die gestürzte, über die vergangene Politik Oesterreichs — und da wird uns die volle Kompetenz zuzugestehen sein, wenn jene Männer erwägen, daß wir unter jener verabscheuungswerthen Politik nicht weniger gelitten haben, als sie selbst. Es wird schwerlich Einer unter uns sein, der die Schmach jenes Gouvernements, für sich wie für ganz Deutschland, nicht eben so tief gefühlt hätte als irgend ein Oesterreicher, und der nicht fest davon überzeugt wäre, daß Deutschland heut auf einer andern Stufe stände, wenn die gedachte österreichische Politik nicht jeden Freiheitsfunken mit gewaltiger Wucht im Keime erstickt hätte. Auch wir sind durch das Metternich'sche System geknechtet gewesen, und auch wir werden daher die Kompetenz haben, unser entscheidendes Wort mitzusprechen bei Allem, was dazu dienen kann, das Wiederauftauchen einer ähnlichen Richtung unmöglich zu machen. Daher halte ich die Annahme des Kommissionsantrages für dringend wünschenswerth.

Heinrich Simon."

An den königl. preuß. Staatsminister Kamphausen.
Frankfurt a. M., 1. Mai 1848.

„Ew. Excellenz wollen gestatten, Ihnen unsere Ansicht über einen wichtigen Gegenstand vorzutragen.

„Die kürzlich Seitens des österreichischen Ministeriums erfolgte Erklärung, daß es einem deutschen Bundesstaate nicht beitreten werde, sofern dieser (— wie dies nothwendig der Fall —) die Souverainetät Oesterreichs beschränke, hat hier und nach Ergebniß der Zeitungen überall die größte Sensation erregt. Durch diese Erklärung wie durch deren von Graf Stadion veröffentlichte Motive, so wie durch die österreichische Konstitution selbst, ist die Thatsache festgestellt: das österreichische Ministerium will nicht die Einheit eines deutschen Bundesstaates in dem Sinne, wie Deutschland sie will.

„Excellenz, noch einmal ist ein für Preußen entscheidender Moment gekommen. Ließe sich Preußen durch die österreichische Erklärung zu einer ähnlichen Erklärung verleiten, so würde es vielleicht die Zustimmung einiger seiner ältesten Provinzen haben, von den übrigen würden einige das gemeinsame Vaterland dem speziellen vorziehen; träte letzterer Fall aber auch nicht ein, so dürfte dennoch die Einheit Deutschlands bei einer solchen preußischen Erklärung vorläufig vernichtet sein, und würde möglicherweise ein anderer Staat einen solchen Schritt benutzen, um den größten Theil des übrigen Deutschlands unter seiner Führung zu einem selbständigen Bundesstaate, mit Ausschluß von Preußen und Oesterreich, zu vereinigen.

„Handelt dagegen Preußen jetzt in offenster und entschiedenster Weise, nach dem leitenden Grundsatze, daß die Einheit Deutschlands auch bei den größten speziell preußischen Opfern herzustellen, und daß daher Preußen die Beschlüsse des konstituirenden deutschen Parlaments, auf welchem ja die preußischen Deputirten allein schon ein so mächtiges Element bilden, unbedingt anerkennt; so sind Preußen die vollsten Sympathieen von ganz Deutschland erworben..

„Momentan bieten sich vorzugsweise zwei Gelegenheiten, diese Gesinnung öffentlich und mit Entschiedenheit vor Deutschland zu bethätigen. Preußen erkläre, daß die Zusammenberufung der konstituirenden preußischen Versammlung, der anerkannten Nothwendigkeit gemäß, bis zur Vollendung des deutschen Verfassungswerkes ausgesetzt bleibe, damit der preußische Staat sich dem deutschen Reiche in soweit unterordnen könne, wie dies die deutsche konstituirende Versammlung um Deutschlands Einheit willen verlangt. Eine solche Erklärung wird um so nothwendiger und nützlicher für die Einheit Deutschlands in einem Augenblicke sein, in welchem Oesterreich mit einer entgegengesetzten hervorgetreten ist. Eine solche Erklärung wird aber auch dadurch geboten, daß zur Zeit die bedeutendsten Kräfte Preußens für die Konstituirung der preußischen Verfassung verloren gehen würden.

„Die zweite Gelegenheit bietet ein Antrag, der nach zuverlässiger Nachricht in den nächsten Tagen dem Ministerium, Seitens des Magistrats und der Stadtverordneten von Königsberg, vorgelegt werden wird. Er verlangt, daß die Regierung den Beschlüssen der Frankfurter konstituirenden Versammlung nicht eher Folge geben solle, bevor sie von dem preußischen Landtage geprüft und angenommen worden.

„Möge die preußische Regierung solchen Anträgen öffentlich und entschieden mit den obigen Grundsätzen entgegentreten.

„Man darf mit Sicherheit annehmen, daß dies — in Vereinigung mit einem entsprechenden Benehmen Preußens in Posen und Schleswig den außerordentlichsten Umschwung in den Gemüthern der Deutschen hervorbringen würde. Es ist ein kostbarster Moment. Möge er nicht für Deutschland, für Preußen verloren gehen."

Heinrich Simon. Johann Jacoby. Abegg. Raveau. Pagenstecher. Beneden. Wedemeyer. Stedtmann. Cetto.

―――――

Bei Gelegenheit der Malmöer Waffenstillstands-Frage*), am 5. September 1848, bestieg Heinrich Simon

―――――

*) Am 26. August 1848 schloß Preußen, in seinem und des deutschen Bundes Namen, zu Malmö einen Waffenstillstand mit Dänemark. Der deutsche Reichsverweser hatte am 7. August die preuß.

zum ersten Mal die Tribüne der Paulskirche. Einer seiner Parlamentsgenossen schildert die Scene, wie folgt: „Simon's Auftreten war längst erwartet worden, erregte deshalb auf allen Seiten eine gewisse Spannung. Anfangs schien er befangen. Plötzlich aber wendete er sich zur Rechten, wo unmittelbar vor ihm Fürst Lychnowsky sich die Privatbemerkung: „sehr schwach! sehr schwach!" erlaubte, und rief demselben mit imponirender Haltung die verweisenden Worte zu: „Fürst Lychnowsky, behalten Sie Ihr Urtheil für sich! Ob meine Rede schwach ist oder nicht, das werden Sie nicht entscheiden. Schweigen Sie!" Von da an sprach Simon mit fester Entschiedenheit, Klarheit und Schärfe und schloß mit den Worten: „Die Stunde ist da, mögen die Männer nicht fehlen!"

Wir theilen auszugsweise Simon's Rede mit:

„Meine Herren! Der Waffenstillstand zwischen Deutschland und der Krone Dänemark, mit dessen Abschluß Preußen beauftragt worden, wird ein gültiger Vertrag erst durch seine Genehmigung Seitens dieser hohen Versammlung und durch die demnächst erfolgende Ratifikation Seitens der deutschen Centralgewalt. So schreibt es in zweifelloser Weise der Art. 4 des Gesetzes, betreffend die

---

Regierung dazu ermächtigt unter verschiedenen, das Interesse der Herzogthümer wahrenden Bedingungen und unter dem Vorbehalt, daß der Abschluß im Namen der „provisorischen Centralgewalt" geschehe. Die Ratificirung Seitens derselben und Seitens der National-Versammlung war vom Reichsministerium als selbstverständlich vorausgesetzt worden. Allein jene gestellten Bedingungen waren bei dem Malmöer Waffenstillstande in keinem Punkte eingehalten, und die durch das Gesetz über die Centralgewalt gebotene Ratifikation wurde zu einem bloßen Schein, da die thatsächliche Ausführung des Waffenstillstandes, wie das Zurückziehen der Bundestruppen ꝛc., begann, ehe noch die Kenntniß, daß ein solcher geschlossen, zum Reichsministerium gelangte. —

Begründung einer Centralgewalt in Deutschland, vor; so hat es zum Ueberflusse von dieser Tribüne herab am gestrigen Tage der Reichsminister des Auswärtigen, am heutigen Tage der Reichsminister des Innern ausdrücklich anerkannt.......

„Wir haben also auf Grund des Art. 4 des Gesetzes vollkommen freie Hand, den Waffenstillstand zu ratifiziren oder nicht, und ich nehme an, daß wir es nicht so machen werden, wie es bisher die Diplomatie gemacht hat, daß wir nicht u n s und die Geschicke Deutschlands von sog. faits accomplis abhängig machen wollen. — Meine Herren, ich trage darauf an, sofortige Maßregeln zu ergreifen, damit die Ausführung des Waffenstillstandes sistirt werde. Ich trage deshalb darauf an, weil ich annehme, daß die Ehre Deutschlands unwiederbringbar dabei leiden würde, wenn diese Sistirung nicht einträte.......

„Ich gehe auf die Einzelnheiten nicht ein. Nur das Eine will ich hervorheben: nach diesem Waffenstillstande würde aus jenem Kampfe der Sieger als Besiegter herausgehen, und dieser Sieger ist Deutschland, und der besiegte Sieger ist Dänemark. — Meine Herren! ich wünsche es nicht bloß, sondern setze es als zweifellos voraus, daß in einem Falle, wie der vorliegende, wo von dem Heiligsten die Rede ist, was eine Nation hat, wo die deutsche Nationalehre der Gegenstand, es hier in dieser Versammlung keine Partheien und keine Schattirungen mehr giebt, sondern daß wir Alle nur von Einem Gefühle, dem der Hingebung für die Gesammtehre des Vaterlandes, beseelt sind. — Wenn man fragt, wie es kommt, daß in dieser Angelegenheit......" (Fürst Lychnowsky vom Platz: sehr schwach!) „Herr Fürst Lychnowsky! Behalten Sie Ihre Aeußerungen für sich! Ob meine Rede schwach oder nicht schwach, ist nicht Ihre Sache in dieser Weise zu beurtheilen! Schweigen Sie! — — Wenn man fragt: Warum wird in dieser Angelegenheit nicht energisch gehandelt? eine Frage, die wahrscheinlich auch bei vielen andern Gelegenheiten schon hätte aufgeworfen werden können, so hört man in demselben Athem zwei Antworten: „Wir haben Rücksicht zu nehmen auf die auswärtigen Mächte, und wir haben Rücksicht zu nehmen auf Oesterreich und auf Preußen!" Ich aber antworte, wir haben keine Rücksicht zu nehmen, als auf die Ehre Deutschlands! Möge es Rußland, möge es Frankreich, möge es England wagen, uns hineinzureden in unsere gerechte Sache! wir wollen ihnen antworten mit anderthalb Millionen bewaffneter Männer. Ich sage Ihnen, nicht Rußland, nicht Frankreich und nicht England werden es wagen, und ich will Ihnen sagen, warum. Deshalb weil sie klug sind; weil sie wissen, daß, wenn sie einen ungerechten Angriff auf Deutschland unternehmen, dies eine deutsche nationale Erhebung herbeiführen würde, wie sie vielleicht die Weltgeschichte noch nicht gesehen hat, eine Erhebung, die freilich lawinenartig nebenbei sehr leicht die 34 deutschen Throne und manches Andere vor sich aufrollen könnte. Also, meine Herren, sie wagen es nicht! — „Aber Oesterreich", höre ich einwenden, „Oesterreich und Preußen sind zu berücksichtigen." — Was Oesterreich anbelangt, so wollen wir es offen gestehen, daß in dessen Verhältnisse zu Deutschland noch Manches dunkel ist, und es wird unsere Pflicht sein, dieses Dunkel so rasch als möglich aufzuhellen....... So viel aber steht fest, daß Oesterreich uns in Beziehung auf unsere auswärtigen Angelegenheiten nicht hinderlich in den Weg treten wird, wäre es aus keinem anderen Grunde, schon aus dem, weil es mit sich vollauf beschäftigt ist. „Aber Preußen", wird mir eingewendet! Nun in dieser Beziehung wird es nothwendig sein, von vornherein jedes Mißverständniß abzuschneiden! Das Volk in Preußen ist durch und durch deutsch, es ist so deutsch, wie irgend ein Stamm in Deutschland. Glauben Sie es mir, daß die hie und da auftauchenden Bestrebungen der Aristokratie in Preußen nicht durchdringen werden gegen jene allgemeine deutsche Gesinnung! Sollte es daher das preußische Gouvernement wagen, verblendet durch jene frevelhaften Bestrebungen Einzelner, sollte es wagen, was ich nimmermehr glauben werde, bis ich es sehe, sollte es seine Hand muttermörderisch aufzuheben wagen gegen Deutschland, — so würde dieses Gouvernement mit schleunigen Schritten seinem Verhängnisse entgegengehen, das Volk in Preußen würde es, vielleicht nach blutigen Zuckungen, beseitigen. Man hat vorhin von der Ehre Preußens gesprochen, und diese Ehre steht sehr hoch, — aber lassen Sie dieses Mißverständniß auch nicht einen Augenblick aufkommen. Es handelt sich bei der Ratifikation dieses Traktates in keiner Weise um die preußische Ehre, es handelt sich nur um die Ehre eines preußischen Ministeriums, und wenn von der Ehre Deutschlands die Rede ist, dann kommt weder die Ehre eines preußischen Ministeriums noch die Ehre des hiesigen deutschen Ministeriums und am wenigsten, ich wiederhole es, irgend eine auswärtige Macht irgendwie in Betracht. Wir haben unendlich Viel bereits versäumt in dieser Angelegenheit und in vielen andern; wir haben gezaudert in einer Zeit, wo die Verhältnisse noch flüssiger waren und die Geister feurig; aber noch ist es nicht zu spät; soll es aber noch Zeit sein, dann ist es nothwendig, daß wir durchdrungen sind von der Heiligkeit des Bodens, auf dem wir stehen, heilig, weil die Geschicke Deutschlands in ihm wurzeln; dann ist vor

Allem nöthig, daß wir an uns selbst glauben, damit das deutsche Volk im Stande ist, an uns zu glauben, und dann ist nothwendig, daß wir in diesem Glauben als tapfere Männer — der Geschichte eine neue Bahn brechen und uns nicht hinschleppen lassen in den alten und schmutzigen Bahnen der Geschichte. Meine Herren, die Stunde ist da, mögen die Männer nicht fehlen! — Der Waffenstillstand verletzt die Ehre Deutschlands, darum kann und darf er nicht ratifizirt werden......"

November 1848.

Wien war gefallen; nichtdeutsche Truppen als Sieger in die Kaiserstadt eingezogen. In Berlin war das Ministerium Brandenburg-Manteuffel ernannt, die preußische National-Versammlung nach Brandenburg verlegt.

Heinrich Simon und Genossen stellten — in der Parlamentssitzung vom 14. November 1848 — folgenden Antrag:

„In Erwägung, daß die Ernennung und Beibehaltung des Ministeriums Brandenburg gegen den wiederholt erklärten, fast einstimmigen Willen der preußischen Volksvertretung, und die Behauptung, daß hierbei lediglich das Vertrauen des Königs, nicht das der Volksvertretung entscheide, als eine die Volksvertretung mißachtende Handlungsweise zu erachten, die nur dem Könige eines absoluten Staates zusteht, und die Volksfreiheit, sowie die Ruhe Preußens und Deutschlands mit Nothwendigkeit gefährdet 2c. 2c.

„wolle die deutsche National-Versammlung beschließen:

1. die Centralgewalt aufzufordern, an die preußische

Regierung die sofortige Erklärung zu richten, daß dieselbe außer ihrem Rechte stehe, wenn sie dem Lande ein Ministerium gegen den wiederholt ausgesprochenen Willen der Volksvertretung aufdringen wolle;

2. die Centralgewalt aufzufordern, an gedachte Regierung die fernere Erklärung zu richten, daß dieselbe außer ihrem Rechte stehe, wenn sie ohne Uebereinstimmung mit der zur Vereinbarung der Verfassung berufenen preußischen National-Versammlung letztere vertagen und ihren Sitz verlegen wolle;

3. die Centralgewalt aufzufordern, an gedachte Regierung die sofortige Weisung zu richten, vorstehend aufgeführte, die Volksfreiheit, das Recht und die Ruhe Deutschlands bedrohende Maßregel zurück zu nehmen."

Kurz vor Beginn jener Sitzung vom 14. November verbreitete sich unter den Deputirten die Nachricht: der Reichstags-Abgeordnete Robert Blum sei in Wien standrechtlich erschossen worden. Der Präsident v. Gagern eröffnete die Sitzung mit der Mittheilung eines Briefes aus Wien, der die näheren Umstände über Robert Blum's Tod enthielt.

Unmittelbar darauf erhielt Heinrich Simon das Wort zur Begründung seines obigen Antrags.

„Meine Herren!" — sprach er — „es ist wahrlich schwer, unter den erschütternden Eindrücken, wie wir sie so eben erfahren haben, das Wort über einem anderen Gegenstand zu ergreifen. Ich sage Ihnen daher in jener Beziehung nur Eins: In Oesterreich ist es zu spät; in Preußen noch Zeit! — — Sollen denn die Lehren der Geschichte ewig spurlos vorübergehen? Achtzehn Jahre sind es erst,

daß Karl X. seinem Lande ein Ministerium aufdrängen
wollte, ein Ministerium, welches mit einem Staatsstreich
begann. Die Folge war der Sturz der Dynastie. Meine
Herren! nur die Namen sind verschieden. Bei Polignac
wie bei Brandenburg sind es nicht die Personen, gegen
welche das Land sich erhebt, es sind die dem Volkswillen
gegenüberstehenden Systeme, welche durch jene Personen
vertreten sind; und daß man auch in Berlin in dieser Beziehung das Richtige herausgefühlt, das zeigt die erste Handlung des Ministeriums: die Mißachtung der konstituirenden preußischen National-Versammlung durch deren Vertagung und Verlegung. Frankreich konnte sich damals
nur durch eine Revolution helfen; Preußen — — meine
Herren, handeln Sie energisch und rasch, und Sie können
— Preußen eine zweite Revolution ersparen.

„Erlauben Sie mir, daß ich Ihnen mit wenigen Worten
die letzten Tage der preußischen Geschichte vorführe. Sie
werden daraus ersehen, was man mit dem Ministerium
Brandenburg, was mit der Verlegung des Landtags
beabsichtigt hat. — Seit längerer Zeit ist Berlin von einer
Armee umgeben, einer Armee, wie man hört, mit 217 Feuerschlünden. Man wartete der Ereignisse. Da fiel Wien
und — Frankfurt schwieg. Jetzt kündigt man ein Ministerium Brandenburg an, und die Soldaten in Berlin
wurden auf acht Tage verproviantirt. Die National-Versammlung legte einen energischen Protest gegen ein solches
Ministerium ein; die Stimmung des Landes wurde dargestellt; sie beabsichtigte, diesen Protest zu unterstützen durch
persönliche Erklärungen gegenüber dem Throne; der Thron
verweigerte, die gesetzliche Stimme des Landes zu hören!
So hören Sie, wie man in der Umgebung des Throns
von den Maßregeln denkt, die man ergriffen hat; erlauben

Sie mir, daß ich Ihnen wenige Zeilen vorlese. Die neue preußische Zeitung — das ist ein Organ derjenigen, welche überall in der Nähe der Throne stehen, ein Organ der Aristokratie — die neue preußische Zeitung sagt unumwunden Folgendes: „Das Ministerium Brandenburg ist von der National-Versammlung in Berlin, noch ehe es zu Stande gekommen, mit einem fast einstimmigen Mißtrauensvotum begrüßt worden, welches eine Deputation von fünfundzwanzig ihrer Glieder aller Farben" — hören Sie wohl, meine Herren, aller Farben — „vor Sr. Majestät dem Könige ausgesprochen hat. Wir hoffen, daß dieses Mißtrauen der Versammlung durch des Königs Vertrauen auf- und überwogen werden wird. Die Sache steht dann so, daß die Versammlung zu der Regierung und die Regierung zu der Versammlung kein Vertrauen hat. Die „Vereinbarung", welche Vertrauen voraussetzt, kommt nicht zu Stande. — Der Thron bleibt, was er seit vier Jahrhunderten ist, nämlich — Thron und „breiteste Grundlage" des durch und um ihn gebildeten und gesammelten preußischen Staates und Volkes, und der Concertsaal*) wieder das, was er bis vor wenigen Wochen war, nämlich — Concertsaal, in welchem wieder Harmonie an die Stelle der Mißtöne tritt, die jetzt darin zwischen denen erklingen, die den Pöbel führen, und denen, die vor dem Pöbel sich fürchten."

„Meine Herren! ist Ihnen das deutlich genug? Die Seele dieses Ministeriums Brandenburg ist der Minister des Innern, Herr v. Manteuffel. Graf Brandenburg ist die vorgeschobene Persönlichkeit. Sie werden mir erlauben, da wohl nur sehr Wenige unter Ihnen Näheres von Herrn

---

*) Das damalige Lokal der preußischen National-Versammlung.

v. Manteuffel wissen, daß ich Ihnen mit wenigen Worten die Charakteristik dessen gebe, der gegenwärtig der Leiter der preußischen Verhältnisse ist.

„Zur Zeit des ersten preußischen Landtages, wo verschiedene verehrte Mitglieder der hiesigen Versammlung, die jetzt bei uns auf der äußersten Rechten sitzen, der äußersten Linken sich näherten, da hatte dieser Herr v. Manteuffel seinen Platz auf der äußersten Rechten. Er vertrat die Anschauungen Metternichs, wenn gleich nicht mit dessen Geiste, er vertrat den reinen, unverfälschten Polizeistaat. Wenn die Anschauungen dieses Mannes durchgingen — wir wollen hoffen, es wird nicht geschehen, — dann wäre bei weitem das Beste, was Preußen zu erwarten hätte — eine octroyirte Charte nach den Gelüsten und im Sinne des Junkerthums.

„Das ist der Dank dafür, daß im März das Volk vor dem Throne stand! — — Und gleichzeitig ist von Halle her Professor Leo in die Umgebung des Thrones gezogen worden, jener bekannte Absolutist, der Ihnen in seinen Geschichtswerken des Weitläufigen beweist, daß die französische Revolution in jeder ihrer Epochen hätte zurückgedrängt werden können, wenn man nur die nöthige Energie bewiesen hätte! Wenn in einem konstitutionellen Staate der Thron solche Rathgeber hat, und wenn gleichzeitig eine Armee von 50,000 Mann, versehen mit einigen hundert Feuerschlünden, in und um die Hauptstadt des Landes zusammengezogen wird, da kann man ungefähr wissen, was zu erwarten steht.

„Man ernannte, ich wiederhole es, nach dem Falle Wiens, alles Protestirens unerachtet, dieses näher geschilderte Ministerium Brandenburg, und der erste Schritt dieses Ministeriums war die Verlegung, die Vertagung der

Versammlung. Man darf mit Entschiedenheit sagen, daß nimmermehr an diese Maßregel gedacht worden, wenn die Brandraketen und die Karlätschen des Fürsten Windischgrätz nicht einen so eminenten Erfolg gehabt hätten, wenn man nicht die Gelegenheit, die anscheinend letzte, ergreifen wollte, alte Verhältnisse zurückzuführen. Diese Annahme hat ihre Berechtigung, weil die innere Veranlassung zu jenen Maßregeln fehlt. Es ist eine gemachte Maßregel.

„Ich habe Ihnen das zu beweisen, und werde es Ihnen beweisen. In der königl. Botschaft vom 8. November wird gesagt, daß „am 31. Oktober von aufgewiegelten Volkshaufen der Versuch gemacht worden, die Abgeordneten einzuschüchtern;" — das ist der Vordersatz, und auf diesen Vordersatz wird der Nachsatz gebaut: „daß solche Ereignisse nur zu deutlich beweisen, daß die Versammlung der eigenen Freiheit entbehrt, und daß die Mitglieder dieser Versammlung nicht denjenigen Schutz finden, welcher erforderlich ist, um ihre Berathung vor dem Scheine der Einschüchterung'sicher zu stellen." — Also, weil der Versuch gemacht worden ist, die Versammlung einzuschüchtern, deshalb und dadurch ist bewiesen, daß sie wirklich eingeschüchtert worden. Man bezieht sich zum Beweise auf den 31. Oktober: dieser 31. Oktober wird in der königlichen Botschaft an die Spitze gestellt. Wissen Sie, was an diesem 31. Oktober das Volk gewollt und gethan, und was die Versammlung darauf beschlossen hat? Am 31. Oktober war die Nachricht nach Berlin gekommen, daß Wien bombardirt werde, und das Volk, im vollsten Mitgefühle für die Schwesterstadt und in dem Bewußtsein, daß, wenn Wien fiel, demnächst Berlin daran käme, und dann das übrige Deutschland, — das Volk ließ sich dazu hinreißen, in ungesetzlicher

und verwerflicher Weise gegenüber der Volksvertretung sein
Wollen geltend zu machen. Und was that darauf die Versammlung? In der Versammlung wurde ein Antrag gestellt, welcher den Wünschen des Volkes entsprach; die Linke
trug darauf an: „daß Preußen sofort mit seiner Gesammtmacht Wien zu Hülfe eilen sollte." Ist dieser Antrag von
der Versammlung angenommen worden? Während die
Volkshaufen draußen tobten, hat die preußische National-
Versammlung diesen Antrag abgelehnt und den des Centrums angenommen: „daß man sich an die deutsche Centralgewalt wenden solle, um durch diese Wien Schutz zu
gewähren." Nun, meine Herren, Sie werden mir zugeben,
daß das ein sehr milder Antrag war, und da dieser Antrag
angenommen wurde, mit welchem Rechte kann man die Behauptung wagen, daß die National-Versammlung am 31. Oktober „eingeschüchtert" war?! Wenn dies nicht Beweis
genug ist, so werde ich Ihnen einen weiteren vorführen, und
ich denke, er soll Sie überzeugen. Die Abgeordneten aus
Preußen hier kennen, der Person oder dem Rufe nach,
den ehemaligen Justizminister Bornemann; für diejenigen,
die ihn nicht kennen, — habe ich hinzuzufügen, daß er ein
Ehrenmann ist, ein Ehrenmann durch und durch; ich
habe hinzuzufügen, daß er in der Berliner Versammlung
seinen Platz im Centrum hat. Nun, Herr Bornemann
stellte in der denkwürdigen Sitzung vom 8. d. M. den Antrag,
daß die Versammlung nicht zu verlegen oder zu vertagen sei,
daß die National-Versammlung vielmehr durch das Ministerium die sofortige Rückgängigmachung dieser Maßregeln zu beantragen habe. Ich werde die Ehre haben,
Ihnen die Motive seines Antrages, welche mir von Berlin gedruckt übersendet, des Weiteren mitzutheilen. Ich hoffe,
daß die Worte eines Mannes, der sich seit Jahren im Mit-

telpunkte der preußischen Verhältnisse und des dortigen Gouvernements befindet, und der in Betreff der gegenwärtigen Verhältnisse daselbst jedenfalls mehr weiß, als irgend einer von uns, indem von uns Keiner in diesen ereignißreichen Tagen in Berlin anwesend war, daß Ihnen dessen Ansicht vom größten Werthe bei Beurtheilung der Sachlage sein werde. Bornemann erklärt mit seinen Gesinnungsgenossen, — ich bemerke nochmals, er sitzt im Centrum der Berliner Versammlung, — daß, wenn gleich das Lokal der National-Versammlung mehrere Male von Volkshaufen umlagert gewesen sei, und Abgeordnete bedroht worden seien, dennoch nicht behauptet werden könne, daß die Mitglieder der Versammlung sich dadurch in ihren Abstimmungen haben leiten lassen. Er bezieht sich hierüber auf die von mir hervorgehobene Abstimmung in der Wiener Angelegenheit, sowie auf mehrere andere Abstimmungen, welche unter ähnlichen Verhältnissen dem Volkswillen entgegen von der Versammlung gefaßt worden. Er fährt fort, daß aus jenen Ereignissen nur folge, daß sie beseitigt werden müßten, und zu dem Zwecke habe die Versammlung den Präsidenten ermächtigt, die Bürgerwehr zum Schutz der Versammlung zu requiriren, auch sei jetzt ein auf diesen Schutz bezüglicher Gesetzentwurf zur schleunigen Berathung eingebracht worden, und wenn dieses Gesetz zur Zügelung der Störungen nicht ausreichen sollte, würden weitere Maßregeln in Antrag gebracht werden. Er bemerkt weiter, und ich bitte Sie dies aus diesem Munde wohl zu beachten, daß die Störungen und Unruhen, welche stattgefunden haben, wesentlich dem Umstande mit zuzuschreiben, daß die Regierung in letzter Zeit Ministerien anvertraut worden, welche nach der Meinung des Volkes einer reaktionairen Richtung huldigen; daß diese Voraussetzung eine allgemeine Aufregung verursacht, und daß eben deswegen einerseits die Minister, um den Schein der Reaktion von sich abzuwenden, zu einer kräftigen Leitung der Angelegenheiten nicht haben gelangen können, sowie andererseits die Versammlung oder doch ein großer Theil derselben jede Handlung dieser Minister mit Mißtrauen aufzufassen sich gedrungen fand. Bei einem Ministerium, welches für' freisinnig gehalten, müsse dies nothwendig anders werden. „Nur ein solches aus kräftigen Männern zusammengesetztes Ministerium könne die Freiheit und Ordnung fördern. Eine Verlegung der Versammlung, um die Freiheit der Berathung zu wahren, erscheine für jetzt unnöthig. Sie könne vielmehr, wenn man die Möglichkeit eines Einflusses von Außen überhaupt voraussetze, nur die Folge haben, daß die Freiheit der Berathung nach einer anderen Seite hin in Frage gestellt und dadurch der gegenwärtige Zustand der Unsicherheit verlängert und gesteigert werde. Diese Betrachtung genüge, um die Maßregel für jetzt als eine äußerst bedenkliche und gefährliche erscheinen zu lassen."

„Meine Herren! Ich denke allerdings, daß die einzig richtige Schlußfolgerung aus dem Vordersatz, daß die Nationalversammlung bedroht sei, nur die sein kann, daß man ihr Schutz gewähren müsse, sei es durch die Bürgerwehr oder durch Militair. Aber darin scheint mir keine Logik zu liegen, daß man, weil Gewaltmaßregeln gegen die Nationalversammlung Seitens des Volkes vorgekommen, darauf mit einer andern Gewaltmaßregel gegen die Nationalversammlung Seitens der Regierung antworten müsse. Freilich wird man Ihnen sagen: das sind keine Gewaltmaßregeln; die Regierung sei in ihrem vollkommenem Rechte. Man wird Ihnen beweisen wollen, daß in einem konstitutionellen Staate die Regierung das Recht habe, die Minister frei und selbstständig zu wählen, und sich dabei nicht leiten zu lassen brauche durch Miß-trauensvota der Volksvertretung, daß vielmehr nach konstitutionellem Herkommen ein Ministerium erst mehrfach durch Majoritäten gestürzt sein müsse und dergleichen mehr. Ich höre bereits kommende Redner, ja wir haben heute früh bereits solche Ansichten von dieser Tribüne aus gehört. Meine Herren! Ich warne Sie sehr, in einer Zeit wie die heutige, wo einzelne Tage den Inhalt von früheren Jahrzehnten haben, in einer so autonomen Zeit, die ihr eigenes Leben und somit auch ihr eigenes Gesetz hat, sich leiten zu lassen von Lehrbuch-Begriffen und Definitionen. Wenn alle staatsrechtlichen Handbücher der Welt sagen, daß der König in seinem Recht gewesen sei, wenn er sein angebliches Recht in dieser Weise auf die Spitze trieb, — ich kann es nicht für Recht erklären, zu würfeln über die eigene Existenz, zu würfeln über Mehr, über Wohl und Weh von Preußen, von ganz Deutschland. (Bravo auf der Linken und im Centrum). Und die Verlegung und Vertagung der Nationalversammlung? Sie ist ein **Staatsstreich**, und wahrhaftig, ich begreife nicht die Ansichten Ihres Ausschusses, die uns so eben mitgetheilt worden. Die preußische Nationalversammlung ist berufen zur Vereinbarung der sämmtlichen preußischen Staatsverhältnisse mit der Krone. Sie vertritt souverain den preußischen Volkswillen; sie steht Macht gegen Macht gegenüber dem Throne. Wie kann unter solchen Verhältnissen die gleiche, selbstständige Macht einseitig eingreifen in das innerste Wesen der anderen, wie dies zweifellos geschieht durch die Verlegung der Versammlung!

Die Krone könnte mit demselben Rechte die Versammlung auflösen. Das widerspricht der Natur der Sache; denn Sie werden nicht läugnen wollen, daß es ein Eingriff in das Lebensprinzip ist, wenn eine Nationalversammlung aus der Hauptstadt des Landes verlegt wird. Und weil die Natur der Sache für mich spricht, verschmähe ich es, mich auf den juristischen Boden zu stellen und Ihnen noch des Weiteren zu beweisen, daß durch ein Gesetz die Nationalversammlung nach Berlin berufen worden, daß dieses nur durch ein Gesetz wieder aufgehoben werden kann, und daß es sich von selbst versteht, daß bei einem solchen Gesetze die konstituirende Versammlung schon in ihrer sonstigen Eigenschaft doch auch mitzusprechen haben würde. Meine Herren, Recht und Gesetz stehen auf der Seite der preußischen National-Versammlung; und wenn Sie darüber noch zweifelhaft sein könnten, so sehen Sie hin auf die würdevolle Haltung dieser Versammlung, auf die würdige Haltung der Hauptstadt. Diese würdige Haltung ist Folge des vollen Bewußtseins, daß die Versammlung einen festen Boden im Gesetze und im Rechte hat. Und nun bitte ich Sie, schauen Sie ferner darauf hin, wie das preußische Volk handelt! Aus allen Provinzen, von allen großen und vielen kleinen Städten sind Adressen und Deputationen nach Berlin gekommen, die auf das Entschiedenste sich auf die Seite der National-Versammlung stellen. Meine Kommittenten, die Bewohner der Stadt Magdeburg, haben sich, nach Mittheilung der mir eben zugehenden Zeitung, an die National-Versammlung gewendet mit der Anforderung, ein Dekret ergehen zu lassen, welches die Steuerverweigerung ausspricht. Erinnern Sie Sich, was in Berlin geschehen. Die Stadtverordneten, die gesetzlichen Behörden einer Stadt von einer halben Million

Einwohner, bieten der National-Versammlung ihre Lokale, die Kaufmannschaft ihren Kredit, die Bürgerwehr, 60,000 Mann, ihren Schutz. Nun, meine Herren, was bleibt dann für den Thron übrig? Worauf stützt sich der Thron, wenn das Volk und die Vertreter des Volks in dieser Weise handeln? Was ist der Thron ohne Volk? Er ist Nichts!

„Es ist für eine deutsche Reichsversammlung unabweisbare Pflicht, in solch großem Momente dem gekränkten Volksrechte zur Seite zu stehen. Ersparen Sie einem edlen Volke neue Ströme Blutes! Wir sind im Stande, einer zweiten, einer furchtbaren Revolution vorzubeugen. Thun wir es nicht, so sehe ich schweres Unglück auf der einen wie auf der andern Seite; die Reaction auf der einen Seite, die nothwendig zu einer weiteren Revolution führen muß; ich sehe auf der andern Seite Anarchie; ich sehe schreckensvolle Jahre vor uns, Jahre voll Blut und Graus, wenn wir nicht muthig unsere Pflicht erfüllen. Meine Herren, ich fordere von Männern vor Allem Eins: Muth! Wir sind hier fünfhundert Vertreter des deutschen Volkes, bei Gott! nicht hergesendet zu dem Zweck, um Unruhen, wenn sie im badischen Oberlande oder in Altenburg entstehen, zu unterdrücken; wir sind hierher gesendet, um die Geschicke Deutschlands in die Hand zu nehmen, und wir müssen den Muth haben, auch die große preußische Macht, wenn sie volksfeindlich sich widersetzt, zu bekämpfen. Wollen Sie das nicht, so lassen Sie uns wenigstens den Muth haben, zu gestehen, daß nicht in uns der Schwerpunkt Deutschlands liegt; dann wollen wir patriotisch genug sein, diesen Schwerpunkt auf die Macht übergehen zu lassen, die die Kraft hat, uns zu widerstehen. Meine Herren, lassen Sie den ungeheuren politischen Moment dieser Stunben nicht bewußtlos aus Ihren Händen gleiten. Noch ruht die Macht in Ihren Händen, und nur Ihr Wille ist verzaubert. Erlösen Sie Sich! Wir haben in Oesterreich der deutschen Sache einen furchtbaren Schlag versetzt. Lassen Sie mich schweigen von den Eindrücken, die wir in dieser Beziehung erst heute von Neuem erfahren haben; Sie haben gehört, wie man in diesem Moment in Oesterreich über uns denkt; ich schweige darüber. In Berlin sieht man noch mit Sehnsucht auf unsere Hülfe; noch vorgestern habe ich einen Brief von einem der Leiter der Berliner National-Versammlung erhalten. Man sagt mir, daß wenn es sich auch jetzt zeigen sollte, daß die Vertreter der deutschen Nation in Frankfurt ihren Beruf nicht erkennen, wenn sie auch jetzt nicht wüßten, daß wir neben der Einheit auch die Freiheit Deutschlands zu schützen haben, dann habe sich Deutschland vergriffen und die schlechtesten seiner Söhne nach Frankfurt gesendet." (Lebhafter Beifall auf der Linken und der Gallerie. Zischen von der Rechten. Ruf der Rechten: Gallerie räumen! Erneuerter stürmischer Beifall von der Linken. Simon zu der Rechten gewendet): „Mit Ihrem Zischen ist es nicht gethan, hier gilt es Männerhandlungen. — Meine Herren! ich beschwöre Sie, werfen Sie Deutschland nicht durch Ihre Energielosigkeit in blutige Zuckungen. Retten Sie Deutschland!"

———

Die Majorität des Parlaments blieb sich getreu. Sie sah thatlos dem Bruch zwischen der preußischen Nationalversammlung und der Krone zu. Als der oben erwähnte Antrag von der Versammlung abgelehnt worden, hielt Simon es für Pflicht, nach Berlin zu eilen und dort seinen Deputirtensitz einzunehmen, um in einem letzten entscheidenden

Momente, wo es Zusammenhalten der Partei galt, nicht zu fehlen. Er reiste am 15. November 1848 von Frankfurt ab.

Gleich nach seiner Ankunft in Berlin suchte Simon schriftlich eine Audienz beim Prinzen von Preußen nach, weil er von der gewissenhaften Natur dieses Fürsten eine Ausgleichung noch für möglich hielt. Der Adjutant desselben, Major v. Vinke, brachte ihm persönlich die Antwort, daß der Prinz, als erster und loyaler Unterthan des Königs, ihn als ein Parteihaupt der Opposition nicht sprechen könne."

Simon wohnte in Berlin den letzten Sitzungen der Nationalversammlung bei; er blieb an dem vom Volke ihm angewiesenen Platze bis zur gewaltsamen Auflösung der Versammlung. —

———

Berlin, 18. November 1848.

Offener Brief an meine Wähler, die Bewohner des Kreises Kosel in Oberschlesien.*)

Verehrte Männer!

„Durch Ihr Vertrauen zu Ihrem Vertreter in der preußischen National-Versammlung berufen, nöthigte mich

———

*) Es dürfte hier am Platze sein, der Umstände, welche der Wahl Heinrich Simons im Kreise Kosel vorausgingen, zu erwähnen. Max Simon, des Ersteren Freund und Vetter, war in Folge seiner energischen und umsichtigen Verwaltung des Fürstenthums Pleß, der er in den Jahren 1846 bis Ende März 1848 als Direktor (in Gräflich Hochbergschen Diensten) vorstand, in weiteren Kreisen Oberschlesiens bekannt geworden; die freisinnige Partei der Wahlmänner des Kreises Kosel trug ihm die Deputirtenstelle des Kreises für die preußische Nationalversammlung an. Er sagte freudig zu. Zwei Tage vor der Wahl hörte er jedoch, daß Heinrich Simon zwar als Deputirter

4*

die bereits für die Stadt Magdeburg angenommene Wahl als deren Abgeordneter zur deutschen Reichsversammlung, dem von Ihnen gewählten Stellvertreter jene ehrenvolle Stellung einzuräumen.

„In diesen Entscheidungstagen aber, in denen Oesterreich einer soldatischen Contrerevolution gefallen und Frankfurt geschwiegen hat, ist die National-Versammlung in **Berlin** der thatsächliche Mittelpunkt Deutschlands geworden; durch sie wird die Frage von Deutschlands Freiheit entschieden und durch den Wiederhall, den die Stimme der National-Versammlung im preußischen Volke finden wird. — In solchen Tagen, wo überdies mit der Stellung eines preußischen Volksvertreters möglicherweise persönliche Gefahr verbunden ist, konnte ich über das, was meine Pflicht sei, nicht schwanken. Ich blieb nach der in Frankfurt a. M. eingetroffenen Nachricht von dem unheilvollen Konflikt zwischen Krone und Volksvertretung nur noch so lange daselbst, als nöthig war, meine betreffenden Anträge einzubringen und zu vertheidigen. Die Zeitungen und stenographischen Berichte haben Ihnen die Anträge, welche das Resultat einer vorgängigen Berathung sämmtlicher Fraktionen der Linken und des linken Centrums sind, mitgetheilt. Wurden dieselben Seitens der deutschen National-Versammlung angenommen, so war der Seitens der Krone ungerechtfertigt veranlaßte Konflikt zwischen ihr und der Volksvertretung —

---

für Frankfurt mehrere Male in Schlesien gewählt sei, für Berlin aber seine Wahl nicht in Aussicht stehe. Max gab sofort seinen Lieblingswunsch auf, reiste nach Kosel, theilte die Sachlage mit, verwies auf die damalige größere politische Erfahrung seines Vetters und schlug ihn der Partei als Abgeordneten vor. Die Wahl erfolgte unmittelbar darauf und einstimmig.

— durch das schiedsrichterliche Dazwischentreten der deutschen Centralgewalt gehoben. Ich nehme in Betreff der Begründung jener Anträge und meiner Ansicht über den Stand der Angelegenheit auf meine in der Sitzung vom 14. d. M. gehaltene Rede Bezug.

"Die Anträge fielen, — durch jene dem Ministerium unbedingt ergebene Partei der deutschen National-Versammlung, die auch Deutschlands Schweigen zur Windischgrätz'schen Herrschaft in Oesterreich bewirkt hat, und ich bin darauf unmittelbar auf den mir von Ihnen anvertrauten Posten geeilt.

"Während ich wünsche, dadurch Ihrem Vertrauen zu entsprechen, sage ich Ihnen meinerseits nochmals meinen innigen Dank, daß Sie mir es durch dieses Vertrauen möglich gemacht, in so heiligem Momente auch mein Schärflein auf dem Altare des Vaterlandes niederzulegen.

"Ich lebe der festen Ueberzeugung, daß Sie, wie alle meine schlesischen Landsleute, die Maßregeln der preußischen National-Versammlung, die mit so ruhmvoller, in der deutschen Geschichte für immer glänzenden Entschiedenheit für das Volksrecht aufgetreten ist, — daß Sie diese Maßregeln auf das Kräftigste und mit allen Ihnen zu Gebote stehenden Mitteln unterstützen und der National-Versammlung unerschütterlich zur Seite stehen werden.

"Es gilt Deutschlands Freiheit!"

Heinrich Simon.

Januar 1849.

In der Parlamentssitzung vom 4. Januar 1849 kommt die preußische Verfassungs-Angelegenheit auf's Neue zur Sprache: es handelt sich um Rechtsgültigkeit und Anerkennung der octroyirten preußischen Verfassung vom 5. Dezember 1848. Und wieder ist es Heinrich Simon, der „nicht müde"*) wird, für Recht und Freiheit einzutreten. Wir theilen seine — am 4. Januar 1849 gehaltene Rede unverkürzt mit. Sie verdient noch heute von jedem Preußen — mit Aufmerksamkeit — gelesen zu werden:

„Meine Herren! Als die preußischen Verhältnisse am 14. und 20. November zur Debatte kamen, rieth Ihnen jene (die linke) Seite des Hauses, sich, Ihres Ursprungs eingedenk, energisch auf die Seite des Volksrechtes zu stellen. Wir erkannten den letzten Moment, in welchem Sie noch einlenken konnten. Sie haben die früheren großen politischen Momente, in welchen die Macht der National-Versammlung festgestellt werden konnte, durch Ihr Handeln zu Momenten des eigenen Sturzes gemacht. Sie thaten dies durch Ihren Beschluß in der Malmöer Waffenstillstandsfrage (Unruhe auf der Rechten), Sie thaten dies in der österreichischen Frage. Noch war es möglich, daß Sie sich dem preußischen Volke als eine mächtige moralische Stütze boten. Wir beschwören Sie, dies zu thun, und ich hatte noch damals, noch vor acht Wochen, die Berechtigung, mit der Aufforderung an Sie zu schließen, durch einen energischen Beschluß Deutschland zu retten. Sie haben diesen Beschluß nicht gefaßt. Heute liegt Deutschland am Boden, von Neuem preisgegeben den Wühlereien seiner Diplomaten, den auseinander laufenden Familieninteressen seiner vierunddreißig Dynastieen. (Bravo auf der Linken und im linken Centrum.) Meine Herren! Mit schwerem Herzen bekenne ich es: Heute habe ich nicht mehr die Be-

---

*) „Nicht müde werden!" war Heinrich Simon's Lieblingsspruch.

rechtigung, Ihnen zuzurufen: Retten Sie Deutschland! Sie können Deutschland nicht mehr retten; und ich will Ihnen den Grund sagen. Sie haben neun lange Monate nicht daran gedacht, daß Ihre Kraft und ganze Macht ausschließlich wurzle in den Sympathieen des deutschen Volkes, und daß Ihre Kraft und Macht brechen mußte, wenn Sie diesen Boden verließen. Sie haben diesen Boden verlassen, und das deutsche Parlament, ein Riese auf seinem mütterlichen Boden, wird jetzt, demselben enthoben, in Diplomatenarmen erdrückt werden. (Stimmen auf der Linken: Sehr wahr!) Meine Herren! Was haben Sie dadurch erreicht, daß Sie sich auf die Seite der Kabinette gestellt? Haben Sie dort Anerkennung gefunden? Ich finde dies nicht; ich finde, wir haben den Regierungen so lange Rechnung getragen, bis wir uns stark verrechnet haben. Welche Regierung hätte es noch in der Mitte des vorigen Jahres gewagt, sich uns gegenüber zu stellen, und kaum sehen die Regierungen, daß das Volk nicht mehr hinter uns, so dürfen selbst die Kleinen uns ungestraft trotzen. Oesterreich erklärt offen und unumwunden, an unsere Beschlüsse nicht gebunden zu sein, offen und unumwunden, daß Deutschland nicht über Oesterreich stehe; es verweigert die Beiträge, die für das Reich ausgeschrieben; es will nicht mehr mit dem Reichsministerium des Innern verhandeln, sondern nur mit dem Ministerium des Auswärtigen, denn was hätte Oesterreich wohl mit einem deutschen Ministerium des Innern zu thun? (Hört!) Hannover erklärt, die Grundrechte vorläufig nicht publiziren zu wollen. Bayern's Bevollmächtigter hat in Beziehung auf diese Grundrechte keine Instruktion. (Hört!) Auch Bayern will, wie man hört, keine Beiträge zahlen; auch Bayern soll, wie man hört, sich nur mit dem Ministerium des Auswärtigen einlassen wollen (Hört!); und Preußen! Nun, Preußen giebt allerdings nicht eine gleich unumwundene Erklärung, wie Oesterreich, aber, meine Herren, es handelt dieser unumwundenen Erklärung gemäß. (Hört!) Sie wissen, wie Ihr Beschluß in Betreff Posens aufgenommen worden; er wird ignorirt; man handelt ihm direkt entgegen durch die betreffende Bestimmung der octroyirten Verfassung. Unsere Gesetze werden in Preußen entweder nicht publizirt, oder sie werden nicht als deutsche, sondern als preußische Gesetze publizirt. Könnten Sie aber noch zweifelhaft sein über die Richtigkeit meiner Behauptung, so weise ich Sie darauf hin, wie unsere Beschlüsse vom 14. und 20. November aufgenommen worden sind. Sie waren so kühn, die preußische Krone aufzufordern, das Ministerium Brandenburg zu entlassen. Nun, meine Herren, dieses Ministerium Brandenburg war ausschließlich dazu bestimmt, den Gewaltstreich zu begehen. Kein Mensch in Preußen dachte daran, daß dies ein Ministerium sei, welches dauernd an der Spitze des Staates stehen könne. Sobald der Gewaltstreich geglückt, sollte das Ministerium entlassen werden, man wollte es nach dem ursprünglichen Plane nicht einmal am 27. November vor die Kammern in Brandenburg treten lassen. Das Ministerium hat es Ihren Beschlüssen zu danken, daß es gegenwärtig noch am Leben ist; das preußische Gouvernement mußte zeigen, was es auf Ihre Beschlüsse gebe. (Bravo auf der Linken und im linken Centrum.)

„Meine Herren! Das ist der Unsegen, den jede Halbheit hat; man verletzt nach allen Richtungen. Sie haben die preußische Krone verletzt durch Ihren Beschluß, daß das Ministerium entlassen werde; Sie haben im Volk alles Vertrauen verloren, weil Sie den zweifellosen Machtspruch der Krone in Ansehung der Vertagung und Verlegung der Nationalversammlung als Recht anerkannten. Das Volk in Preußen und in Oesterreich sieht nicht mehr auf Frankfurt, denn es hofft nicht mehr auf Frankfurt. Dagegen läßt sich in diesem Momente wenig thun. Der Umschwung wird kommen. Ich getröste mich mit voller Zuversicht, daß das deutsche Volk die Idee deutscher Einheit und Freiheit, die Idee gemeinsamer deutscher Volksvertretung nicht deshalb fallen lassen wird, weil diese erste Versammlung das Volk nicht zu verstehen wußte; die einzelne Versammlung kann untergehen, nicht aber die Idee, die einmal im Volke Wurzel gefaßt. Aber, meine Herren, auf Eines mache ich Sie aufmerksam: Sie können diese Idee auf kürzere oder längere Zeit gründlich ruiniren, wenn Sie fortfahren auf dem eingeschlagenen falschen Wege, und Sie thun das, wenn Sie die Rechtsverletzung der preußischen Krone, um die es sich zur Zeit handelt, wenn Sie die Auflösung der Nationalversammlung und die Octroyirung einer Verfassung nicht als Rechtsverletzung anerkennen, wenn Sie den Antrag Ihres Ausschusses annehmen, über diese Beleidigung des preußischen und des deutschen Volkes zur Tagesordnung überzugehen. Meine Herren! Als Solon gefragt wurde, welches die beste Regierung sei, da antwortete er, das sei die, in welcher die geringste Beleidigung des geringsten Bürgers als eine Schmach für die ganze Verfassung angesehen werde. Ich frage Sie, was würde wohl bei solchem Maßstabe von unserer gegenwärtigen Regierung Deutschlands zu sagen sein, wenn wir über die Beleidigung des ganzen preußischen Volkes, über die Beleidigung der Rechtsidee selber zur Tagesordnung übergehen wollten? — Lassen Sie uns das Benehmen der preußischen Regierung prüfen. Die Revolution hatte am

18. März in Berlin gesiegt, aber ihre Resultate waren
nicht sofort festgestellt worden. Dies that die Deputation,
welche die Stadt Breslau nach Berlin sendete, durch ihre
Verhandlungen mit dem Ministerium und der Krone in
den Nachtstunden vom 21. auf den 22. März und am
22. März, während man sich auf den Straßen anschickte,
die Leichen der auf den Barrikaden Gefallenen zu begraben.
Da man jetzt, bei vorwärts geschrittener Reaktion, dieser
Deputation das Aergste zur Last legt, habe ich zu erwähnen, daß ich die Ehre hatte, einer der drei Sprecher jener
Deputation zu sein. Nun ja, sie hat dem preußischen
Volke die Urwahlen zum Zweck einer die Verfassung
vereinbarenden Nationalversammlung erkämpft und die
schriftliche Feststellung, durch die Kabinetsordre vom 22. März,
aller der wesentlichen Volksrechte, die wir jetzt in unsere
deutsche Grundrechte aufgenommen. Ich erkenne somit an,
daß Grund vorhanden, diesen Männern nicht hold zu sein.
Dies Versprechen des Königs von Preußen, mit einer aus
Urwahlen hervorgegangenen Volksvertretung eine Verfassung
zu vereinbaren, das, meine Herren, ist das wesentliche
Ergebniß der März-Revolution. Dieses Versprechen wurde
am 8. April, nach erfolgter Zustimmung des vereinigten
Landtages, zum Gesetz erhoben, und man kann sagen, daß
es Vertrag wurde, als am 22. Mai auf Grund des Wahlgesetzes die Abgeordnetenwahlen vollendet, und das ganze
preußische Volk das Gesetz zur Ausführung gebracht hatte.
Die Souveränetät war fortan zwischen Volk und Krone
getheilt, und nur das Wie der Theilung hatte die Vereinbarung festzustellen. Ein einseitiger Widerruf dieses
Gesetzes, dieses Vertrages war fortan rechtlich unmöglich. Dennoch ist dieser Widerruf Seitens der preußischen
Regierung erfolgt. Man hat am fünften Dezember durch

Kabinetsbefehl eine Verfassung eingeführt. Der Monarch hat durch diesen Akt das Resultat der Revolution wiederum vernichtet, die Souveränität wiederum ausschließlich an sich gerissen, von Neuem nach seinem Belieben über Volksrechte verfügt, dem Volke nach seinem Ermessen und nach alter Weise ein Mehreres oder Weniges geschenkt. Ich gehe über dieses Mehr oder Minder vorläufig hinweg und ich sage: Wehe dem Volke, dem der Titel gleichgültig, durch den es in den Besitz seines Heiligsten kommt. (Auf der Linken: Sehr wahr!) Die Grundlage dieser Verfassung ist die Willkür eines Einzelnen, dem niemals die innere Berechtigung zur Revolution gegenüber einem ganzen Volke zugestanden werden kann. Eine solche Willkür hat kein schaffendes Leben in sich; nie wird daher diese Verfassung in dem Volksbewußtsein Wurzel schlagen; durch kein rechtliches und sittliches Band ist das Volk an diese Verfassung geknüpft; kein gesicherter Rechtszustand kann auf die Willkür eines Einzelnen gebaut werden, und so wird, das verkünde ich, der Bestand der Verfassung ebenso wieder von der Willkür abhängen, und die Regierung wird, sobald der Augenblick gekommen ist, auch diese Verfassung brechen, wie die bisherige. — Meine Herren! Man hat zur Vertheidigung des Verfahrens der preußischen Regierung eingewendet: Die Krone habe nicht anders handeln können; mit dieser Versammlung sei eine Vereinbarung unmöglich gewesen. Es haben die maßlosesten Angriffe auf die preußische Nationalversammlung stattgefunden. Nun, meine Herren, die Gewalt hat gesiegt; was wäre also dem Weltlauf entsprechender, als solche Angriffe; wir sind ihrer in Deutschland aus den Tagen vor dem März noch nicht entwöhnt. Aber selbst von dieser Tribüne herab hat man die National-versammlung geschmäht, und Ihr Ausschuß überbietet sich in Anschuldigungen, auf die ich zurückkommen werde. Ihr Ausschuß stellt die Behauptung auf, die Auflösung der Berliner Nationalversammlung sei eine politische Nothwendigkeit gewesen, wenn auch das Recht dazu als zweifelhaft betrachtet werden könne; die Frage aber, ob die Krone zur Auflösung berechtigt gewesen, sei kaum von irgend einer Seite erhoben worden. Ich kann dem Herrn Berichterstatter denn doch zusichern, daß die Frage wirklich auch erhoben worden. Es hat wirklich Leute gegeben, welche diese rechtliche Seite im Interesse des Rechts, im Interesse des Landes und des Volkswohls recht ernstlich erwogen haben. Ich finde, der Herr Berichterstatter nimmt hier einen sehr thatsächlichen Boden ein, und man dürfte diese Ansicht bei anderer Gelegenheit citiren, daß es bei einer Revolution, — denn Sie werden mit mir einverstanden sein, daß dieser Staatsstreich der preußischen Regierung nichts ist, als eine Revolution der Krone gegen das Volk, — daß es da nicht der Mühe lohne, auf die Frage von der Berechtigung einzugehen. Nun, meine Herren, ich für meine Person erkenne ein Nothrecht auch in der Politik vollständig an, wenngleich es mir nicht beikommt, so weit zu gehen, wie Herr v. Vincke von mir auf dieser Tribüne behauptet hat. Nach ihm soll ich von diesem Platze aus gesagt haben: ich verschmähte es, auf dem Boden des Rechts zu stehen. Dies ist ein Irrthum von seiner Seite. Ich wies damals darauf hin, daß die Natur der Sache die Unzulässigkeit der Vertagung und Verlegung der preußischen Nationalversammlung ergäbe, und fuhr fort, daß ich es da, wo die Natur der Sache für mich spräche, nicht für nöthig erachte, mich noch zum Ueberflusse auf den juridischen Boden zu stellen. Ich unterschied ausdrücklich Recht und Gesetz, während Herr v. Vincke allerdings ein Recht nicht anerkennt, wenn es nicht gesetzlich. Während ich das historische Recht anerkenne, das göttliche aber höher stelle, und mich bei einem Konflicte dieses historischen Rechts mit jenem höheren Rechtsbewußtsein eines ganzen Volkes zu Gunsten des letzteren entscheide, ist nach jener Ansicht jede Revolution verwerflich.

„Es kann nicht die Rede davon sein," hat am zwanzigsten November Herr v. Vincke gesagt, „faktische Zustände an die Stelle des Rechts zu setzen," und er sagte dies mit Beziehung auf das Recht der Vereinbarung der preußischen Krone mit dem Volk. Ich freue mich dieser Erklärung, denn wir dürfen bei solchen Ansichten hoffen, daß auch jene äußerste (rechte) Seite den Staatsstreich der preußischen Regierung gegen diese auf das Gesetz begründete Vereinbarung schlechthin verwerfen wird, daß auch diese Seite des Hauses jetzt gegen den Staatsstreich sprechen wird. Und wenn Herr v. Vincke in einer früheren Rede gegen meine Behauptung, daß die Verlegung jener Versammlung einen Staatsstreich enthalte, erklärte, er könne von einem Staatsstreiche in Preußen auch nicht die leiseste Spur erkennen, so, denke ich, wird es ihm jetzt ergehen, wie es einem andern Mitgliede auf unserer Seite früher mit der Reaktion erging, und er wird jetzt von dieser Tribüne erklären: „Ich sehe jetzt den Staatsstreich!" und vielleicht auch etwas Reaktion dazu. — Ich also, meine Herren, erkenne ein Nothrecht auch in der Politik vollständig an; aber Das bestreite ich entschieden, daß Gründe vorliegen, von einem derartigen Nothrechte in Beziehung auf die Octroyirung der preußischen Verfassung zu sprechen. Man hat zunächst die Unthätigkeit der Nationalversammlung angegriffen, und darauf hingewiesen, daß sie nur wenige Paragraphen der Verfassung berathen habe. Eigenthümlich! und in dem Momente, wo sie anfing, ernstlich vorwärts zu gehen, — in dem Momente, wo man das „von Gottes Gnaden" aufhob, den Adel aufhob, die Orden, die Titel, da fand man, daß sie zu ernstlich vorwärts gehe, da hob man sie auf. (Heiterkeit auf der Linken.) Die Sache steht gerade umgekehrt: die Versammlung war augenscheinlich zu sehr Willens, ernstlich vorwärts zu gehen, und aus diesem Grunde ist man gegen sie eingeschritten. Die Versammlung nahm allerdings an, daß das bloße Hinstellen einer Verfassung auf dem Papiere ein unschuldiges Spielzeug sei, so lange man die sonstige ganze alte Geschichte unangetastet lasse, die alte Gemeindeverfassung, das alte Verwaltungs-, das alte Justiz- und Militärwesen beibehielt, so lange man die ganze Schaar der Bureaukraten weiter gewähren ließ, und weil sie dies nicht wollte, deshalb hat man sie aufgelöst, nicht wegen ihres angeblichen Nichtsthuns oder ihrer Unfreiheit; sie war vielmehr der Krone zu frei. Das ganze Räthsel ist gelöst durch das Eine Wort: Die linke Seite des Hauses hatte in der letzten Zeit die Mehrzahl der Stimmen. — Aus diesem Grunde mußte denn auch jeder Versuch einer Vermittelung zwischen Krone und Nationalversammlung von vornherein scheitern; man wollte Seitens der Krone keine Vermittelung, sondern man wollte die günstige Gelegenheit, die Macht, so lange sie noch in den Händen, benutzen, um die Resultate der Revolution möglichst zu beseitigen. Dies ist der innere ausschließliche Sinn des Konflikts, und deshalb blieben alle Versuche der Vermittelung vergebens; sie sind, was auch Ihr Ausschuß behaupten möge, vielfältig gemacht worden. Man hat in Folge meines Vorschlages: den Reichskommissarien Seitens der Nationalversammlung eine Erklärung behufs der Vermittelung zwischen Krone und Volk dahin abzugeben, daß der Konflikt für gehoben anzusehen sei, wenn das Ministerium Brandenburg zurücktrete, und das folgende Ministerium die Versammlung nicht hindere, in Berlin fortzulagen, — diese Erklärung zwar nicht den Reichskommissarien, wohl aber Seitens der Nationalversammlung dem Lande mitgetheilt. Es sind Ihnen ferner die Bemühungen des trefflichen Grabow bekannt, aber ich weiß nicht, ob Ihnen auch das an die Krone gerichtete Schreiben zur Kenntniß gekommen, welches von allen einflußreichen Mitgliedern aller Fraktionen bereits genehmigt war, und welches der Krone, wovon diese in Kenntniß gesetzt wurde, für den Fall eingehändigt werden solle, daß sie das Ministerium Brandenburg entlasse. Dieses eventuelle Schreiben lautet:

„Der Erlaß der Allerhöchsten Botschaft vom ..., in welchem die Entlassung des Ministeriums Brandenburg verkündet wird, hat uns mit aufrichtiger Freude darüber erfüllt, daß nunmehr die Scheidewand gefallen ist, welche zu unserem tiefen Schmerze zwischen der Krone und den Volksvertretern sich erhoben hat. In diesem Akte begrüßen wir einen willkommenen Anlaß, Ew. Majestät auszusprechen, wie wir von dem regen Wunsche beseelt sind, eine Spaltung zwischen der Krone und der National-Versammlung zu beseitigen, welche die friedliche Entwickelung der jetzt in der Bildung begriffenen staatlichen Wiedergeburt Preußens und Deutschland's gewaltsam zu stören, und das Vaterland in die unheilvollsten Wirrnisse zu stürzen droht. Wir erblicken in der Bildung eines neuen volksthümlichen Ministeriums die sicherste Bürgschaft dafür, daß die Versammlung der Volksvertreter von ihrer Hauptaufgabe, das Verfassungswerk zu vollenden, durch eine ängstliche Ueberwachung der Verwaltungsmaßregeln der Regierung — zum Heile des Landes nicht ferner abgezogen werden wird. Möchte es Ew. Majestät gefallen, die versöhnende Hand nicht zurückzuweisen, welche wir mit der aufrichtigen Gesinnung für die Erhaltung der Rechte der Krone und des Volkes vor den Augen des Landes Ihnen bieten." (Stimmen von der rechten Seite des Hauses: Die Unterschriften!) Es sind keine Namen darunter; ich bemerke wiederholt, daß es ein eventuelles Schreiben, welches im Voraus von der National-Versammlung genehmigt worden ist. — Sie sehen, meine Herren, daß die National-Versammlung bei allen diesen Vergleichsversuchen nur an dem Einen unverbrüchlich gehalten, daß das Recht des Volkes, in der Revolution blutig erworben, nicht durch den Vergleich zu Grunde gehe, und ein solcher Vergleich könnte nicht von Männern gewünscht werden. — Aus diesem Wunsche der Vermittelung ging es ferner hervor, wenn Mitglieder verschiedener Fraktionen der Berliner National-Versammlung hierher kamen. Ihr Ausschußbericht erwähnt dies mit dem Bemerken, daß Jene „angeblich" zu Vermittelungsversuchen hieher gekommen seien. Meine Herren! Ich weise diese Insinuation im Namen jener ehrenhaften Männer zurück, und ich habe hierzu eine doppelte Verpflichtung, weil ich es war, welcher Abgeordnete mehrerer Fraktionen in Berlin aufforderte, hieher zu gehen, um durch ihre Mittheilungen Aufklärung zu geben, die Ihnen, meine Herren, fehlten, da der Bassermann'sche Bericht die Unkenntniß der preußischen und berliner Verhältnisse an der Stirne trägt. (Unruhe auf der rechten Seite des Hauses.) Ebenso ungerecht sind die ferneren Vorwürfe, welche Ihr Ausschuß der National-Versammlung in Bezug auf ihr weiteres Verhalten während des Konflictes macht. Der Bericht geht freilich dabei von der Ansicht aus, daß — doch erlauben Sie mir, daß ich wörtlich citire, „daß durch die Vertagung und Verlegung ein materielles Volksrecht nicht entfernt gekränkt; daß die National-Versammlung durch ihren Widerstand nach der Vertagung nur ihren Eigenwillen durchzusetzen gesucht, und es nicht über sich vermocht, dem Wohle des Vaterlandes das vermeintliche formelle Recht zum Opfer zu bringen; daß die demnächst nach Brandenburg Gegangenen nichts als formelle Anerkennung ihres vermeintlichen Rechts erstrebt; daß sie ihrer individuellen Meinung die Berathung der Landesverfassung zum Opfer zu bringen entschlossen gewesen; daß sie aus kleinlicher Rechthaberei das Land an den Abgrund des Verderbens gestürzt!" — Meine Herren! Es wird hier den Volksvertretern so ziemlich das Aergste untergelegt, was man überhaupt Volksvertretern zur Last legen kann. Sie sollen aus kleinlichen persönlichen Rücksichten das Wohl des Landes bei Seite gesetzt haben. Das wäre eine große Nichtswürdigkeit, und wenn ich auch auf weiter Nichts Bezug nehmen könnte, als auf die erwähnten Vermittelungsversuche, die mit redlichem Willen von ihnen gemacht worden sind, so würde ich schon die Berechtigung haben, jene Vorwürfe und Anschuldigungen mit Unwillen von der preußischen National-Versammlung zurückzuweisen. Jene Männer haben nach ihrem besten Wissen und Gewissen gestrebt nach Dem, was sie für das Land als heilsam anerkannten, sie haben die errungene Volkssouveränität nicht aufgeben, sondern zur Geltung bringen wollen. Von der „individuellen Meinung" dieser Männer zu sprechen, enthält ein vollständiges Verkennen der Verhältnisse; es sind nicht Einzelne, es sind die preußischen Volksvertreter, die Namens des Landes handelten. Meine Herren! Ich bin nicht der Meinung jener Männer gewesen, die da-

mals nach Brandenburg gegangen sind; ich habe mich aus
allen meinen Kräften entgegengestellt, und zwar aus Gründen des Rechtes, der Ehre, der Politik. Ich nahm
an, was am 9. November die National-Versammlung als
Recht der Nation beschlossen, das sei auch vierzehn Tage
darauf noch Recht und müsse als solches im Interesse des
Volkes aufrecht erhalten werden; ich nahm an, daß zwar von
der persönlichen Ehre des Einzelnen abzusehen sei bei
dieser Frage, da der Einzelne aus diesem Grunde nur die
Berechtigung zur Niederlegung des Mandats gehabt haben
würde, daß aber die Ehre der Volksvertretung das
Tagen in Brandenburg verbiete. Am 9. November hatte es
die National-Versammlung für heilige Pflicht erkannt, gegen
ihre Vertagung und Verlegung zu den einschneidendsten Mitteln zu greifen, die das Land in grellen Konflict
mit der Krone stürzten. Diesen festen, männlichen Erklärungen jauchzte das Land zu, und Hunderttausende von
Bürgern und Beamten handelten diesen Beschlüssen gemäß,
und diese Versammlung könnte wenige Tage darauf in
Brandenburg sein? Ich fürchtete, daß das Land das Vertrauen zu dieser und zu jeder Vertretung verlieren müsse,
wenn es sähe, daß es sich auf seine Vertreter nicht verlassen
könne, daß sie, sobald die Ansichten des Landes ins Schwanken kommen, vergäßen, als die Erwählten festzustehen, ein
Halt für das Land, an welches sich dieses anlehnen könne;
daß das Volk irre werden müsse an dem Ernste der Beschlüsse seiner Vertreter. Nicht minder verbot es die Politik
dem Einzelnen, nach Brandenburg zu gehen, denn wenn
Jeder festhielt an seinem feierlichen Worte vom 9. November, so war der Gewaltstreich gescheitert. Das Nachgeben
aber mußte unter allen Umständen zum Nachtheile des
Volksrechtes ausfallen. Die Mitglieder der Majorität,

welche nach Brandenburg gingen, thaten dies in der entschiedenen Absicht, das von der Regierung gekränkte Volksrecht auch dort zu wahren. Blieben sie nun in Brandenburg in der Minorität, so verfehlten sie diesen Zweck; erhielten sie die Majorität, so verfehlten sie ihn nicht minder, da ja die Regierung bereits faktisch erklärt hatte, daß sie mit dieser Majorität nicht regieren wolle, und mithin in diesem Falle sicher von Neuem zur Vertagung und Auflösung geschritten sein würde. — Ungeachtet ich aber, wie Sie hieraus entnehmen mögen, gegen jene Männer gekämpft, und mit einer Anzahl politischer Freunde nicht nach Brandenburg ging: so werde ich mich doch nie hinreißen lassen zu dem von Oben herab geschleuderten Richterspruche Ihres Ausschusses, daß diese Deputirten, unter denen ich persönlich die ehrenhaftesten Männer kenne, bloß aus kleinlicher Rechthaberei gehandelt, und wie all die Vorwürfe lauten. Ich bedauere, daß Derartiges von einem Ihrer Ausschüsse ausgegangen. Es liegt überdies auch in diesen Anschauungen des Ausschusses ein gänzliches Verkennen des eigentlichen Sachverhältnisses. Man hatte Seitens der Krone, ohne irgend genügende Gründe, den Konflict herbeigeführt durch die Maßregeln der Verlegung und Vertagung, und nachdem die Volksvertreter ihrer Schuldigkeit gemäß Widerstand leisteten, hat man Seitens des Gouvernements Alles gethan, diese Volksvertretung herabzuwürdigen, und nachdem dies nach besten Kräften geschehen, sagt der Ausschuß, man habe nur eine bereits im Auflösungs-Prozesse begriffene Versammlung aufgelöst. Diese nichtswürdigen Scenen in Berlin, dieses Hetzen der Deputirten, die ihrer Pflicht als Ehrenmänner nachkamen und dem Willkürbefehl, nach Brandenburg zu gehen, nicht Folge gaben, sind Ihnen bekannt. Man ging schließlich so weit, daß man an einem Tage diejenige Fraktion der Versammlung, der man am Meisten gram war, drei Mal mit militairischer Gewalt in rohester Weise auseinander sprengte. (Zuruf von mehreren Seiten: So ist es!)

„Meine Herren! Der König von Preußen hat der Deputation, welche einige breslauer Vereine vor wenigen Wochen nach Berlin sendeten, erklärt, daß jene verwöhnte breslauer Märzdeputation wohl das Verletzendste gewesen, was einem Könige in dieser Art je geboten worden. Ich bin nicht dieser Ansicht; (Gelächter) ich nehme an, daß jene Deputation auch nicht eine Linie breit weiter gegangen ist, als es ihre heilige Pflicht in einem solchen Momente gebot. Aber, meine Herren, hätte wirklich diese Deputation zu großem Unrecht die Achtung vor der Krone nicht bewahrt, so würde ein Gegenstück in dem gedachten Benehmen des Gouvernements liegen; denn schwerlich ist die Würde eines Volkes jemals Seitens eines Gouvernements so schwer verletzt worden, als dies durch die Mißhandlung preußischer Volksvertreter Seitens der preußischen Regierung geschehen. (Bravo! Mehrere Stimmen: Sehr wahr!) — Die Behauptung, ich wiederhole es, daß die National-Versammlung hätte aufgelöst werden müssen, weil eine Vereinbarung mit dieser Versammlung unmöglich gewesen, ist gänzlich aus der Luft gegriffen, sofern man Seitens der Regierung wirklich den ernsten Willen hatte, die Revolution in ihren Folgen anzuerkennen, den Volksrechten die breiteste Grundlage zu geben, die man versprochen hatte. Nur dadurch, daß man dies nicht wollte, wurde die Auflösung eine Nothwendigkeit. Betrachten Sie diese Reihe der Ministerien seit der Revolution! Von Ministerium zu Ministerium ging man mit Konsequenz wieder zurück zu den gestürzten Ideen, bis man bei günstigem Winde bei dem Ministerium der Gewalt angekommen war. Darin liegt Methode. — Sollte man aber selbst die Richtigkeit der Behauptung zugeben, daß mit dieser Versammlung nicht zu vereinbaren war, was folgt daraus? Daß man mit anderen Bevollmächtigten des Volkes eine Verfassung vereinbaren mußte. Es folgt aber nicht daraus, daß man dem Volke das Recht der Vereinbarung nehmen konnte, weil nach der Ansicht der Regierung die momentanen Volksvertreter nicht geeignet waren; vielmehr konnte die Regierung höchstens das Volk, die Machtgeber jener angeblich ungeeigneten Bevollmächtigten auffordern, andere Bevollmächtigte zu ernennen. Diese Appellation an das Volk hat man aber gefürchtet, weil man wußte, wie die Antwort lauten würde. Und was thut man statt Dessen? Man nimmt den Schein einer solchen Appellation an. Man läßt allerdings neu wählen, octroyirt aber gleichzeitig ein Wahlgesetz und eine Verfassung, welche beide in ihrer Vereinigung dahin führen müssen, eine verfälschte Stimme des Landes zu hören. Meine Herren! Ich war allerdings der Ansicht, daß eine wahrhafte Appellation eine Nothwendigkeit, und da ich jene Taktik voraus sah, so machte ich während meiner Anwesenheit in Berlin den Vorschlag, der leider nicht durchgegangen ist, der Krone Seitens der National-Versammlung deren Auflösung anbieten zu lassen, unter der Bedingung, daß sofort eine neue National-Versammlung mit denselben Rechten und Pflichten und nach dem Wahlgesetze vom 8. April v. J. zusammenberufen würde. — Ihr Ausschuß ist nun freilich der Ansicht, daß diese octroyirte Verfassung eine konstitutionelle im wahren Sinne des Wortes sei; daß sie Alles gegeben habe, was irgend versprochen worden, ja, daß sie noch mehr gegeben, als versprochen. Ich kann nicht dieser Ansicht sein. Gestalten sich die Verhältnisse in Preußen, in Deutschland und außer Deutschland schlecht, wie es den Anschein hat, so bietet die Verfassung wenig Garantieen, denn sie ist dergestalt auf Schrauben gestellt, daß bei genauem Zusehen wenig übrig bleibt. Ich will Ihnen gegen die erwähnte Ansicht des Ausschusses bloß einige Hauptpunkte in dieser Beziehung vorführen, da es mir nicht einfallen kann, Ihnen von dieser Tribüne eine vollständige Kritik des ganzen Verfassungsgesetzes zu geben. — Meine Herren! Das Gesetz vom 6. April 1848 über einige Grundlagen der preußischen Verfassung stellt fest, daß den künftigen Vertretern des Volkes das Steuerbewilligungsrecht zustehen soll. Das Steuerbewilligungs- und somit das Steuerverweigerungsrecht ist zweifellos das erste und größte Recht eines freien Volkes, und alle übrigen Rechte sind Scheinrechte, wenn dieses nicht dabei, denn ohne dasselbe entscheidet nicht die Volksvertretung, sondern die Krone, nach welchen Grundsätzen regiert werden soll. In ihm liegt der Kern, der Angelpunkt der konstitutionellen Regierungsform, in ihm und in den Folgen, die aus diesem Rechte natürlich fließen. Meine Herren! Die octroyirte Verfassung giebt dieses Steuerbewilligungsrecht dem preußischen Volke nur zum Schein. Ich werde Ihnen dies aus der octroyirten Verfassung nachweisen. Nach Art. 90 der Verfassung dürfen Steuern und Abgaben nur erhoben werden, soweit sie in den Staatshaushalt-Etat aufgenommen, oder durch besondere Gesetze angeordnet sind. Nach Art. 98 wird dieser Staatshaushalt-Etat jährlich durch ein Gesetz festgestellt werden, und zu jedem Gesetze ist nach Art. 60 die Uebereinstimmung beider Kammern und der Krone erforderlich. — Wenn nach diesen Bestimmungen die Frage von dem Steuerbewilligungsrecht zu entscheiden wäre, so müßte man wenigstens sagen, daß wenn nicht eine, doch beide Kammern ihre Zustimmung zu dem Staatshaushalt-Etat nothwendig geben müssen, und daß ohne diese Zustimmung derselben keine Steuern erhoben werden können. Indessen das aus diesen Bestimmungen erwachsende Recht wird durch eine spätere Bestimmung beseitigt. Der Art. 108 nämlich bestimmt: „Die bestehenden Steuern und Abgaben werden fort erhoben, und alle Bestimmungen der bestehenden Gesetze und Verordnungen, welche der gegenwärtigen Verfassung nicht zuwiderlaufen, bleiben in Kraft, bis sie durch ein Gesetz abgeändert werden." Wenn Sie diese Bestimmung, die unter der Rubrik der „allgemeinen Bestimmungen" gegeben, auf das Steuerbewilligungsrecht anwenden, so verfliegt dieses Recht in Rauch und Dunst. Der Fall steht nun so. Die zweite Kammer, ja, beide Kammern wollen Ersparungen, demgemäß eine Verminderung des Budgets, und geben also dem ihnen vorgelegten Budget nicht ihre Zustimmung. Die Krone wird den Kammern dann ganz einfach und wohlberechtigt antworten: Wir bedauern aufrichtig, daß unter diesen Umständen das Budget für dieses Jahr, welches durch ein von der Krone und den Kammern gemeinschaftlich zu erlassendes Gesetz festzustellen, nicht zu Stande kommt, und werden wir demgemäß laut Artikel 108 der Verfassung die bestehenden Steuern und Abgaben so lange fort erheben, bis sie durch ein Gesetz abgeändert sind. Sie sehen also, meine Herren, das Steuerbewilligungsrecht ist nicht, wie es in der versprochenen Verfassung auf breitester Basis wohl unbedingt sein müßte, bei der zweiten Kammer; ja, es ist nicht einmal bei beiden Kammern. — Bis hierher wären diese Bestimmungen, die jedes constitutionelle Leben vernichten, sehr übereinstimmend mit einer kleinen Schrift, die dem Vernehmen nach den größten Einfluß gehabt hat auf jene unielige Patentgesetzgebung vom 3. Februar 1847. Diese „Gespräche über Kirche und Staat", welche einem der hervorragendsten Mitglieder der äußersten Rechten dieses Hauses zugeschrieben wurden*), waren damals schon der Ansicht, daß man den Ständen nicht das Recht einräumen könne, Einsprache zu thun gegen Steuern, welche bereits bestehen, bereits von dem Volke gegeben worden; diese Zustimmung sei nur dann nothwendig, wenn neue Steuern auferlegt werden sollten.

Meine Herren! Die oktroyirte Verfassung geht über diese Ansicht des Herrn v. Ra — (Heiterkeit), über diese Ansicht jener kleinen Schrift hinaus; die oktroyirte Verfassung, welche acht Monate nach der Märzrevolution gegeben, sieht nämlich selbst den Fall voraus, daß es der Krone unter Umständen und momentan wünschenswerth sein könnte, einmal eine neue Steuer zu erheben, oder ein Anlehen zu machen, von denen sie annimmt, daß die Kammern ihr momentan nicht beistimmen würden. Nun ist allerdings im Art. 102 der Verfassung bestimmt, daß auch Anlehen bloß durch ein Gesetz bewilligt werden könnten; aber, meine Herren, an einem anderen Ort, in Art. 105, ist Folgendes festgesetzt, — und zwar steht dieser Artikel unter den allgemeinen Bestimmungen: — „Wenn die Kammern nicht versammelt sind, können in dringenden Fällen unter Verantwortung des Staatsministerii Verordnungen mit Gesetzeskraft erlassen werden, die den Kammern bei ihrer nächsten Zusammenkunft zur Genehmigung vorzulegen sind." Meine Herren! Ich frage Sie, was wollen die Kammern, sechs oder acht Monate, nachdem das Geld aufgenommen und bereits ausgegeben worden, noch machen? — Sie müssen,

---

*) Herrn v. Radowitz.

gutwillig oder nicht gutwillig, die nachträgliche Bewilligung geben, und es wird ihnen vielleicht übrig bleiben, das Ministerium zu stürzen, während die Krone ein Dutzend anderer Ministerien in Vorrath hat. (Heiterkeit.) Das, meine Herren, ist das Steuerbewilligungsrecht nach der oktroyirten Verfassung. Aber es wird Ihnen nicht entgangen sein, daß jener eben mitgetheilte Art. 105 bedeutend weiter reicht: diese Bestimmung, nach welcher die Krone Gesetze erlassen kann ohne die Genehmigung der Kammern, meine Herren, das ist der Art. 14 der französischen Charte von 1814, auf Grund dessen jene Juli-Ordonnanzen erlassen wurden, denen die Revolution folgte. — Lassen Sie uns aber weiter sehen! Preßfreiheit, Vereinsrecht, Gewähr der persönlichen Freiheit und was sonst noch, das Alles wird dem Volke bereitwilligst vorn in der Verfassung zugestanden. Es ist eine wahre Freude, wenn man die stolzen Worte liest: „Die Preßfreiheit darf unter keinen Umständen und in keiner Weise, namentlich weder durch Censur, noch durch ꝛc., noch durch u. s. w. jemals beschränkt, suspendirt oder aufgehoben werden." Schade nur, einmal, daß man vorläufig die drakonischen Preßgesetze fortdauern läßt, die eine wirkliche Preßfreiheit zur Unmöglichkeit machen, und dann, daß ganz hinten unter den allgemeinen Bestimmungen wieder ein kleiner Paragraph kommt, — es ist der §. 110, — nach welchem für den Fall eines Kriegs oder Aufruhrs die Bestimmungen der Art. 5 bis 7 und 24 bis 28 zeit- und distriktweise außer Kraft gesetzt werden können. Wissen Sie, was dieser kleine Paragraph besagt? — Bloß, daß wenn irgend Unruhen vorkommen, die auf den Bericht des ersten besten reaktionären Beamten einem reaktionären Ministerium zur Kenntniß gebracht und von diesem als Auf-

ruhr angesprochen werden, die Minister, ja vielleicht auch
niedrigere Beamte, — denn das hat man nicht einmal
festgestellt, — das Recht haben, für einen ganzen Distrikt
zu erklären: Die Habeas-Corpus-Akte ist aufgehoben; die Wohnung hat aufgehört, unverletzlich
zu sein; Ausnahmsgerichte und außerordentliche
Gerichte finden statt; Strafen können ohne Gesetz
angedroht und verhängt werden; die Preßfreiheit
wird aufgehoben; das Versammlungs- und Vereinsrecht sind aufgehoben! — Die nordamerika-
nische Verfassung und die englische Verfassung haben
allerdings eine Bestimmung, daß für solche Fälle die Habeas-Corpus-Akte durch ein Gesetz aufgehoben werden
könne; aber daß die ersten Rechte des Menschen und Bürgers durch eine einfache Ministerverfügung oder möglicherweise sogar durch die Bestimmung eines untergeord-
neten Beamten, **ohne Gesetz** aufgehoben werden können;
daß auch nicht Ein Freiheitsrecht des Bürgers existiren soll,
das nicht durch die Verfügung eines Ministers beseitigt
werden könnte; daß auch nicht einmal in solchem Falle die
Kammern sofort zusammenberufen werden müssen, — das
zu bestimmen, war der preußischen oktroyirten Verfassung vorbehalten; es war der preußischen oktroyirten Verfassung vorbehalten, die glänzende französische Erfindung des
Belagerungszustandes im Frieden gegen die eigenen
Bürger als Märzerrungenschaft in Verfassungsform zu bringen. (Beifall auf der Linken.) — Lassen Sie uns weiter sehen!
Eine Vereidigung des Königs, der Administratic-
beamten und des Militairs auf die Verfassung erfolgt
vorläufig nach den Bestimmungen des Art. 112 und nach
dem Patente vom 5. December nicht. Also das Volk soll
gebunden sein, und die Beseitigung des Prinzips der

Vereinbarung ist definitiv oktroyirt; aber wo es sich darum handelt, dem Volk eine Bürgschaft zu geben gegenüber der Exekutivgewalt und deren Organen, den Beamten, soweit ist nichts oktroyirt. — Vergessen Sie ferner nicht, daß diese oktroyirte Verfassung auf einige zwanzig Gesetze hinweist, welche erst zu geben sind, und bis zu deren Erlaß nach der Bestimmung der Art. 108 und 109 Alles beim Alten bleibt. Ohne Zustimmung der Krone und der ersten Kammer können diese Gesetze nicht gegeben werden, und doch ist ohne diese organischen Gesetze die Verfassung ein leerer Schein. Sie werden mir hierin beistimmen, wenn ich Ihnen eine Anzahl dieser Gesetze nenne. Es sind vorbehalten: Ein Preßgesetz; die Militairgesetze; ein Gesetz über die Verantwortlichkeit der Minister; ein Gesetz über die Geschwornengerichte; das Staats-Dienergesetz; ein organisches Steuergesetz; das Gemeindegesetz; ein Gesetz über die Vertretung und Verwaltung der Provinzen, Bezirke und Kreise; ein Unterrichtsgesetz; Gesetze über die Civilehe, über das Briefgeheimniß, die Korporationen; über die Lehen und Fideikommisse; über die Organisation der Handels-, Gewerbs- und Militairgerichte und das Verfahren bei denselben!

„Sie sehen, meine Herren, vorbehalten sind mit einem Worte die Gesetze über Alles, und ohne Zustimmung der Krone und der ersten Kammer über dies Alles bleibt sonach Alles beim Alten. Um dieses vollständig würdigen zu können, muß ich Sie auf die Organisation der ersten Kammer aufmerksam machen, von deren Genehmigung diese Gesetze abhängen. Die Mitglieder der ersten Kammer werden von hochbesteuerten Wählern gewählt, und sind selbst hoch censirt. Niemand wählt, der nicht 8 Thlr. Klassensteuer zahlt, oder ein Grundvermögen von 5000 Thlr. besitzt, oder ein reines Einkommen von 500 Thlrn. glaubhaft nachweisen kann… (Zuruf von der Rechten: „Jeder Bauer!") Das ist ein großer Irrthum! — Gewählt werden können nur reiche Männer, da die Mitglieder der ersten Kammer keine Diäten und Reisekosten erhalten, also sechs Jahre hindurch einen großen Theil des Jahres in Berlin zu leben haben und gleichzeitig für ihre Geschäfte zu Hause und für ihre Familie sorgen müssen. Sonach wird diese erste Kammer ziemlich ausschließlich durch die reiche Bourgeoisie und den adeligen Grundbesitz besetzt sein, und wenn wir nicht muthwillig die Augen verschließen wollen, so wissen wir zum Voraus, wie eine solche erste Kammer jene einige und zwanzig organischen Gesetze zustutzen wird, ehe sie zur Krone kommen; — ich glaube, es wird nicht nöthig sein, daß die Krone von dem durch die Verfassung ihr zugestandenen absoluten Veto irgend Gebrauch macht. Denken Sie ferner an die Wahlerfordernisse zur zweiten Kammer; auch hier sind Einschränkungen gegen früher eingetreten, ich erinnere nur an das Wort selbstständig, vor Allem aber an die Art und Weise, wie die Wahlen vorgenommen werden sollen: es werden mehrere, drei, vier Kreise zusammengelegt, so daß die Wähler einander völlig unbekannt sind, und mir ist ein einzelner Fall bekannt, wo 178,000 Menschen aus drei verschiedenen Kreisen gemeinschaftlich, durch 6 bis 700 Wahlmänner, welche auf 12 bis 15 Meilen von einander entfernt wohnen, am Wahltage an Einem Orte zur Wahl zusammentreten müssen, natürlich ohne alle Kenntniß der Persönlichkeiten, und somit auch nicht im Stande sind, zweckmäßige Wahlen zu treffen. — Doch ich will Ihnen nicht weiter die einzelnen Anstände gegen diese Verfassung auseinandersetzen; ich glaube, bereits durch das

Angeführte so viel nachgewiesen zu haben, daß die große
Zufriedenheit Ihres Ausschusses mit dieser Verfassung wahrhaft **unbegreiflich** (Heiterkeit), und das von ihm angeführte
Thatsächliche nicht thatsächlich ist. Doch auf Eines möchte
ich Sie noch aufmerksam machen. Diese Verfassung wird ge-
handhabt und ausgelegt von jener ungeheuren Masse von
Beamten, einer Anzahl, die, wie ich mir habe sagen lassen,
ungefähr der des preußischen Heeres gleichkommt. (Heiterkeit.) Meine Herren! Das ist nicht übertrieben; Andere
sagen sogar, wie ich eben höre, es seien 200,000 Beamte.
Erwägen Sie, meine Herren, daß trotz der Märzrevolution
die Spitzen der Administrativbehörden zum größten Theil
dieselben geblieben, und diese Spitzen sind bekanntlich seit
vielen Jahren fast ausschließlich mit Gliedern der Aristokratie besetzt worden. Ich könnte Ihnen in ersterer Beziehung krasse Beispiele geben; Männer, in denen der Unsegen
preußischer Büreaukratie wahrhaft verkörpert erscheint, durch
welche eine halbe Provinz ins Elend gestürzt, sie sind heute
noch in ihrer Stellung. Die Revolution sollte nun eben das
Volk aus diesem jammervollen **Bevormundungs-Systeme**
befreien, und Sie mögen sich daher selbst sagen, mit welcher
Liebe ein Theil dieser Beamten auf die Revolution geblickt
hat, und wie sie die jetzige Contrerevolution als Rettung
begrüßen. Unterschätzen Sie nicht die Macht dieser Büreaukratie; sie war bekanntlich die Herrscherin in Preußen, und
ihr stehen dieselben Regierungsmittel noch heute zu Gebote,
und sie wendet sie an mit der Energie, die Der besitzt,
der für seine Existenz kämpft. Sie wirkt nach Kräften gegenwärtig auf die Wahlen ein; man schreitet ein gegen alle
Beamten, die irgendwie an dieser letzten Bewegung gegen
die Regierung betheiligt und auf die Seite der National-
Versammlung getreten sind; meine Herren, es geschieht Das

in furchtbarem Umfange, und die Ministerien fordern die
unteren Behörden zu diesem Verfahren auf; in diesem
Augenblicke sind Untersuchungen in Preußen in allen Provinzen im Gange; viele ehrenhafte Männer sitzen im Kerker, viele andere ehrenhafte Männer sind auf der Flucht; ein
System der Denunciation scheint durch den ganzen preußischen Staat organisirt, täglich hört man von neuen Opfern,
und ich kann Sie versichern, daß ich unwillkürlich durch die
jetzigen Maßnahmen an die neapolitanischen und spanischen
Bourbonen erinnert werde, wenn sie, nachdem sie vertrieben
gewesen, mit siegreichen Waffen in ihre Länder zurückkehren.
Alledem nun sieht Ihr Ausschuß mit großer Ruhe entgegen,
daß die octroyirte Verfassung von dem Volke mit dem größten Jubel aufgenommen werde, wie die vielen Adressen er-
gäben. Meine Herren! Ich kann Ihnen nachweisen, daß in
der Mitte des Monats November 3000 bis 3500 Adressen
zu Gunsten der National-Versammlung eingelaufen
waren. Seitdem ist allerdings ein großer Umschwung in der
Stimmung des Landes erfolgt; ich möchte Ihnen aber doch
rathen, diesen Umschwung nicht zu überschätzen. Ich will in
dieser Beziehung kein Gewicht darauf legen, daß ein sehr großer
Theil der Regierungs-Adressen von jener von mir geschilder-
ten Büreaukratie mit ihrer ungeheuren Macht, die für ihre
Existenz ficht, hervorgerufen worden; ich sage, ich lege
darauf nur geringes Gewicht, denn der Umschwung ist allerdings tiefer begründet. Der Handel- und Gewerbstand
hatte durch die letzten acht Monate unglaublich gelitten.
Ein Fieberzustand des Staatskörpers, wie er mit einer Revolution unvermeidlich verbunden, wirkt mit Nothwendigkeit
auf alle Glieder dieses Körpers nachtheilig. Nicht sehr viele
Menschen aber sind in einem Staate, welche die Idee höher
stellen, als das materielle Interesse, als den momentanen

materiellen Druck, und dies giebt die sehr natürliche Erklärung des Theils jener Adressen, die nicht von der Bureaukratie veranlaßt worden. Aber, meine Herren, wer hat denn das Volk in dieser Weise durch einen so langen Zeitraum ermüdet, und wer ermüdet es noch fort? Der Ausschuß macht allerdings die preußische Volksvertretung dafür verantwortlich und sagt, sie habe blos drei Paragraphen der Verfassung in der ganzen Zeit festgestellt; mir aber scheint es, als habe Ihr Ausschuß übersehen, daß wir es sind, welche die Hauptschuld tragen; denn wenn wir gleich zu Anfange mit Kraft und Energie die nothwendigen Folgerungen und Früchte der Revolution ins Leben geführt hätten, dann konnte die preußische National-Versammlung in großer Ruhe ihr Staatsgrundgesetz berathen, dann hatte sie allerdings ihrerseits nicht nöthig, in der Richtung vorwärts zu schreiten, die durch uns billigerweise hätte eingehalten werden sollen. (Bravo von der Linken.) Wir haben während dieser Zeit allerdings die Grundrechte und die Verfassung gemacht, und Mancherlei dekretirt; aber wir haben nicht daran gedacht, daß das Alles noch nicht lebendig ist, und vergessen, daß nur Thatsachen in der Geschichte regieren, und deshalb sind wir jedem Handeln mit Konsequenz aus dem Wege gegangen, so oft sich die Gelegenheit geboten. Wir haben statt dessen unter allen Umständen vorgezogen, den Verhältnissen Rechnung zu tragen, und dadurch neun unersetzliche Monate verloren, und nicht blos das preußische, sondern das ganze deutsche Volk ermüdet und erschlafft. Wenn also der Ausschuß mit hoher Genugthuung auf die augenblickliche Mattigkeit eines großen Theils des preußischen Volkes hinweist, so hält er uns vorzugsweise das Resultat unseres Handelns vor. Es ist an der Zeit, daß wir uns unverschleiert diese Resultate vorhalten, die wir auf unserem Wege erreicht haben, daß wir das Facit unseres neunmonatlichen Rechnungtragens ziehen, und wir finden da den zeitigen Banquerut an allen den Ideen, um derentwillen Deutschland seine Revolution gemacht, an den Ideen der Freiheit, der Einheit, der Macht Deutschlands. Es ist mir wahrhaftig keine Freude, den Finger in die Wundmale des Vaterlandes zu legen; aber es ist eine Nothwendigkeit, daß das Uebel erkannt werde, weil, wenn es auch nicht zu heilen, vielleicht in unserer Macht liegt, es zu lindern. Und doch sträubt es sich gerade in diesen Augenblicken in mir, Ihnen den freilich nur zu leichten Beweis Dessen auseinanderzulegen, was ich soeben behauptet habe. Nur im Allgemeinen weise ich nochmals darauf hin, daß die ganze alte schlechte Wirthschaft wieder in vollster Blüthe steht. (Bravo von der Linken.) In Wien wird von Zeit zu Zeit fortfüsilirt, und in Preußen ist es, wie schon Herr Wesendond angeführt, dahin gekommen, daß wenig Preußen in der Versammlung sein werden, die nicht Freunde oder Bekannte hätten, welche in diesem Momente entweder im Kerker sitzen oder in Gefahr sind... (Von der Linken: Bravo! Von der Rechten: Nein! Von der Linken: Ja!)

  Vicepräsident Beseler: Meine Herren! Ich bitte um Ruhe!

  Heinrich Simon: Meine Herren! Es wird dies von jener Seite zu Unrecht in Abrede gestellt, aber Das wird man wenigstens nicht in Abrede stellen können, daß man gegenwärtig selbst gegen die beamteten Deputirten, direkt gegen Vorschrift des Gesetzes, einschreitet; daß man anfängt, sie in die Kerker zu werfen, — ja wohl auch — vorläufig in's Zuchthaus! (Von der Linken: Pfui!) Die Reaction hat bereits die Höhe erreicht, daß selbst richterliche

Kollegien ihrer früheren edlen Stellung uneingedenk sind. Preußische Obergerichte fordern Diejenigen ihrer Mitglieder, welche sich als Abgeordnete auf die Seite des Volks gestellt hatten, auf, aus ihren Stellungen zu scheiden. Sie unterziehen die politische Wirksamkeit dieser Männer ohne alle Berechtigung ihrer Kognition; sie wollen den entschlossenen Widerstand von Volksvertretern gegen die Krone zum Grund der factischen Entfernung aus dem Richterstande machen. Der höchste Gerichtshof Preußens, das geheime Ober=Tribunal, hat nicht nur an die Krone eine Dankadresse wegen der octroyirten Verfassung überreicht und dadurch allein schon sich auf den Parteistandpunkt gestellt, den sein Chef wenige Wochen vorher, freilich bei entgegengesetzter Gelegenheit, ausdrücklich als unberechtigt für preußische Richter hinstellte; sondern das geheime Tribunal hat sich durch jenes Schreiben an einen der ehrenhaftesten Charaktere,*) welche die Neuzeit in das öffentliche Leben führte, direkt zum politischen Inquisitionstribunale umgeschaffen. Aehnlich haben der geheime Ober=Revisionshof und drei Obergerichte, mindestens eine Anzahl ihrer Mitglieder, gehandelt. (Unruhe.) Meine Herren! Ich stehe nicht an, von dieser Tribüne herab vor ganz Deutschland jenes Verfahren der richterlichen Tribunale als ein Zeichen schmachvoller Servilität hinzustellen. (Bravo auf der Linken; von der Rechten: Zur Ordnung!)

Vicepräsident Beseler: Ich rufe den Redner wegen dieser Aeußerung nicht zur Ordnung. (Bravo von der Linken. Stimmen von der Rechten: Oh!) Man kann verschieden über den Werth oder Unwerth der Aeußerung des Herrn Simon urtheilen, für den Präsidenten lag aber

---
*) Waldeck.

keine Veranlassung vor, disciplinarisch gegen den Redner einzuschreiten. Herr Simon, ich bitte Sie, fortzufahren.

Heinrich Simon: Diejenigen Herren, welche mich zur Ordnung gerufen wünschten, haben wahrscheinlich vergessen, daß das Recht — der Geist jeder Staatsgesellschaft, daß der Richter der Priester des Rechts, und daß sein erstes Gebot: Du sollst nicht andere Götter haben neben mir! (Bravo von der Linken.) Wenn im Richterstande, dem vor Allem Herz und Nieren geprüft sein sollten durch seinen hohen Beruf, wenn in ihm die Reaktion zur Geltung kommt, dann erscheint sie in ihrer fluchwürdigsten Gestalt. Meine Herren! Wenn es in Preußen bis dahin gekommen, daß das Volk sich nicht einmal mehr auf seine Obergerichte verlassen darf, weil diese aus ihrer richterlichen, parteilosen Stellung herausgetreten, dann geht daraus auf das Schlagendste hervor, daß die Krone mit ihrer Revolution an den Grundfesten des Staates gerüttelt hat. (Unruhe auf der Rechten.)

Vicepräsident Beseler: Bitte, meine Herren, Ihre Plätze einzunehmen. Ich bitte Sie, Herr Simon, fahren Sie nicht fort, ehe die Herren die Güte gehabt haben, sich niederzulassen.

Heinrich Simon: Meine Herren! Ihre Macht, in diese traurigen Verhältnisse Preußens rettend einzugreifen, ist, ich habe dies schon zu meinem Schmerze sagen müssen, gebrochen. Ihr Ausschuß erklärt zwar, daß die Reichsversammlung ihr Versprechen, die Freiheiten Preußens gegen jeden Versuch einer Beeinträchtigung erforderlichen Falles zu schützen, halten werde; aber über dieses Versprechen, das wir ja auch den Oesterreichern gegeben haben, wird man in Preußen lächeln, wie wir ja auch hier unter einander soeben darüber lächeln, ähnlich jenen römischen Sacerdoten, wenn sie einander auf der Straße begegneten. Man weiß es in Preußen, daß uns zu diesem Schutze die Macht fehlt, und daß, wenn sich die Preußen ihr gutes Recht nicht selber schützen, es unbeschützt sein wird. — Meine Herren! Ich wälze keineswegs ausschließlich auf diese Versammlung die Schuld der jetzigen traurigen Lage unserer Verhältnisse. Ein Volk, das seit Jahrhunderten willenlos war, dessen Willen untergegangen war in dem Willen seiner Fürsten, ein solches Volk erringt nicht in wenig Monaten seine vollständige Freiheit. Die angeborene Willenlosigkeit der Masse wirkt entgegen; zu Vielen geht statistisches Wohlbehagen über die Idee. Aber um so mehr haben die Vertreter der Nation die Pflicht, sich vor einer gleichen Schmach zu bewahren, Sie, die den Mitbürgern vorleuchten sollen. **Es wird trotz alledem und alledem in Deutschland die Freiheit triumphiren**; aber wir, die Berufenen, werden von der Geschichte zur Rechenschaft gezogen werden, wenn wir, unmächtig in diesem Momente, dem Volke sofort die materielle Freiheit zu geben, auch noch die Idee des Rechtes schänden lassen, (Stimmen auf der Linken: Sehr gut!) wenn wir, berufen, das Banner der Freiheit und des Rechts voranzutragen durch Deutschland, es von Neuem senken gegenüber der Macht. (Bravo auf der Linken.) Sie können durch Ihren heutigen Beschluß sich und den Preußen mächtig schaden, wenn Sie eingehen auf den Antrag Ihres Ausschusses, zur einfachen Tagesordnung überzugehen; wenn Sie dadurch aussprechen, daß die Krone mit ihren revolutionären Maßregeln im besten Rechte sei. Sie können andererseits das Recht stärken, die schwachen Gemüther in Preußen und Deutschland mächtig heben, wenn Sie als höchster souveräner politischer Gerichtshof Deutschlands, unbestechen von der momentanen Machtfülle des preußischen

Throns, die Erklärung abgeben: Die octroyirte Verfassung enthält eine Rechtsverletzung des preußischen Volkes; die Berechtigung des preußischen Volkes zur Vereinbarung der Verfassung dauert fort. Das ist mein Antrag, und ich empfehle Ihnen denselben. (Stürmischer Beifall auf der Linken und im Centrum.)

In den ersten Tagen des Februar 1849 stand eine neue Präsidenten-Wahl für die deutsche Reichsversammlung bevor. Man dachte an Simon, und dieser schreibt in Bezug darauf am 4. Februar Folgendes:

„Ich könnte jetzt Präsident der National-Versammlung werden. Mir fiel — die Geschichte spielt seit vier Tagen — die Erklärung der Frau Furth in den lustigen Weibern von Windsor ein, als sie den Liebesbrief von Fallstaf bekam, sie sagte: ich könnte zu großen Ehren kommen, wenn ich meine Reputation in die Schanze schlagen wollte. In der That könnte ich die erste Ehrenstelle Deutschlands bei einigermaßen geringerer Gewissenhaftigkeit erhalten. Es wurde uns auf der Linken, Seitens des gesammten „Hotel Schröder" (die Oesterreicher der Versammlung) und vom „Pariser Hof" (den Separatisten) durch Deputationen angeboten, mich zum ersten Präsidenten zu wählen, wenn wir dafür ihren v. Mühlfeld zum dritten Präsidenten wählten. Das wurde jedoch sofort von mir auf's Entschiedenste und sodann auch von der Linken zurückgewiesen. Darauf erklärten uns Jene, sie verlangten nun nicht mehr, daß wir Mühlfeld wählten, sie würden mir dennoch ihre Stimmen zum (ersten und zweiten) Präsidenten geben; und in den Klubs der Linken wurde beschlossen, mich zu wählen, da man Jene nicht hindern könne, mir ihre Stimme zu geben.

„Ich habe mich jedoch nach reiflichem Ermessen entschieden, auch eine in dieser Weise zu Stande kommende Präsidentenwahl nicht anzunehmen, und ich kann diese meine Ueberzeugung den Parteien nicht zum Opfer bringen. Ich bemerke zunächst, daß der Linken hierdurch kein Schade erwächst, da die Oesterreicher sich eben so gern auf einen Andern einigen werden; indem es ihnen gerade jetzt darauf ankommt, Simson als spezifischen Preußen zu stürzen, und einen Präsidenten zu haben, der für die vollständige Beibehaltung Oesterreichs im deutschen Bunde sich erklärt hat. Der Parteizweck, ein Mitglied der Linken zum ersten Präsidenten zu erhalten, wird daher dadurch nicht verfehlt, daß ich meiner Ueberzeugung folge.

„Ich bin auf das Entschiedenste gegen jede Koalition politisch sich gegenüber stehender Parteien, welche nur in einer einzigen Richtung zusammengehen. Eine derartige Verbindung giebt unrichtige Resultate und fördert nicht.

„Man wendet freilich ein, es liege keine Koalition vor, weil wir nicht hindern könnten, daß jene Partei uns ihre Stimme gäbe. Dies ist richtig bei einer sachlichen Frage, beispielsweise der erblichen Oberhauptsfrage; da kann und wird man nicht hindern. Wenn es sich aber um eine Personenfrage handelt, so hängt es von dieser Person ab, sich zum Werkzeug herzugeben oder nicht.

„Es liegen ferner auch geschäftliche Gründe vor, die unter den hiesigen Verhältnissen die Wahl eines Präsidenten unersprießlich machen, welcher bei Ausübung seines Amtes nicht auf die vollständige Unterstützung der Majorität des Hauses, über die Dauer momentaner Verhältnisse hinaus und abgesehen von augenblicklichen politischen Parteistellungen, rechnen könnte.......

„Es treten nun aber für mich persönlich ganz besondere Gründe hinzu, eine derartige Wahl abzulehnen. Gerade weil ich deutsch gesinnt, habe ich auf Preußen losgeschlagen in meinen Reden, so oft es undeutsch handelte. In Preußen hat man Das mißverstanden und hält mich nicht für Deutsch, sondern für spezifisch antipreußisch, und schon jetzt ist meine Stellung dadurch dort äußerst schwierig. Auch die Oesterreicher scheinen in demselben Mißverstehen befangen und anzunehmen, ich hätte einen besonderen Preußenhaß. Und nun soll ich mir von spezifischen Oesterreichern, die gerade dasselbe für Oesterreich thun, was ich in Beziehung auf Preußen bekämpfe, von diesen soll ich mir gleichsam zum Dank, daß ich mein spezielles Vaterland nicht geschont, zum Präsidentenstuhl verhelfen lassen, — an den beiläufig zweitausend Gulden monatlich geknüpft. Und Das soll ich, während ich das Verhalten dieser Oesterreicher in hohem Grade mißbillige! Das geht nicht!

„Ich habe in Folge dessen so eben allseitig die Erklärung abgegeben, daß ich unter diesen Umständen, falls man mich trotz meiner Protestation zum Präsidenten machen würde, von der Tribüne herunter diese Würde ablehnen würde."

Die Kaiserwahl.

Am 26. Februar 1849 wurde der — auf Grund der octroyirten Verfassung einberufene Landtag in Berlin eröffnet. Simon wohnte — als Mitglied der zweiten Kammer — den Berathungen des preußischen Landtages bis zum 17. März bei. Dann begab er sich mit andern preußischen Abgeordneten, welche, wie er, zugleich Mitglieder des deutschen Parlaments waren, nach Frankfurt a. M., um bei der nahe bevorstehenden Kaiserwahl seinen Sitz in der Paulskirche einzunehmen.

Simon's Stellung zur deutschen Kaiserwahl, — sein Ausschlag gebender Einfluß auf die schließliche Entscheidung der Frage geht am besten aus nachstehender Erklärung hervor, die er — in Gemeinschaft mit seinem Vetter Max Simon — im Frankfurter Journal vom 31. März 1849 veröffentlichte:

Die Abstimmungen der deutschen National-Versammlung vom 21. und 27. März 1849.

„Der Umstand, daß am einundzwanzigsten März der Welcker'sche Antrag*) Seitens der deutschen Nationalversammlung mit wenigen Stimmen verworfen, und am siebenundzwanzigsten März die Wahl eines deutschen Kaisers mit wenigen Stimmen beschlossen worden, hat der Abstimmung derjenigen Abgeordneten der linken Seite des Hauses, welche diese veränderte Entscheidung herbeigeführt haben, eine besondere und mehr als persönliche Bedeutung beigelegt und in den öffentlichen Blättern über die Motive dieser Abstimmungen die mannigfachsten Urtheile in entgegengesetzter Richtung hervorgerufen. Die Debatte über den Welcker'schen Antrag wurde geschlossen, ehe die Reihe der eingeschriebenen Redner an die Unterzeichneten gekommen; wir gaben deßhalb mit mehreren zur Zeit nicht anwesenden Abgeordneten bereits am einundzwanzigsten März nach der erstgedachten Abstimmung eine Erklärung zu Pro-

---

*) Auf Einsetzung einer Exekutivgewalt.

tofoll (ftenograph. Bericht Nr. 101 S. 5918), ber wir für unsere Personen gegenwärtig Einiges hinzufügen. Die vielen öffentlichen Blätter, die uns in der heftigsten Art angegriffen haben, — mannichfach thatsächliche Unwahrheiten laufen dabei unter, — werben die Gerechtigkeit nicht versagen, denselben Lesern das Folgende mitzutheilen.

„Unter schwierigeren Verhältnissen hat nie ein Volk seine Einheit und Freiheit zu erringen gesucht, als jetzt das deutsche, und diese Schwierigkeiten liegen in ersterer Beziehung, selbst abgesehen von dem Partikularismus der einzelnen Stämme, zunächst in dem Bestehen der beiden Großstaaten. Nur in dem Momente großen Schwunges des ganzen Volkes war die sofortige vollständige Erreichung des Zieles möglich. Dies hob nicht die Pflicht auf, diese Einheit, bis die letzte Aussicht geschwunden, als eine sofort zu erringende anzustreben, aber dieser letzte Moment trat ein und es galt, für das übrige Deutschland einen Entschluß fassen oder auf lange Zeit verzichten auf Einheit und Freiheit. Für die nächste Zeit schwand jede Aussicht, Oesterreich in den Bundesstaat eintreten zu sehen. Wir sehen ab von dem zeitigen Geiste der National-Versammlung. Der Absolutismus hat in Oesterreich gesiegt, und das österreichische Volk schweigt zu seiner oktroyirten Verfassung, die Oesterreich von Deutschland trennt, wie die Preußen zu der ihrigen schwiegen; die österreichische Note aber, welche unter dem 13. März diese oktroyirte Verfassung begleitete, trat für uns entscheidend hinzu. Sie erklärt offen Deutschlands Einheits-Mittelpunkt, das Volkshaus, für unmöglich. Wenige Monate weiter, und die bereits gedrohte Vereinigung Oesterreichs mit einem Ministerium Brandenburg oktroyirte Deutschland eine Verfassung, wie sie Berlin und Wien bereits erfahren. Die Schmach durfte nicht über Deutschland kommen, daß seine aus freier Volkswahl hervorgegangene Vertretung nicht die Kraft gehabt, Deutschland eine Verfassung zu schaffen; die Schmach nicht, daß seine Volksvertretung den unwiederbringlichen Moment versäumt, dem deutschen Volke eine freisinnige Verfassung, ein freisinniges Wahlgesetz als die Handhabe für die Gestaltung der Zukunft zu geben, und es war vor Allem dem Volke die ungeheure moralische Niederlage der unmittelbar bevorstehenden Oktroyirung Seitens der Fürsten zu ersparen. Hierzu traten die drohenden Unwetter von außen: Rußland mit Oesterreich geeinigt, um die Freiheit niederzudrücken; der dänische Krieg vor der Thür, in Frankreich Verhältnisse, die eher auf Rheinlandgelüste als auf eventuelle Hülfe rechnen lassen. Unter solchen Umständen erschien der Abschluß einer Verfassung, die sofort wirkliches Leben hätte, als eine Nothwendigkeit, als ein Akt der Selbsterhaltung. Nur mit Preußen an der Spitze war dies möglich. Die besonderen Verhältnisse Preußens traten unterstützend hinzu, dessen unbedingte Hingebung, so wie das Aufgehen des spezifischen Preußenthums in Deutschland, in anderer Art nicht zu erwarten, während gleichzeitig dem in Preußen und folgeweise in Deutschland von Neuem drohenden Absolutismus nur dadurch dauernd vorgebeugt, die Freiheit Deutschlands nur dadurch gerettet werden konnte, wenn die Gesammtkraft Deutschlands in einem freien deutschen Volkshause repräsentirt ist.

„Unsere politischen Freunde verwarfen diesen Weg um Oesterreichs willen; es vereinigte sich aus diesem Grunde der größte Theil der linken Seite des Hauses mit den Oesterreichern und bestimmte sich schließlich, unter Zurückziehung ihrer früheren die Exekutive betreffenden An-

träge, für ein Direktorium aus sieben Fürsten. Ueber
die allseitigen Nachtheile dieser Regierungsspitze, die beiläufig auch die Konservirung des Partikularismus in sich
schloß, waren alle Parteien einig; aber das hoben wir hervor,
daß der alleinige Zweck, Deutschland zu einigen, dadurch
völlig verfehlt würde. Oesterreich trat unter den jetzigen
Verhältnissen keinenfalls der deutschen Verfassung bei und
Preußen der jetzigen, von der Nationalversammlung beschlossenen Verfassung, mit einem Direktorium an der Spitze, zweifellos auch nicht. Die Gründe
sind einfach. Diese Verfassung mediatisirt mehr oder weniger
die einzelnen deutschen Staaten, sofern sie ihnen in allen
wesentlichen Punkten die Souveränetät nimmt, in Beziehung auf das Heer, auf auswärtige und die wichtigsten inneren
Verhältnisse. Oesterreich hätte Das zur Noth in Betreff
seiner deutschen Provinzen zugeben können, weil es mit
seinen 20 Millionen Nichtdeutschen Das blieb, was es
war, europäische Großmacht; Preußen dagegen mit
seinen wesentlich nur deutschen Provinzen hörte vollständig auf, Großmacht zu sein, und das preußische Volksbewußtsein würde das unter solchen Verhältnissen nie
zugegeben haben. Preußen und Oesterreich gingen also
auf ein Direktorium nicht ein, und die Idee eines Direk-
toriums war uns daher gleich bedeutend mit einer Vernichtung der beschlossenen deutschen Verfassung, des
Volkshauses, des Wahlgesetzes, es war uns gleichbe-
deutend mit dem alten deutschen Staatenbunde, mit dem
alten, vielleicht noch verschlechterten Bundestage. Das
wollten wir nicht. Einen anderen Weg wußte uns aber
keiner unserer politischen Freunde anzugeben. Allerdings
sind die Einwendungen gegen einen deutschen Kaiser
bedeutend. Wir verkennen in erster Linie nicht die Schwie-

rigkeit für die deutsch-österreichischen Lande, sich seiner Zeit, dem österreichischen Volksbewußtsein zuwider, anzuschließen. Aber diese Schwierigkeit war entgegengesetzten Falles rücksichtlich Preußens von der gleichen Größe. Die 7 Millionen deutsche Oesterreicher werden, sobald sie sich, was nicht ausbleiben kann, gegenüber den mehr als 20 Millionen Nichtdeutschen durch ein Abhängigkeitsverhältniß bedroht sehen, zu Deutschland mit Nothwendigkeit gedrängt werden, und es wird bei dem nicht ausbleibenden Zerfall der österreichischen Monarchie im eigenen Vortheil unserer österreichischen Brüder sein, ein festes, schutzgebendes Deutschland bereits vorzufinden.

„Aber ein erblicher Kaiser widerspricht an sich den ersten Begriffen der Demokratie!" Wir sehen davon ab, daß der drohende russische und österreichische Despotismus auch nicht viel Demokratie verspricht; wir gestehen vielmehr jenen Grund, — wenn gleich die Demokratie nicht ausschließlich in der Republik ihren Boden findet, ihren Schwerpunkt überdies mehr in den Grundlagen, als in der Spitze des Staates hat, — wir gestehen diesen Einwand Denen zu, welche sofort die Republik in Deutschland einführen wollen. Uns aber lag an sich die Berechtigung, einen Kaiser zu wählen, in dem deutlich ausgesprochenen Willen des deutschen Volkes. In keiner der Revolutionen, die im März des vorigen Jahres durch alle deutsche Lande gingen, beseitigte das Volk eine der vierunddreißig Dynastien; wir nehmen an, und die deutsche Presse unterstützt diese Ansicht, daß das Volk Das, was es im Momente der Revolution nicht gewollt, auch jetzt in seiner großen Majorität nicht wolle: daß ein Kaiser somit dieselbe Berechtigung habe, wie vierunddreißig andere Fürsten, und daß ein Kaiser von Volks Gnaden demokratischer sei, als jeder

der vierunddreißig Fürsten von Gottes Gnaden. Die linke Seite des Hauses, mit Einschluß der äußersten Linken, hatte überdies durch ihren Antrag auf ein Erbdirektorium von sieben Fürsten bereits thatsächlich ihre Ansicht dahin ausgesprochen, daß es nicht das Oberhaupt über fürstliche Häupter durch andere fürstliche Häupter sei, was sie für undemokratisch halte. Der Umstand ändert nichts, daß nach jenem Vorschlage sieben Fürsten, nach diesem Einer an die Spitze treten sollte, da eine neue Dynastie hier so wenig, wie dort geschaffen, in beiden Fällen vielmehr nur der Titel und die Funktionen bestehender Dynastien geändert wurden.

„So sahen wir und mehrere unserer Freunde die Verhältnisse an. Wir sowohl, als Jene haben über dieselben mit unseren politischen Freunden ausführlich berathen, und diese Ansichten sowohl in dem Klub Westendhall,*) als in den Sitzungen der vereinigten Linken des Weiteren ausgesprochen und vertheidigt.

„Wir sprachen es aber gleichzeitig eben so bestimmt aus, daß wir bei aller Anerkennung dieser faktischen Verhältnisse uns nie entschließen würden, für den Welcker'schen Antrag zu stimmen, wenn Dieses den Preis deutscher Volksehre in sich schlösse, und es geschah das nach unserm Dafürhalten, wenn wir die erste Frage der Nationalität verneinten, wenn wir, die Mandatare des ganzen deutschen Volkes, die Theilung Deutschlands, die wir momentan faktisch zu verhindern ohnmächtig sind, auch von Rechtswegen, wie es der Kommissions-Antrag that, in Betreff Oesterreichs aussprachen. Wir verlangten mithin,

---

*) Simon gehörte der Fraktion der Linken an, die sich in Westendhall versammelte. Er und Schoder wechselten im Präsidium.

daß die deutsche Verfassung an ihrer Spitze die Bestimmung enthalte, das deutsche Reich bestehe aus dem Gebiete des bisherigen deutschen Bundes.

„Wir verlangten ferner, daß in zwei der wichtigsten Fragen der Volksfreiheit, in Betreff des absoluten Veto und in Betreff des Wahlrechts, die freisinnigen Bestimmungen, wie sie die Nationalversammlung bereits in erster Lesung der Verfassung getroffen, entweder aufrecht erhalten, und nicht, wie es in willkürlicher Weise im Welcker'schen Antrage geschah, wieder beseitigt würden, oder daß über solche Fragen, von denen die erste bereits zu Gunsten der Volkssouveränetät entschieden war, die zweite die wahrhaft freie Ausübung des ersten politischen Rechts sicherte, mindestens nicht in Bausch und Bogen mit noch wichtigeren Fragen abgestimmt und dadurch, in Verbindung mit dem momentanen Drange der Zeitverhältnisse, Gewissenszwang ausgeübt werde. Wir verlangten also eventuell besondere Abstimmung der Nationalversammlung über diese Freiheitsfragen. Wir hatten endlich und vor Allem gegründete Besorgniß, uns unbedingt einer großen Partei anzuschließen, deren politischer Richtung wir nicht nur gegenüber standen, sondern von der wir auch befürchten mußten, daß der erste gemeinschaftliche Schritt uns zu Abänderungen der Verfassung zu Ungunsten der Volksfreiheit führen würde, sofern die Annahme der Kaiserkrone an derartige Bedingungen geknüpft werden sollte, Abänderungen, die wir alsdann mit unserer kleinen Stimmenzahl zu verhindern nicht im Stande sein könnten. Wir verlangten daher von einer die Majorität sichernden Anzahl von Mitgliedern jener Partei die Erklärung, daß sie sich nach definitiver Feststellung der Verfassung zu irgend wesentlichen Abänderungen derselben nicht herbeilaſſen würde. — Unter dieſen Bedingungen, aber auch nur unter dieſen, erklärten wir uns mit unſeren politiſchen Freunden bereit, für den Kommiſſions-Antrag zu ſtimmen.

„Die Weidenbuſch-Partei iſt auf dieſe ihr vorgeſchlagene Vereinigung in den Tagen vom 16. bis 21. März nicht eingegangen. — Nachdem am 21. März der Kommiſſions-Antrag mit 31 Stimmen gefallen war, erfolgte die zweite Leſung der Verfaſſung durch Abſtimmung über deren einzelne Paragraphen. Durch Annahme des Minoritätserachtens von Schüler, Wigard und H. Simon wurde im §. 1 die Integrität des Bundesſtaatsgebietes mit Einſchluß der deutſch-öſterreichiſchen Provinzen von Rechtswegen und verfaſſungsmäßig ausgeſprochen, und nachdem dieſer erſte Grund unſerer Abſtimmung vom 21. beſeitigt war, ging nun auch die Weidenbuſch-Partei auf Unterhandlungen mit uns und unſeren Freunden ein. Sie gab uns in Folge derſelben am ſechsundzwanzigſten März eine ſchriftliche Erklärung, welche wörtlich lautet: „Zur Beſeitigung möglicher Zweifel erklären die unterzeichneten Mitglieder der Nationalverſammlung, daß ſie die Verfaſſung, wie ſolche von der Nationalverſammlung beſchloſſen werden wird, für dergeſtalt endgiltig anerkennen, daß ſie für irgend weſentliche Abänderungen derſelben oder irgend erhebliche weitere Zugeſtändniſſe, von welcher Seite dieſelben etwa auch verlangt werden ſollten, nicht ſtimmen werden."*) Dieſe Erklärung iſt von etwa achtzig

---

*) Dies Schriftſtück hat ſechsundachtzig Unterſchriften, darunter H. v. Gagern, R. Mohl, A. Mathy, Mittermaier, Welcker, Reh, Kierulff, Biedermann, Freudentheil, Soiron, Jahn, Wedekind, Jordan (aus Berlin), Leite, Stenzel, Cetto, Reitſchütz, Stahl, Saenger, Siemens, Künßel, Pannler, Hebel, Markus, Verſen, O. v. Keudell, Oſtendorf ꝛc.

Abgeordneten, unter denen bedeutende Mitglieder der rechten Seite und des Centrums, unterzeichnet, insbesondere auch von dem zeitigen interimistischen Ministerpräsidenten Heinrich v. Gagern und dem interimistischen Justizminister Rob. Mohl. Wir nahmen nunmehr an, davor nach Möglichkeit gesichert zu sein, daß ein Handeln um die deutsche Kaiserkrone und ein demnächstiges Nachgeben Seitens der Nationalversammlung auf Bedingungen, die gegen unsere politische Ueberzeugung seien, nicht stattfinden werde.

„Außerdem gaben 114 Mitglieder derselben Partei uns die schriftliche Erklärung, für das suspensive Veto und das Wahlgesetz, wie dies in erster Lesung von der Nationalversammlung angenommen worden, stimmen zu wollen.

„Auf diese Weise waren die Hindernisse beseitigt, die unsere Abstimmung vom einundzwanzigsten März herbeigeführt, und wir haben nunmehr, unseren oben entwickelten Ansichten gemäß, am siebenundzwanzigsten und achtundzwanzigsten März für das erbliche Kaiserthum in der preußischen Dynastie gestimmt.

„Sollte die Entscheidung der Nationalversammlung dem deutschen Volke widerstreben, so hat dies nunmehr die Mittel, sich auf verfassungsmäßigem Wege auch die Spitze seiner Verfassung nach seinem Willen zu gestalten; es hat durch ein freiestes Wahlgesetz die Macht, seinen wahren Willen auszusprechen, und kein absolutes Veto hindert den ernsten, andauernden Willen, zur Geltung zu kommen.

„Uns bürgt unser Bewußtsein, daß wir richtig gehandelt, sofern dieses Handeln aus reinem Willen für das Beste unseres Vaterlandes und aus reiflichster Ueberzeugung entsprang; der Trost in diesen schweren Tagen bei dem Gedanken an die lastende Verantwortung, sowie demnächst bei der Trennung von lieben Freunden — war jedem von uns das Lutherwort: Ich kann nicht Anders! — war die Ansicht: daß es die erste Pflicht des Mannes, den Muth der Ueberzeugung zu haben und somit diese Ueberzeugung auszusprechen und geltend zu machen. Denen aber, welche das Handeln nach dem Erfolge beurtheilen, stellen wir das Resultat zusammen, in der sicheren Erwartung freilich, daß es auf der einen Seite ein gutes, auf der andern ein schlechtes genannt werden wird.

„Die Veränderungen, welche bei der zweiten Lesung der Verfassung im Verhältniß zu dem Welcker'schen Antrage und dem darauf bezüglichen Kommissionsgutachten, somit direkt oder indirekt durch unsere Beihülfe eingetreten, sind folgende:

1. Die deutsche Nationalversammlung bietet, selbst im Sinne einer bedeutenden Zahl seiner Mitglieder vom Centrum, die deutsche Kaiserkrone der preußischen Krone nur unter der Bedingung, daß diese die beschlossene Verfassung, eine der freiesten, die sich je ein Volk gegeben, unverändert annimmt.

2. Die Verfassung gilt dem ganzen Deutschland; das deutsche Volk hat die Gründung seiner Verfassung nicht mit der Schmach bekommen, die deutschen Lande verfassungsmäßig zu zerreißen.

3. Das absolute Veto ist gefallen, und dadurch die Volkssouveränität als oberstes Gesetz anerkannt.

4. Die mündliche Abstimmung zu Protokoll ist gefallen und dadurch erst der wahrhaft freie Volkswille bei den Wahlen gesichert.

5. Das Institut des Reichsraths, welches den Partikularismus von vornherein in die Verfassung impfte, ist beseitigt.

Frankfurt a. M., den 30. März 1849.

Heinrich Simon. Max Simon."

Wir fügen dem obigen Dokumente noch eine zweite Erklärung Heinrich Simon's hinzu, die er — in Folge eines Angriffs — ein Jahrzehnt später der Volkszeitung einschickte:

„...... Der Unterzeichnete verlangte von der Partei Gagern, daß ihre große Majorität, unter der ihre einflußreichen Persönlichkeiten sein müßten, sich verpflichten solle, auch nach der Wahl eines Reichsoberhauptes festzuhalten' an der beschlossenen Reichsverfassung.

„Der Grund liegt auf der Hand. Die betreffenden Mitglieder der Linken wollten die drohende Schmach von Deutschland abwenden, daß seine aus freier Volkswahl hervorgegangene Vertretung nicht die Kraft gehabt, Deutschland eine Verfassung zu schaffen; sie wollten somit die deutsche Reichsverfassung durch ein Oberhaupt zum Abschluß bringen, welches selbstverständlich der König von Preußen war. Allein gleichzeitig hatten sich diese Mitglieder der Linken davor zu schützen, daß diejenigen Männer, welche man demnächst Gothaer nannte, und welche die deutsche Reichsversammlung durch Stimmenmehrheit beherrschten, später „den Verhältnissen Rechnung trügen" und mit dem zu erwählenden Oberhaupte paciscirten über Das, was das deutsche Volk beschlossen hatte, Handel trieben um die deutsche Kaiserkrone.

„Daher unsere betreffende Forderung.

„In Folge derselben wurde mir ein Entwurf der auszustellenden Erklärung übergeben. Ich wies diesen Entwurf als nicht hinreichend bestimmt und umfänglich zurück. Hierauf wurde ich während der Sitzung der Reichsversammlung vom 26. März 1849 aufgefordert, selbst jene Erklärung zu entwerfen. Dies geschah in dieser Sitzung und noch in derselben Sitzung wurde mir die von mir aufgesetzte Erklärung mit 86 Unterschriften bedeckt zurückgebracht.

„Zur Erreichung dieses letzteren Aktes hat nicht die entfernteste Mitwirkung irgend eines Mitgliedes der damaligen Linken Statt gefunden.

Zürich, den 6. November 1859.

Heinrich Simon."

Nach Rom!

Die große Aufregung und Anstrengung der letzten Tage hatte Simon körperlich derart mitgenommen, daß ihm eine Erholung nothwendig wurde. Er beschloß, auf sechs Wochen nach Neapel und Rom zu gehen. „Politischerseits steht die Sache so," schrieb er am 31. März 1849, „daß, wenn Preußen die deutsche Krone annimmt, die Geschichte von selber vorwärts geht; nimmt es nicht an, so beginnt erst der Anfang vom Ende, und dazu braucht auch der Einzelne Kraft." . . . . . .

Basel, den 5. April 1849.

„Also glücklich der Politik entronnen, freilich mit Noth und Mühe innerlich und äußerlich; indeß es ging nicht länger, Erquickung war eine Nothwendigkeit. Diese letzten Kaiserwochen haben furchtbar in mir gearbeitet; von allen Seiten angefeindet und als eine Art Mittelpunkt betrachtet, der es machen und der es hindern könne, gehörte wahrlich tiefe Resignation dazu, um ruhig seinen Weg, der innerlichst festgestellt war, nachdem die österreichischen Absichten mir klar geworden, weiter zu gehen. Und jetzt konnte ich abkommen. Es wird im guten Falle viele Wochen dauern, ehe der König mit seinen Fürsten fertig. Die National-Versammlung kann sich nicht auf ein Handeln mit dem König einlassen, dafür ist gesorgt ...... Wollen die Fürsten octroyiren und mit materieller Gewalt die Sache zum Entscheid bringen, so glaube ich haben sie zur Zeit die Macht; aber — kommt dann in einigen Jahren eine zweite Revolution, so wird man sich entsinnen, daß es die Fürsten waren, die sich der freien Gestaltung Deutschlands allein in den Weg stellten. Im Uebrigen ist es jetzt an der Zeit, daß das Volk spricht." ......

Ueber die Seereise von Marseille nach Genua schreibt er unter Anderem: „Ich war wieder einer der Wenigen, die die Fahrt genießen konnten, und hatte meine Freude am heiligen Meere. Alle halten mich für einen alten Seemann. Mir gegenüber auf dem Deck saß eine alte Frau, die sehr übel aussah, was sich mit den edlen Zügen schlecht vereinigte. Sie litt sehr; sie hatte mein ganzes Interesse und alle Fürsorge; denn sie erinnerte mich an mein geliebtes Mütterchen. Später sprach ich mit ihr. Sie war Wittwe, Französin, war in Kleinasien und Jerusalem gewesen, gab mir aus einem großen Korbe erst einen Rum, dann einen prächtigen Anisette. Wir waren sehr gute Freunde." ......

Civita Vecchia, April 1849.

„Muß denn, wohin ich komme, die Republik im Sterben liegen! In Frankreich glaubt kein Mensch an die Dauer der Republik! und in Rom fürchte ich es eben so zu finden! Und das Elend, das wir in unseren Schiffen mit an Bord genommen! Es war ein traurig belebtes Bild. Wir hatten von Livorno bis hierher einige hundert junge Leute an Bord, die auf den Barrikaden gestanden; theils schienen es junge Männer aus den höheren Ständen, theils Proletarier. Es fehlte den Meisten an Allem. Sie werden sich Alle in Rom unter die Vertheidiger der Freiheit stellen. Einige prächtige junge Männer; drei Knaben von 14 bis 15 Jahren; einer mit der glücklichsten Physionomie, zugreifend, wo er irgend helfen konnte, bei allen Strapazen (das Wetter war furchtbar, und sie in Sturm und Regenguß auf dem Deck) heiter; — warum habe ich in solchen Fällen nicht genug Geld! So wird der Junge untergehen, und er soll sich, — wie uns sein Capitano erzählte, ein schöner junger Mann in Uniform, — wie die beiden Andern vorzugsweise tapfer geschlagen haben."

———

Hafen von Neapel, 19. April 1849.

„Gestern Morgen von Civita Vecchia um 10 Uhr bei schönstem Wetter abgefahren, der ganze Tag prachtvoll; immer längs der italienischen Küste, in der Entfernung von höchstens einer Stunde. Erst beim Ausfluß des Tiber, Ostia, vorbei bei dem Albaner Gebirge, dann bei den herrlichen Vorgebirgen d'Anzo und Circello, hinter denen die pontinischen Sümpfe liegen, und auf der anderen Seite Ponza und Palmarola, die, wie alle diese Eilande nichts sind, als schroff aus dem Meere aufsteigende Gebirge.

Dazu ein wahrhaft einzig schönes Abendglühen, nicht glänzend, sondern von einer Sanftheit, von einer Hingebung, die ganz unbeschreibbar, und bei der Ihr an den weichen italienischen Luftton denken müßt. Ich habe in der That bis jetzt nie diesen Himmel gesehen. Tief grünes Meer bis unmittelbar an das violette Gebirge hinan, das unendlich sanft hingegossen balag. Spät in die Kajüte; und um 4 Uhr schon wache ich auf, um die Bai von Neapel und den Sonnenaufgang nicht zu verpassen. Alles schläft; ich hinauf auf's Verdeck, es gießt. Ich war vollkommen frappirt über diese Frechheit des Geschickes. Ich bin aber oben geblieben auf dem Sockel des Schornsteins stehend, bis wir hier angekommen. Im Regen gingen Ischia und Prociba — man kann den Vulkan nicht deutlicher haben — gingen das Cap Misene in seiner wundervollen Kühnheit und all die Herrlichkeiten der Bai von Neapel an mir vorüber. Es mußte himmlisch sein, wenn —, so aber war es eben die Phantasie, die zugeben mußte. Neapel selbst, bei der Vorbeifahrt am Militairhafen, überwand endlich Regen und alles Mißgeschick; es ist erhaben schön. Gegenüber lagen stolz die englischen und französischen Kriegsschiffe ersten Ranges, isolirte Mächte darstellend. Das erste Boot kommt heran: „Sizilien über!" — ich wurde traurig, denn für Italien geht dadurch der letzte Hoffnungsanker unter, und das Unglück reicht zu uns mit Harpyenhand hinüber. Ferner heißt es: Quarantaine auf vierzehn Tage, weil in Paris die Cholera.

„Ich habe mich bisher immer meines Reiseglücks gefreut; jetzt wird das Gegentheil so groß, daß man es nicht mehr lächerlich finden kann; es macht Anspruch auf ein wenig Tragik. Das Schiff liegt dem Vesuv gegenüber, und sein Rauch quillt langsam herunter; die Strandstraße —

nicht der schönste Theil der Stadt, ist mit Leben erfüllt und mit dem Fernglase genießt man das — das Alles ist Etwas, aber es ist doch verflucht wenig für eine Reise nach Neapel. Unmittelbar vor dem Paradiese die Pforten verschlossen finden! alle Herrlichkeiten vor Augen und nicht hinein! das ist Viel. — Weiß der Teufel, ich ärgere mich darüber, daß ich nicht böser darüber bin......"

Alle Schritte zur Aufhebung der Quarantaine waren vergeblich. Simon ging mit selbem Schiffe drei Tage später nach Civita Vecchia zurück. Am 24. April ist er in Rom, um zehn bis zwölf Tage da zu bleiben. Es sind die letzten denkwürdigen Tage der römischen Republik.

———

Rom, 25. April 1849.

"Schon der einzige gestrige Tag hat mir eine vollständige Anschauung von der ewigen Stadt gegeben. Ja, es ist wahr! das muß man gesehen haben, um eine Vorstellung zu bekommen. Alle Aeußerungen des modernen Volkslebens, wie ich sie in Deutschland und andern Ländern kennen gelernt, sind einigermaßen gemein gegen diese Welt; gemein in sofern, als sie groß nur dann sind und auch nur in neuster Zeit geworden sind, wo es sich um das Bedürfniß, um das Nothwendige handelt, während hier diese selbe, oder vielmehr eine noch viel bedeutendere Größe sich auf das Schöne verwendet findet. Das sind immense Gedanken, mit immensen Mitteln durchgeführt; der Gedanke, ein Kolosseum zu bauen, kann nur in dem Mitglied eines großen Volkes entstehen. Es muß geradezu eine Stadt der Wunder gewesen sein, nach dem zu schließen, was übrig geblieben allen wüthendsten Zerstörungen zum Trotz. Aber nur ein eroberndes Volk hat durch Aussaugung ganzer Welttheile und Concentrirung auf einen Punkt Das erreichen können; nur die Anbetung des Staates und die Verachtung des Individuums hat Das hervorbringen können, und so behaupte ich dennoch selbst hier im Angesichte Rom's den ungeheuren Fortschritt der neueren Geschichte; und ist uns Europäern im Erringen dieser Kulturstufe der Athem, die Kraft vergangen, — ein Gedanke, der mich in neuester Zeit vielfach plagt, wenn ich nirgend mehr Charaktere von einer bewegten Zeit gebären sehe, wenn ich die Bewegungen eines Welttheils sich allmälig abschwächen sehe, — wäre der Trauergedanke wahr, was ich noch nicht glaube, so wird der junge frische Westen, so wird Amerika glückliche, freie und große Völker haben. Der ewige Gedanke in der Geschichte ist mir klar; ein Weiterschreiten ist für den, der Geschichte zu lesen weiß, nicht zu verkennen, und somit ist es gleichgültig, wer gerade der Hauptträger ist. Alle können es nicht sein.

„Das soll nun eine Beschreibung von Rom sein! Unser*) erster Gang gestern Morgen war zur Post. Auf dem Wege: „mein Gott! das ist ja das Pantheon!" Hinreißend groß schon die Vorhalle — in Maßstaben, die uns heut verschwunden. Groß! groß! und nun der Tempel! von übermächtigem Eindruck. Ich war hingerissen von Bewunderung und Dankbarkeit gegen diesen Menschen, der Das geschaffen, darüber, daß Das auf Erden besteht. Das Einfachste, das Einfachgrößte, was ich je gesehen, und ich werde auch nichts Aehnliches sehen. Es ist ein rundes Gebäude mit runder Kuppel. Ein Raum, der oberste Theil

---

*) Simon machte die Reise in Gemeinschaft mit seinem Freunde und Parlamentsgenossen Prof. Bruno Hildebrandt aus Marburg.

der Kuppel offen, so daß man die weißen Wolken über den tiefblauen Himmel dahinjagen sah — ein Zusammenfließen mit der Natur, ein Hinweis auf sie, ein Gedanke, gegen den die der gothischen Bauwerke auch in ihrer höchsten Vollendung zurücktreten müssen. Allen Göttern war es geweiht; jetzt ist der Tempel allen Märtyrern geweiht......

„Von Banquier K. freundlichst aufgenommen. Ich setzte mich gleich im Komptoir nieder, die Augsburger Allg. Zeitung zu lesen. Die That von Eckernförde und der herrliche Tod Preußer's haben mich entzückt. Das ist ein Tod, wie er nur wenigen Günstlingen des Geschicks, so lange es eine Geschichte giebt, geworden ist; ein Schleswiger, der für sein Vaterland gegen den Unterdrücker focht, der das Mährchenhafte vollbringt, siegt und dann in einer großen menschlichen That sein Leben läßt — das waren meine Gedanken, als ich das Kapitol bestieg; „hier ist der Ort, von solchen Thaten zu sprechen"! sagte ich zu meinem Begleiter......

„Wir wanderten dem St. Peter zu, bei der Engelsburg vorbei, auf der mir lebendig Benvenuto Cellini, das Geschütz dirigirend gegen den Herzog v. Bourbon stand. Der Platz vor dem St. Peter von großer Ausdehnung ist imposant geschlossen von zwei Seiten durch dreifache bedeckte Säulengänge. In der Mitte der Obelisk, den Ramses um die Kleinigkeit von 1473 vor Christus dem Sonnentempel zu Heliopolis schenkte; den, als uralten Greis, Caligula nach Rom bringen ließ und den hier noch jüngst, es war 1586, Sixtus V aufrichten ließ. Zwei wunderschöne Springbrunnen spielten im Sonnenschein hoch in den Lüften Diamantenregen. Die Facade des St. Peter macht mir gar keinen Eindruck, und der erste Blick im Innern war mir Ueberraschung, — daß die Geschichte nicht

größer; zweihundert Schritte weiter aber im Mittelschiff
vorwärts gekommen, kam mir der Begriff von dem Immen=
sen dieser Räume. Ich setzte mich eine halbe Stunde darauf am Eingange nieder und sah mit dem Fernglas das
Schiff hinunter; die Menschen da tief unten erschienen noch
immer in unermeßlicher Weite. Und doch hat mich das
Ganze völlig kalt gelassen. Man hat das Große und Hohe
erstrebt durch die **Größe der Räume**, aber nicht durch die
Art ihrer Verwendung. Man hat ferner Einfachheit erstrebt dadurch, daß man aus den Räumen selbst Alles
entfernte, keine Bank, kein Stuhl, Nichts — und hatte doch
nicht den Muth, die Wände einfach zu halten, sie sind mit
Engeln und dgl. überladen. Wie anders das in Ant-
werpen, wo der Säulen-Palmenwald naturwüchsig zum
Himmel strebt. Da sind mir die Stephanskirche und ihr
verwandte tausendmal lieber und nun vollends ein Pantheon.....

„Wir gingen nun, ich feierlichen Gemüthes, in den
anstoßenden und in Verbindung stehenden Vatikan; wir
sollten die antiken Herrlichkeiten schauen. Wir beschränkten
uns auf die Skulpturen, und mehrere Stunden hindurch
ging dieser unbegreifliche Reichthum an uns vorüber, nachdem wir durch die Loggien gewandert. Die vatikanischen
Antikensammlungen sind die größten der Welt; aber das
hätte ich doch nicht vermuthet. Im Museo Pio Clemen-
tino sind il Torso di Belvedere, der Meleager und in
einzelnen Gemächern die berühmtesten Ueberlieferungen des
Alterthums; es giebt ein Gabinetto dell' Antinoo, ein
Gabinetto del Laocoonte, dell' Apolline. Dieser Apoll
ist in Wahrheit ein junger Gott, daran fehlt Nichts, man
wird glücklich, wenn man ihn ansieht. Wenn ich auf
der Straße gehe und einem schönen Menschenantlitz begegne,

so bin ich eine Viertelstunde lang still vergnügt, ohne
weiter zu wissen warum; es beglückt mich — und nun
hier unter Hunderten von Köpfen und Gestalten, wie sie
glücklichste Zeiten geboren und größte Künstler idealisirt!
Wohl vor zehn weiblichen Köpfen stand ich mit dem Gedanken: hinreißend! Die Alten traten mir viel mensch-
licher nah, als mir bisher dies geworden.

Rom, 26. April 1849.

„Wenn ich seit Landung der Franzosen hier unter
allen Umständen eine Bewegung prophezeihe, so lächelt man
und sieht mich verwundert an. „Sie kennen die Italiener
nicht; es bleibt ruhig. Beim ersten Schuß werfen sie die
Waffen weg." Ich glühe vor Zorn — nun ich werde bald
selbst sehen. — — Das war im Uebrigen heut ein herrlicher Tag. Den ganzen Vormittag im Vatikan. Raphael's
Loggien......"

Rom, 29. April 1849.

„Gestern Nachmittag holten wir Braun ab, den ersten
Archäologen hier. Er führte uns in den Palazzo Spada —
in den Hof, von wo eine unendliche Arkadenreihe in einen
anderen Hof führt; auf Brauns Frage: wie lang? gab mein
Gefährte drei bis vierhundert Schritt an, ich nach einigem
Zögern sechszig. „Sie sind der Erste, der das gleich raus-
gebracht," sagte mir Jener, „von Allen, die ich noch geführt."
Es ist nehmlich ein architektonisches Kunststückchen, durch
Mißbrauch der Perspektive; ich hatte es dadurch gefunden,
daß ich die Sockel der immer zu drei verbundenen Säulen
nicht im Einklang fand....... Dann trieben wir uns bis

auf den späten Abend umher an den Thoren und auf den Straßen, — um dem Barrikadenbauen zuzusehen. Auf dem herrlichen Punkte vor dem Kloster, wo Petrus gekreuzigt, in Monterio, hatte sich ein prächtiges Wallensteins Lager gebildet von den wilden Garibaldi's Jägern. Er, dem man offenbar Allerlei andichtet und ihn am liebsten zum einstmaligen Räuberhauptmann machen möchte, hat eine Schaar von einigen Tausend kräftiger Leute um sich gesammelt, angeblich der Schrecken Rom's, unsere Wonne, wenigstens meine, denn Braun bekam es etwas mit der Furcht. Die abentheuerlichsten Anzüge, blutrothe, schwarze Mäntel und was die Phantasie ausdenkt; man spielte Mora, schlief, erzählte, kochte und Alles im Angesicht des zu Füßen liegenden Roms, der beschneiten Sabinerberge. — Sodann hinunter nach Transtevere, und da habe ich Schönheiten gesehen, — o! ich sage Schönheiten. Ein schwarzes Mädchen, mit einem Gesicht! der äußersten Leidenschaft fähig, anscheinend ganz ruhig, wundervolle reine Züge. Dann ganze Gruppen, die augenblicklich dem Maler sitzen könnten. Zum Schlusse gingen wir in eine gewöhnliche Kneipe, um Orvieto zu trinken, da stand der schöne Barfüßermönch mit der unendlich dicken hübschen Wirthin schwatzend . . . . . . Barrikaden dutzendweise, heut schon über die ganze Stadt. Sehr genußreich! ich hoffe doch noch, daß die Römer Ehre einlegen werden."

Rom, 30. April 1849, Mittags.

„Seit einer Stunde donnern Kanonen, der Generalmarsch, hier und da Pelotonfeuer; der Kampf hat sich etwa eine halbe Stunde von der Stadt entsponnen! So eben rückt aus der im Franziskaner-Kloster, am Platz, wo wir wohnten, befindlichen Kaserne ein Theil der Karabiniers aus, prächtige Leute, jubelnd und springend, die Dreiecker zum Theil auf den Bajonets, und die Umstehenden klatschen in die Hände und werfen die Hüte. Wir sind vor einer Viertelstunde aus der Assemblée nationale gekommen, im schönsten Momente. Die Versammlung beschloß, sich in einer Stunde auf's Quirinal zu einer Sitzung zu begeben und von dort an die Spitze der Bevölkerung zu stellen. Bonaparte (Prinz Canino) präsidirte, ein behäbiger Mann mit geistvollem Gesichte; starker Klingelverbrauch; die Deputirten mit prachtvollen Köpfen sprechen von ihren Plätzen ziemlich durcheinander. Einer grüßte mich zur Tribüne herauf als Reisefährten — ich sei zum rechten Momente gekommen. — Barrikaden sind jetzt durch die ganze Stadt gebaut; wollen sich die Römer vertheidigen, so können sie es; denn daß die Franzosen nicht Rom bombardiren werden, das ist klar. — Prächtig hallt der Kanonendonner herüber, die Kuppel des Pantheon, die vor meinen Augen, sieht in den Lärm hinein; sie hat Manches gesehen, moderne Republik aber kämpfend gegen Republik für Papst und Absolutismus noch nicht. Die Franzosen spielen eine traurige Rolle, sie mögen siegen oder nicht. — Das mußten sie den Neapolitanern, die schon bei Terracina stehn, und den Oesterreichern überlassen."

Abends 11 Uhr.

„Die Stadt ist erleuchtet. Die Römer haben sich sehr brav geschlagen; die Franzosen sind zurückgedrängt, haben angeblich zwei Kanonen verloren und, was gewiß ist, gegen 180 Gefangene. Wir waren Nachmittags mehrere Stunden auf dem Thurm des archäologischen Gebäudes, um den Kampf zu beobachten, wohl eins der schönsten Panoramen Roms; dann stiegen wir mit Braun stundenlang durch die Barritaden, und ein Regen zwang uns, in die ächteste Lolanda zum Glase Orvieto, eine jener, die ihr Licht durch die Thüren bekommen, beiläufig im Marcellus-Theater, in dem Niebuhr seine römische Geschichte schrieb. Nachher auf dem deutschen Kasino und dann mit mehreren Künstlern nochmals auf jenes Observatorium, von wo wir eben kommen. Die Haltung der Stadt ist bewundernswerth, Frauen und Kinder auf den Straßen, während um die Thore gekämpft wurde; nicht die geringste Unordnung, jedem Angriff der Civica gehorchend, die Römer haben vierzig Todte und molti Verwundete; die französischen Verwundeten konnte man den Abend noch draußen liegen sehen. Die Studenten sind wie rasend drauf gegangen und haben viel verloren. Einer der Künstler, der Unteroffizier bei der Nationalgarde ist, erzählte mir, daß die Mutter eines prächtigen Jungen, Studenten, ihres einzigen Sohnes, zu ihnen gekommen, sich nach ihm zu erkundigen; sie hätten nicht den Muth gehabt, ihr zu sagen, daß er todt. Wir selbst traten in Transtevere an einen Haufen Weiber, die um einen zweirädrigen Karren tobten; eine Frau in den Vierzigern und ein sechszehnjähriges Mädchen bildeten den Mittelpunkt; der Bube, der mit dem Karren herausgefahren war, war nicht bei dem zurückgekehrten Karren; sechs Weiber auf einmal erzählten auf unsere Frage mit höchster Leidenschaft. Die Transtevererinnen wollen die Franzosen zerreißen. Und die Männer fragen: Was wollen sie von uns? Republikaner gegen Republikaner? In der That, es ist eine Schmach, die sie auf sich laden, sie mögen nun in den nächsten Tagen eindringen oder nicht. Eine Kanonenkugel, 36pfünder, hat bereits in die Bibliothek des Vatikans eingeschlagen, und mehrere Kasten mit Manuscripten vernichtet; alle Philologen Deutschlands werden sich auf die Köpfe stellen."

Rom, 1. Mai 1849, Morgens.

"Die Bevölkerung ist in Folge dessen, was der gestrige Tag gebracht, entschieden, zu kämpfen — und ich sehe, wenn die Franzosen eindringen wollen, einem Straßenkampf entgegen; wir werden dann wohl in dem mit einer Schutzwache versehenen Palais Casarelli, dem preußischen Gesandtschafts-Hotel, sein. Wir sind von den Deutschen hier über die hiesige Bevölkerung schlecht unterrichtet worden......

.... Gestern haben die Römer höchst ehrenhaft gekämpft, leider dem Anscheine nach mit zu großer Hitze und dadurch mehr als nöthig verloren. Ein Offizier, der in unserem Hotel wohnte, ist geblieben; eben so ein Kellner, der uns noch vorgestern bediente, als Nationalgardist gefallen. Die Studenten, die Nationalgarden, die Garibaldis haben sich vortrefflich geschlagen; es ist bis zum Kampf aufs Schwert gekommen. Die Franzosen hatten auf Leitern die Mauern an den Gärten des Vatikans erstiegen, wurden aber blutigst zurückgeworfen...... Garibaldi hat den Seinen den Befehl gegeben, gegen den Feind nicht zu schießen, sondern mit dem Messer vorzugehen. Um dies zu verstehen, muß ich erwähnen, daß Garibaldi in Montevideo unter Rosas diente und auf die Nachricht von der italienischen Erhebung mit etwa hundert Italienern in sein Vaterland eilte, wo er bisher in Oberitalien nicht mit Glück gekämpft, während er heut der Held des Tages ist. Seine etwa 2000 Mann starke Truppe ist die zusammengewürfelt-denkbarste; er hält sie durch eiserne Disciplin; während sie unter sich nach Belieben raufen, bestraft er den Diebstahl mit dem Tode. Jene Südamerikaner agiren mit dem Lasso und haben französische Offiziere so gefangen. Das lange Messer im Munde, mit angelegter Flinte gehen sie auf ihren Mann los, und herangekommen brauchen sie das Messer."

Rom, 2. Mai 1849.

"Der gestrige Tag ist vollkommen ruhig vorübergegangen, nur entfernter von der Stadt kleine Plänkeleien, und noch eine Anzahl eingebrachter Gefangenen, die bis jetzt in den Weinbergen versteckt waren. Hätten die Franzosen gestern gewagt, in die Stadt einzudringen, so wären sie höchst wahrscheinlich völlig aufgerieben worden, der Sieg hat den Geist der Bevölkerung außerordentlich gehoben. Barrikaden entstehen an Barrikaden, zum Theil kleine Festungen, vortrefflich angelegt, und da ich nicht daran glauben kann, daß die Franzosen Rom bombardiren werden, so ist an einen gewaltsamen Einzug derselben, ohne Hülfe eines neuen Heeres, etwa der heranrückenden Neapolitaner, nicht zu denken. Die ganze Expedition der Franzosen läßt sich nur aus der Voraussetzung erklären, daß die Reaktion hier die entscheidenste Oberhand habe, wie in ihrem eigenen Lande; daß sie daher nur einen Spaziergang zu machen hätten, etwa wie die Preußen es im Jahre 1791 für Frankreich annahmen; daß sie bei ihrem Einmarsch in Rom mit offenen Armen, mit Kränzen und gestreuten Blumen empfangen werden würden, und die Republikaner rasch zum entgegengesetzten Thore hinausfliehen würden. Das war so hübsch in Oberitalien mit Radetzky, und dann in Florenz; da wollten die lieben Franzosen doch auch bei einer so angenehmen Gelegenheit ihre Nase hineinstecken und Napoleon Bonaparte wie sein Herr Onkel den Potentaten zeigen, daß er ebenbürtig in der Reaktion. Mit jener Voraussetzung harmonirt, daß die Expedition ohne alle nöthigen Vorberei-

tungen unternommen; sie haben keine Brückenequipagen
mit und können daher nicht über den Tiber; sie haben keine
Wundärzte, so haben sie ihre Verwundeten vierundzwanzig
Stunden auf dem Felde liegen lassen und endlich Wundärzte von den Römern verlangt, die sich aber die Verwun-
deten ausgebeten und hier verpflegen. Die ersten Damen
Roms sind hier in den Lazarethen, so die Fürstin Altieri,
Belgiojoso u. s. w. . . . . . . Jene Voraussetzung der Franzosen trog, die Assemblea nationale erklärte: Gewalt sei
mit Gewalt zu vertreiben, und das Volk handelte danach.
. . . . . . Sechs Kanonenkugeln haben übrigens den Vatikan
getroffen; wer hat sie abgelenkt von dem Laokoon, dem
Apoll von Belvedere. Wie unterscheiden sich also die
Franzosen von den Barbaren des Mittelalters, den viel
verschrieenen Horden des Attila u. s. w.? Sehr wesentlich
dadurch, daß diese gar keinen Anspruch darauf machten, die
Idee zu vertreten, und daß jene Prahlenden, als „erstes
Volk der Civilisation," als „Vertreter der Idee der politischen Freiheit," hier gegen die Freiheit, für die Reaktion
kämpfen.

„Wir wanderten gestern, aller politischen Aufregung
zum Trotz über das Forum romanum, beim Kolosseum
vorbei, weit hinaus zum Lateran, der an der neapolitanischen Porta liegt, der Mutterkirche aller christlich-katho-
lischen Kirchen, mit unendlichen Gnadenschätzen versehen.
Eine gewöhnliche prächtige Kirche, aber mit ungewöhnlich
schönem, von Säulenhallen umgebenen Klosterhof aus dem
dreizehnten Jahrhundert. Der Hof bedeckt mit blühenden
Rosen, von denen der freundliche Führer uns die schönsten
pflückte. Wir freuten uns dann auch dort der Barrikaden
— gegen die heranrückenden Neapolitaner. Die schöne
Allee von ausländischen Bäumen, die von der Nähe des

Laterans zur St. Maria Maggiore führt, ein Hauptspaziergang der Römer, ist umgehauen; die Bäume lagen, überschüttet mit rothen und weißen Blüthen, hinüber und herüber, und die Jungen freuten sich der bequemen Gelegenheit. Ich bin ein solcher Baumnarr, daß mich diese gefällten Frühlingsbäume quälten, und doch überwog weit die Freude, daß die Römer diese Energie zeigen, denn dazu gehört Energie, eine der wenigen hiesigen Alleen umzuhauen."

———

Rom, 3. Mai 1849.

„Ich erwähne nur noch eines Abendereignisses. Auf dem Corso wälzte sich plötzlich eine tobende Menge heran; man unterschied bald eine hohe sich fortbewegende Masse; ein Prachtwagen, in und auswendig mit Menschen gefüllt und von Zwanzigen gezogen und gestoßen; es war ein päbstlicher Wagen. Seit drei Tagen gefällt sich der Volkshumor darin, abendlich einige Karbinalwagen zu zerschlagen (während nach allen sonstigen Richtungen hin die Achtung des Eigenthums gewissenhaft beobachtet wird; denn das Lob gaben Feind und Freund der Republik, daß das Volk, sowie die Nationalgarden, sich all diese Zeit musterhaft betragen, und nicht minder ward mir der hohe Sinn für Ordnung im Römer obenangestellt). Jene Wagen sind kostbare Gebäude im Geschmack Ludwig XIV, Gold, Sammet und Spiegel; heut galt jenes auto da fé einem päbstlichen Wagen. Im Vorwärtsrollen flogen die heruntergerissenen Stücke, Wagenpolster, Vorhänge, Bronzestäbe nach allen Seiten und wurden von den Nachfolgenden als Trophäen aufgehoben und jubelnd nachgetragen. So ging es, unter gewaltigem Hämmern auf das große Gebäude, durch

den Corso und da dieser durch Barrikaden gehemmt, durch
Nebenstraßen, endlich über eine Barrikade vorbeigezwängt
auf die Piazza del Populo; dort unweit des Obelisken
wurde Halt gemacht und unter infernalischem Geschrei der
Wagen vollends zu zertrümmern gesucht; plötzlich war Feuer
in dem Wagen; ich stieg einige Stufen des Sockels am
Obelisken hinan, lehnte an einen der Sphinxe und sah auf
die vielleicht tausend Menschen, deren Gesichter im hellsten
Feuerwerkslichte beleuchtet im großen Kreise den brennenden
Wagen umstanden; jubelnde Freude; sie verbrannten das
Pabstunwesen; es war Geschichte — und doch mir war als
wenn auf einen Menschen losgeschlagen würde, Alle gegen
einen Wehrlosen. Da endlich rief Einer: Viva la Repu-
blica! und der ganze Chor antwortete: Evviva! Nun wußte
ich gewiß, daß es ein Autodafé war, welches dem Pabst-
thum bereitet war. Während ich sinnend zuschaute, kletterte
ein bildhübscher Junge von etwa zwölf Jahren auf den
Sphinx, an den ich lehnte, und legte sich ein rothseidenes
Kissen unter, das er erbeutet; mit vollster Behaglichkeit
schaute und schwatzte er drein. Ich handelte es ihm ab,
und er brachte es mir nach Hause. Es soll ein Dreiller
zum Andenken des Abends werden."

---

4. Mai.

"Liebenswürdig, geistreich, graziös sind die Italiener.
Gestern Abend sah ich in einer Seitenstraße hellen Fackel-
schein. Als ich näher kam, schien es mir ein feierlicher Lei-
chenkondukt. Ein Mann mit hoher Fackel voran, dann Einer
mit hoher schwarzer Fahne, dann ein großer Wagen mit
vier jungen Männern, Fackeln in den Händen. Mit ge-
dämpfter feierlicher Stimme rief einer der Vier in längeren
Pausen: Per i fratelli feriti — für die verwundeten Brü-

der! — und aus den Fenstern der Häuser in der engen Straße, aus dem ersten, zweiten, vierten Stockwerke herunter kam die Wäsche herabgeflattert, Betttücher, Hemden, Strümpfe und dazwischen rief Einer aus dem mitziehenden Volke, wenn eine große Spende kam: Viva la carità! und der ganze Volkschor antwortete: Evviva! Ich sage Euch, es war ganz schön. — Die gesammte Wäsche des Pabstes ist gestern in die Spitäler gesendet worden, und die Verwundeten haben die feinen Hemden des Pabstes an."

Rom, 5. Mai 1849.

"Gestern habe ich hier und da von Rom Abschied genommen, — war gegen Abend noch allein in Traslaverere, mit seinen wundervollen Frauengesichtern, die dadurch noch interessanter werden, daß jede Frau dort ihren Dolch oder ihr Messer im Korsett trägt....... Den Abend brachten wir bei P. zu, wo Braun war. Gegen elf Uhr im hellsten Mondenschein erklärte ich noch auf das Kolosseum zu wollen. Braun, wenngleich vielleicht etwas unruhig, da man gegen ihn sehr übel gestimmt (er ist Korrespondent der Augsburgerin) begleitete uns über das Forum hinaus. Das Forum im Mondlicht mit seinen Tempelsäulen, Triumphbogen, Ehrensäulen und tausend Trümmern; „hier war die Rednerbühne!" Ich hörte Cicero donnern. Dann die Via Sacra entlang über die gefällten Lindenbäume. Wir stiegen in lautloser Einsamkeit weiter, bei den Tempeln vorüber, durch Titus Triumphbogen hindurch, an den Riesenbau hinan, jeder Zoll eine Königsleiche. Imposanter noch als am Tage traten die Riesenverhältnisse heraus. Lange, lange stand ich hier sinnend. — Auf dem Rückwege kam uns eine Kompagnie Garibaldis entgegen, die den Neapolitanern zumarschirten. Die Straßen waren, als wir nach Hause kehr-

8*

ten, schon völlig still, und die großen reinen Formen des venetianischen, simonettischen und vieler anderen Palläste traten im Mondenlicht herrlich heraus.

„Wir wollen nun heute fort. Die Sache hier wird sehr ernst, und es wäre an und für sich von dem höchsten Interesse, der Entwickelung beizuwohnen, wenn nicht die Pflicht nach Hause riefe."

———

Genua, 10. Mai 1849.

„Nach den Nachrichten aus Deutschland, die wir gestern hier vorfanden, werden wir unverweilt nach Frankfurt zurückgehen. — Vor zehn Jahren im September saß ich wie heut im Angesicht des Hafengewühles von Genua und des weiten Meeres, und ich entsinne mich sehr deutlich der Gefühle, die mich damals bewegten, es waren persönlichste, wehe; sie sind heut nicht minder schmerzlich, aber allgemeine. Unser armes Vaterland! Ich Thor, der ich so schnell wenigstens auf einen kleinen Sieg der Vernunft über die Selbstsucht gehofft! Wenn ich auch hundert Mal selbst gepredigt, daß die Aufgabe zu groß, daß nur Jahre sie lösen könnten; im Geheimen hoffte und lebte ich dem Glauben, daß der Genius des geliebten Volkes im rechten Momente den lösenden Schlüssel bringen würde, und als der König von Preußen die deutsche Krone nicht annahm, und die Stämme, ihres Stammeshasses baar, den ungeliebten Mann drängten zur Annahme des ersten Platzes der Christenheit — da sah ich diesen Genius — — er ist gescheitert an der Kleinheit eines Menschen. Nun, ich denke, es soll der Nation nicht so leicht gemacht werden. Die Juden gingen vierzig Jahre durch die Wüste, um sich von den Merkmalen der Knechtschaft zu reinigen. Auch wir sollen mit schweren Jahren die heilige Freiheit und das stolze Volksbewußtsein

erkaufen — nie zu theuer. Jeder Preis ist gering und
wäre es das Glück einer Generation; denn die wahre sittliche Entwickelung im Menschen kann nicht stattfinden in
dem alten Staate, nur ein sittlicher Träumer, kein sittlicher
Mann kann entstehen, und ich gebe für einen Mann eine
Million Sklavenseelen in den Kauf, und ein Mannesvolk
ist noch was Anderes als ein Volk von vielen Männern.

„Die Fürsten können jetzt siegen; es ist möglich und
wahrscheinlich; aber, denkt an mich, es kommt dann im
Laufe nicht ferner Jahre eine zweite Revolution, die wird
schauderhaft gründlich sein. Wir wissen jetzt, woran wir
scheitern. Das Volk wird es erkennen; diese Tage werden
eine Epoche in der geistigen Anschauung desselben bilden. —
Doch Nichts weiter von Genua aus über diesen Punkt! Ich
wünschte, ich hätte heut auf der Tribüne sprechen können,
mein Herz war übervoll von Gram und Feuer."

Regentschaft.

Am 15. Mai 1849 nahm Simon seinen Platz in der
Paulskirche wieder ein.

In Nord- und Süddeutschland wurden die Volkser-
hebungen für die deutsche Reichsverfassung mit Gewalt
niedergehalten, schließlich besiegt. Die Regierungen, die
Preußische voran, riefen die Frankfurter Parlaments-Deputir-
ten heim. In der Sitzung vom 16. Mai 1849 wurde
dieser Ruf fast einstimmig von der Nationalversammlung
als „unverbindlich" erklärt. Dennoch lichteten sich die
Reihen von Tag zu Tag. — In der Sitzung vom 30. Mai
1849 beschloß das Parlament, nach Stuttgart überzusie-
deln. Am 6. Juni hielten die Mitglieder dort in beschluß-

fähiger Zahl die erste Sitzung. Am selben Tage wurde die Reichsregentschaft gewählt.

„Ich hatte mich," schreibt Simon am 2. Juni 1849 von Heilbronn aus, „bis zuletzt entschieden dagegen erklärt, anders von Frankfurt wegzugehen, als gewaltsam vertrieben. Nachdem ich in den Klubsitzungen überstimmt war, und am 30. Mai der Antrag im Parlament eingebracht wurde, sofort nach Stuttgart zu gehen, hielt ich es für meine Pflicht, meine Ansicht unterzuordnen."

In der Nacht vom 6. zum 7. Juni 1849 schreibt er aus Kannstadt (bei Stuttgart): „Sie haben mich zum Mitregenten von Deutschland gemacht, und ich komme eben von Stuttgart, wo wir fünf*) uns konstituirt und die ersten Maßregeln getroffen haben.

„Ich habe in der heutigen Vorberathung heftig gegen meine Wahl protestirt; aber dies bewirkte trotz alles Ernstes nur, daß ich eine Anzahl Stimmen weniger hatte. Ich protestirte, weil ich Geeignetere wußte. Ich täusche mich natürlich nicht einen Augenblick über die Bedeutung des Ereignisses; aber ich bin Sohn des Vaterlandes, und nachdem man mich gewählt, trotz aller meiner Einsprache, wäre es Feigheit, diese Stellung abzulehnen. Ich habe keine großen Hoffnungen, aber ich werde so handeln, als sei ich des Erfolges gewiß."

Am 18. Juni 1849 wurde die National-Versammlung mit Waffengewalt an der Sitzung gehindert; über die greisen Häupter Uhlands und Schotts, die den Präsidenten Löwe begleiteten, wurden die Säbel geschwungen an dem Tage, an welchem die Völker vierunddreißig Jahre vorher

---

*) Die fünf Erwählten waren: Raveaux, Schüler, Karl Vogt, Becher und Heinrich Simon.

den Fürsten die Throne wieder gegeben. Den Deputirten, ter Regentschaft jubelte das Volk unausgesetzt zu — aber unbewaffnet, und die Pferde der Soldaten sprengten in das dichte Gewoge.

Das Büreau der National-Versammlung, welches unmittelbar darauf zusammengetreten war, beschloß, die Sitzungen der Letzteren nach Karlsruhe zu verlegen. In Folge dieses Beschlusses begab sich die Regentschaft auf den Weg dorthin.

In Hechingen schrieb Simon einen Gruß in die Heimath, unterhalb des Berges Hohenzollern, und — „die schwarzweiße Fahne erinnerte ihn trübselig an Preußen."

Von Hechingen ab bis Freiburg war ihre Reise überall von den lebhaftesten Volkssympathieen begleitet. Wohin sie kamen, empfing sie die gesammte Bürgerwehr, Musik, die sämmtlichen Behörden stellten sich ein; von Ort zu Ort begleiteten sie Kommissare, ganze Wagenzüge folgten ihnen, — überall empfing sie Enthusiasmus und ungeschminkte Herzlichkeit.

Von Simons Briefen aus jenen Tagen und Wochen läßt sich — aus leicht denkbaren Gründen — kaum Etwas mittheilen; doch mögen folgende Worte hier eine Stelle finden.

———

Freiburg, 23. Juni 1849.

„Der Geist der Bevölkerung ist ein ausgezeichneter, überall brennender Kampfesmuth und die Ueberzeugung, daß man Alles an Alles setzen müsse; all die infamen Ausstreuungen, als herrsche Anarchie in Baden, haben auch nicht den geringsten Anhaltspunkt; es herrscht die ungetrübteste Ordnung; aber freilich dieser Muth, sich der von außen kommenden Gewalt nicht zu fügen, ist die strafwürdigste, die abscheulichste Anarchie. . . . . . . Wer in der Erhebung des badischen Volkes ein Unmotivirtes sieht, — weil der Großherzog die deutsche Verfassung anerkannt, ist einfach ein Alberner oder ein Heuchler. Sie erkannten an mit Worten, aber nicht im Geist, das zeigt wohl genügend schon jetzt der allgemeine Abfall der Anerkennenden. . . . . . . Das Entsetzliche des Bürgerkrieges, des Bruderkrieges ist über uns gekommen, — aber nie so lange ich geistige Kraft habe, werde ich mich anders wohin stellen, als wo nach meiner Ueberzeugung das Recht ist und die Freiheit, und wo ich stehe, werde ich mit Kraft handeln.

„Als ich die Stelle in der Reichsregentschaft annahm, war ich mir klar bewußt, daß ich mich vielleicht auf Jahre vom Vaterlande, von Euch, Ihr mir Theuersten, trenne: aber meine Annahme war keine willkürliche. Jeder hätte dasselbe Recht gehabt, das Opfer zu weigern als ich, und so war es Pflicht für den, dem es geboten, sich hinzugeben — und nachdem ich es gethan, bin ich sofort mit beiden Füßen hineingesprungen. . . . . . . Das Volk wird unterliegen. Aber für Eins stehe ich ein: aus seinen diesmaligen Kämpfen wird einstens der deutsche Phönix auferstehen."

Am 22. Juni war die Regentschaft nach Baden-Baden gekommen; dort fanden sich gegen vierzig Deputirte zusammen. An eine Vollzähligkeit war nicht mehr zu denken. — Simons Aufgabe als Mitglied der National-Versammlung und der Regentschaft war beendet. Zehn Tage darauf schrieb er von Schweizerboden — als Flüchtling! —

III.
Am Genfer See. — Kauf des Gutes Mariafeld. Wiederhergestelltes Familienleben. 1849—1851.

Nachdem das deutsche Parlament gesprengt war, ging Heinrich Simon — in den ersten Tagen des Juli 1849 — nach dem Genfersee, um in dessen großartiger Natur Erholung und Ruhe zu suchen. Dort traf er mit Johann Jacoby und Moritz Hartmann zusammen, und sie verlebten in Vernex eine Reihe von Wochen in stiller Zurückgezogenheit, bis Johann Jacoby nach Deutschland zurückging, um in Königsberg sich seinen Richtern zu stellen, und Moritz Hartmann seine mehre Jahre dauernde Wanderung durch Europa antrat.

Auch gegen Simon war inzwischen von dem Breslauer Kriminalgericht eine Anklage auf Hochverrath erhoben worden; aber er sprach jedem preußischen Gerichte die Kompetenz ab, über ihn in seiner Eigenschaft als deutscher Volksvertreter zu erkennen; er blieb in der Schweiz, wo er zunächst seine juristisch literarischen Arbeiten wieder in Angriff nahm.

In Zürich gesellte sich sein Freund Konrad v. Rappard zu ihm, an den er sich während des Parlaments noch enger angeschlossen. Mit Diesem gemeinsam kaufte er am 17. April 1850 das Bauerngut Mariafeld am Zürchersee, unweit Meilen — Horgen gegenüber. Die vom Vaterlande Abgetrennten wollten festen Boden unter den Füßen gewinnen.

Sobald Simon in dem neuen Besitze sich eingerichtet hatte, folgte ihm seine Cousine, Frau Gärtner,*) mit ihren Kindern nach. Auch sein Bruder Gustav sendete ihm den ältesten seiner Söhne zur Erziehung nach der Schweiz, und der Kinderliebende war nun, da er auf's Neue von einem Familienkreise sich umgeben sah, wieder ganz in seinem Elemente. Der Arbeit gab es in Mariafeld, da das Gut vernachlässigt worden, die Menge, und doch machte das Leben dabei noch andere Ansprüche an Simon geltend. Die Zahl deutscher Flüchtlinge nahm in der Schweiz mit jedem Tage zu, und ihre Noth war eben so drückend wie schnelle Hülfe fordernd. Um des eigenen Lebens Nothdurft kämpfend bildete Simon sofort in Gemeinschaft mit andern Freunden einen Verein zur Unterstützung der Hülfsbedürftigen, und ohne uns über seine umfassende Thätigkeit nach dieser Seite weiter zu verbreiten, wollen wir eines liebevollen Zeugnisses über die Art seines Gebens hier noch Erwähnung thun:

„Simon" — so lautet das Zeugniß, aus einem dankbaren Herzen geschrieben — „gab mit Anmuth, er gab mehr als materielle Hülfe; er gab Glück mit der Gabe; denn er war glücklich, daß man annahm, und ihm gegenüber nahm man gern. Er hatte die seltene Eigenschaft, seinen Schützlingen gerade mit derselben rücksichtsvollen Achtung zu begegnen wie Nichtbedürftigen!"

Mit dem Herbst, mit dem Fallen der Blätter, brach auch der Stamm zusammen, aus dem die Simon'sche Familie

---

*) Siehe oben Kap. XI.

weitverzweigt, lebenskräftig erblüht war. Heinrich Simon erhielt am 23. Oktober 1850 die Nachricht von dem Tode der Mutter, von der unheilbaren und qualvollen Krankheit seines Vaters. Während eines halben Jahres mußte er Diesen mit dem Tode ringend und war ihm fern. Erst im Mai 1851 fand der tapfere Greis Ruhe neben der Gefährtin seines Lebens. In der Nacht vor seinem Tode sprach er zu einer der Töchter: „Erinnerst Du Dich wohl der Verse an die geliebte Mutter zu unserem zweiundbreißigsten Hochzeitstage? der letzte Vers kommt mir nicht aus dem Sinn!"

Dieser Vers lautete:

„Und soll uns einst das Leben enden,
End' es für uns zu gleicher Zeit!"

Die Sehnsucht war erfüllt. Er ruhte nun neben der Treuen, die beinahe ein halbes Jahrhundert die beglückende Gefährtin seines Lebens gewesen war.

Wir lassen einige Briefe Simons aus jener Zeit folgen:

Zürich, 20. Januar 1850.

„Mein lieber, guter Onkel!

„Es ist zwischen zehn und elf Uhr Abends; der Föhn stürmt über den See, der zweihundert Schritt von meinem Hause, und zerwühlt die hohen Bäume des Gartens, in welchem meine Wohnung liegt; der Regen schlägt gegen die Fenster, und wir, b. h. R. und ich sitzen in meinem traulichen Stübchen, in welchem wir die Theestunde unter schönen Gesprächen beendet; den Diener haben wir zu Bett geschickt, — er ist ein Flüchtling wie wir — aus dem

Vaterland, dessen wir uns angenommen. R. liest in Lamartine's Geschichte der Girondisten, und mir fiel der geheime Vorsatz ein, den ich bei Tische gefaßt, als ich heute meinem Genossen, vom Schachspiel plaudernd, Dein selten schönes Spiel in der Vertheidigung so geschildert, daß er mir sagte: Dein ganzer Onkel steht vor mir.

„Wie lange habe ich Dir nicht ein Wort gesagt! Gehört habe ich von Dir, namentlich auch von Deinem Aufenthalte in Breslau, über den ich mich sehr gefreut, da er allen Theilen so wohlthuend sein mußte. Du hast damals vermieden, von mir zu sprechen, mich aber beim Abschied herzlich grüßen lassen, was mich sehr gefreut, während Ersteres mir wehe that. Wer mir einmal nahe steht, wen ich achte, der bleibt mir nahe, mögen seine Ansichten von den meinigen noch so sehr abweichen. Ich habe leider in den letzten zwei Jahren die Erfahrung machen müssen, daß diese Anschauungsweise ziemlich allein und verlassen steht; ich habe namentlich im Parlamente gesehen, wie die entgegengesetzten Parteien sich wie die wilden Thiere gegenseitig ansahen; die linke Seite des Hauses hielt die rechte für Schufte und die rechte die linke; wir sind unserer Wenige gewesen, die gegen diese Unmenschlichkeit ankämpften. Was Dich betrifft, so denke ich mir immer, wenn Du mir auch zürnst, darauf müssest Du doch durch die langjährige Kenntniß meines Handelns gekommen sein, daß die reinsten Motive meinem Thun zu Grunde liegen, und dies müsse Deine alte Liebe zu mir aufrecht erhalten. Und an diesem Gedanken halte ich fest.

„Mir geht es äußerlich so, wie es entfernt vom Vaterland und im Bewußtsein des Exils Einem gut gehen kann. Ich trage die Folge meines Handelns in Ruhe, weil ich im gleichem Falle nicht einen Schritt von meiner betretenen

Bahn weichen würde, aber dies schützt mich freilich nicht vor tiefer Trauer, daß ich, absehend von allem Andern, die letzten Jahre meiner Eltern entfernt von ihnen sein soll. Beide leidend und vielleicht nur noch kurze Zeit bei uns.

„Heute habe ich vom geliebten Vater seit lange wieder den ersten und zwar mit seiner früheren sicheren schönen Hand geschriebenen längeren Brief erhalten. Je mehr ich die Welt gesehen habe, desto mehr liebe und ehre ich unsere Familie; ich habe wenige getroffen, in welchen ein solch liebendes Verständniß wäre, wie in ihr.

„Ich lebe hier gänzlich zurückgezogen mit Rappard ein ganz gemüthliches, sehr fleißiges Leben, nur mit wenigen Personen im Umgang. Ein treffliches Institut, das Museum, mit sämmtlichen Zeitungen, Zeitschriften und neuen Büchern, welches ich meist ein Stündchen Nachmittags besuche, erhält im Zusammenhang, und mit Preußen insbesondere thut dies die Berliner National-Zeitung, die wir uns halten und am vierten Tage bekommen. Wenn die Schweiz im Stande ist, sich das Asylrecht zu erhalten, so dürften wir die nächste Zeit hier bleiben, anderenfalls würde ich, wiewohl sehr ungern, nach England oder Schottland gehen; ich liebe das aristokratische Land nicht. Nun, vorläufig denke ich daran noch nicht, sondern stecke hier bis an die Ohren in naturwissenschaftlichen Studien, die mich mit großer Macht fesseln. Es waren die Studien, für die ich, wie mir schon früh deutlich geworden, eigentlich Beruf hatte; jetzt kann ich blos als Dilettant an sie herantreten, denn man erschrickt, sowie man etwas nur hineinsieht, über die bodenlose Tiefe des Studiums, und gerade in dieser wirklich vorhandenen Bodenlosigkeit liegt der Hauptreiz. Alle Tage kann hier ein neuer Kolumbus auftreten und unentdeckte Kontinente auffinden; daß Unsägliches noch nicht entdeckt ist, das kann man mit Sicherheit aus Allem, was wir wissen, schließen; wie lockend also, mit dem nöthigen Ballast des Wissens und Proviant an Geist und Kombinationsgabe versehen, solche Fahrten anzutreten. Ich verkenne nicht einen Moment die formale Bildungskraft der sogenannten klassischen Studien und ihre ethisch bildende Kraft: aber ich lebe mich immer mehr in die Ueberzeugung hinein, daß sie den Naturwissenschaften den größten Theil der Jugenderziehung binnen Kurzem werden übertragen müssen; es ist ein merkwürdiger Irrthum, diesen Naturwissenschaften dieselbe formale, dieselbe ethische Bildungskraft abzusprechen, die aber außerdem das Anschauungs-Vermögen wecken, den Schönheitssinn kultiviren und vor Allem den Menschen lehren, seine Stellung erkennen, die er nie richtig auffassen wird, wenn er sich isolirt und nicht im Verhältniß zur Gesammtschöpfung, deren so unbedeutendes Partikelchen er ist, auffaßt.

„Der Bogen ist all; ich wollte Dir, mein geliebter Onkel, eben nur sagen, daß ich in alter Liebe verbleibe der Deinige.

Heinrich Simon."

An die Seinigen.
Zürich, Seefeldgarten, 22. Februar 1850.

„Wenn ich mir hier die Zustände und die Menschen immer genauer betrachte, so frage ich mich manchmal mit bittrem Schmerze: Warum muß das schöne große Deutschland so entfernt sein von dem Glücke, welches die Schweiz genießt, und welches, um alles Uebrige bei Seite zu lassen, darin besteht, daß sich der Einzelne, auch der Niedrigste und Letzte, als bewußtes Mitglied der bürgerlichen Gesellschaft fühlt, wodurch ihm ein fester Grund für sittliche Würde gegeben ist; er ist sich bewußt seiner Rechte und seiner Pflichten gegen den Bürger-Verband, in dem er lebt; dieser Verband ist klein; der Schweizer geht in seinen Gedanken in dieser Beziehung selten über seinen Kanton hinaus und höchstens bis an die Grenzen der Schweiz; aber welcher Unterschied zwischen einem solchen Menschen und der Masse unserer Genossen, die in dumpfem Taumel sich als Nichts fühlen, denn als steuertragende Lastthiere. Und welch' materielles Glück hat sich auf jener sittlichen Grundlage erbaut, welche Verschiedenheit auch hier mit Deutschland! Ich frage, ist es denkbar, daß ein von der Natur gleich begabtes Land, welches von demselben Stamme bewohnt ist, dazu bestimmt sein könnte, solcher Vorbilder ungeachtet immer in der entwürdigenden und so entsetzliches Elend verbreitenden Knechtschaft zu verbleiben, und ist nicht jedes Opfer gering, welches zur Aenderung solcher Zustände hinführt? Ich lese das letzte Budget von Preußen. Ist denn das nicht vollendeter Wahnsinn, wenn sich ein Volk gefallen läßt, jährlich gegen dreißig Millionen aus seinem Schweiße erpressen zu lassen, um dieses ungeheure Heer zu erhalten, welches die ausschließliche Bestimmung hat, die Zahlenden zu hindern, ihre Lage zu verbessern; weitere siebenzig Millionen sich jährlich abpressen läßt, von denen zum eigentlichen, wahren Wohl des Volkes nicht die Hälfte verwendet wird? Herrscht denn der Wahnwitz, herrscht denn der Teufel auf Erden?

„Man muß hier sehen, was die Freiheit wirkt und in wie kurzer Zeit. Es ist ganz unglaublich, was hier in den zwanzig Jahren seit der Revolution von 1831 für das wahre Glück des Volkes geschehen ist; und wie hat sich diese Revolution gegen ein mehrhundertjähriges Patriciat

gemacht? Ohne Blutvergießen dadurch, daß sich das Volk
ausgesprochen hat; allenfalls ein bewaffneter Zuzug, und
die Sache ist fertig. Solche unblutige, naturgemäße Krisen
eines ungesunden Staatskörpers sind aber bei uns gar nicht
möglich, so lange Deutschland an seinen Spitzen krankt......
Jeder sich thätlich äußernde Wunsch des Volkes nach
Glück in Deutschland hat nicht, wie in der Schweiz, diesen
Erfolg, sondern immer Verschlechterung seiner Lage herbeigeführt; deshalb kann nur eine Radikalkur helfen. Was
hat Preußen jetzt? Eine Konstitution, die materiell Nichts
für das Volk thut und der schlechten Regierung die Mittel
giebt, das Volk noch gründlicher durch Schuldenaufbürdung
zu ruiniren. Man fasse diese Geldverschleuderung und die
damit erstrebten Mittel in's Auge. Ich betrachte diese Verfassung allerdings nur als einen Durchgangspunkt.......

Nachmittags.

„M., Du siehst in Deinem lieben Briefe sehr schwarz
in Betreff der politischen Verhältnisse; ich theile ganz und
gar nicht Deine Ansicht. Es geht ein Geist durch unser
Haus — ich meine das ganze alte Europa damit — der
nie in dieser Weise früher erblickt worden; wie sich dieser
Geist körperlich Bahn brechen wird, vermag kein Sterb-
licher vorher zu ermessen; daß er sich aber eine körperliche
Bahn brechen wird, das vermögen wir mit absoluter Bestimmtheit vorherzusagen, mit der Bestimmtheit, wie sie
nie ein aprioristisches Denken, sondern wie sie nur die Erfahrung giebt, die Erfahrung der Weltgeschichte. Auch
unsere Zeit wird kommen; sie könnte — Dank den Fürsten
und Aristokraten — ein entmenschtes Volk treffen! sie könnte
deshalb einen blutig rothen Anfang haben! und es werden
vielleicht lange Jahre vergehen, ehe das Volk das materielle

Glück erlangen wird, das durch Jahrhunderte untergraben
worden, ein materielles Glück, welches zur sittlichen Existenz
die nothwendige Grundlage bildet, denn der Hungernde
und Frierende muß ein Heros sein, um sittlichen Zwecken
nachzustreben. Die Zeit wird kommen, ich weiß das mit
der Sicherheit, mit der ich diese Zeilen schreibe, und ich sehe
sie beschwingt heranrauschen. Sie kann aber nur dann früher kommen, wenn alle Guten, die daheim bleiben können,
daheim bleiben und mitarbeiten und sich nicht bequemere
Plätze in Amerika suchen; das ist blanke Untreue, ob sie
nun an sich oder an ihre Kinder denken.

„Also heute sind in Berlin die sämmtlichen Steuer-
verweigerer freigesprochen worden! Das ist auch eine fortgesetzte Niederlage der Regierung gewesen. Es ist Schade,
daß Ihr die Nationalzeitung nicht lest, einmal ist sie jetzt
meist recht gut redigirt mit kräftigen leitenden Artikeln, und
dann wäre es eine unausgesetzte geistige Verbindung zwischen
uns....... Einige Male habe ich die Kreuzzeitung in die
Hand genommen und fand da eine geistvolle Januarübersicht,
offenbar aus der Feder Gerlachs. Aber so dick der Geist ist,
er kann doch nicht den Betrug und das Bewußtsein
des Betrugs übertünchen. Die Kerle haben fast Alle
ein böses Gewissen, so B. und Konsorten....... Und so
ist es bei den Geistvollen mit fast Allem; nach meiner
Erfahrung ist die Ausnahme wohl vorhanden, namentlich
bei Solchen, die in aristokratischer Familie geboren und er-
zogen, und deren Lebensumgang auf ihren Kreis beschränkt
blieb, — aber sie ist selten. Das böse Gewissen der Mehrzahl stürzt die Partei eben, denn gerade durch dieses werden
sie zu ihren Uebertreibungen geführt.

„Und nun zu Euch, meine Geliebten! möge es Dir,
mein Vaterchen, nur erträglich gehen; schreib mir aber

doch mindestens zwei Worte immer mit; Du glaubst nicht, wie ich mich freue, wenn ich nur Deine Hand sehe. Dir, Mutterchen, habe ich einen reizenden Rahmen geben lassen, in welchem sich das Bild noch einmal so schön ausnimmt...... Du, kleines Johannchen, hast mir mit Deinem Briefe große Freude gemacht. Daß Du so eine couragöse Person bist! jetzt einmal! Und dann muß ich Dir sagen, 1) daß mir der Epaminondas auch einer von meinen Lieblingen ist, und 2) daß es mir scheint, als wenn Du Deine Puppen zu sehr an Staat gewöhnst. Nichts, als Seide und Spitzen, wo soll das einmal hinaus!...... Ich warte sehr auf weitere Briefe. Und nun seid tausend Mal gegrüßt! — Allesammt und Alle sonders.

Heinz."

An die Seinen.

Zürich im Seefeld, 23. April 1850.

„Wir sind in der besten Uebersiedlung begriffen; Karpard zieht heut Nachmittag hinaus nach Mariafeld, ich werde noch ein bis drei Tage hier bleiben, um wegen meiner Meubles zu sorgen. Ich habe das Meiste alt gekauft und lasse mir nur ein Sopha und einen Lehnstuhl bauen, die ich in etwa vierzehn Tagen erhalte. Daß ich von Mariechen keinen Brief bekomme, macht mich sehr besorgt, da sie schreiben würde, wenn sie nicht krank wäre.

„Wir sind die Tage öfter draußen gewesen; ich vorgestern allein, fuhr am schönen Sonntag Morgen eilf Uhr in einem leichten Wägelchen, mich selbst kutschirend, mein schöner, grauer Neufundländer nebenher, dem See entlang. Die Leute gingen mit dem Gesangbuch fleißig zur Kirche, hier und da fuhr ich an, Bestellungen machend, und als ich endlich im vollen Trabe zum offnen Gitterthor in meine Besitzung hineinfuhr und Schultheß (der Knecht) herauskam, mir die Zügel abnahm, das Pferd in den Stall, das Wägelchen in den Schuppen gezogen wurde, so hatte ich zum ersten Mal das poetische Gefühl des Grundbesitzthums, die Vermählung des menschlichen Geschickes mit einem Theile der allgemeinen Mutter. Es ist ein schönes Stück Erde, auf dem man leben und sterben kann. Alles ist jetzt erstaunt — wie das so zu gehen pflegt — wie wir so wohlfeil hätten kaufen können, und ganz anders werden die Leute erstaunt sein, wenn etwa fünfzehnhundert Thaler hinein gesteckt sind.

„Wäre ich nicht müde, so schriebe ich Euch noch manches vom letzten Sonntag, wie ich mit Schultheß im Acker, im Baum- und Gemüsegarten umhergegangen, und wir überlegt, welchen Dünger wir den Kartoffeln geben wollen, dann mein Kampf mit ihm über den Schnitt der sündlich vernachläßigten Obstbäume. Er will durchaus nicht mehr daran, einmal, weil das Gras niedergetreten wird, dann weil der Saft schon in den Bäumen. „Herr Simon, es thut wahrhaftig nicht gut!" Fröbel ist n. b. bei Birnen und Aepfel entgegengesetzter Ansicht. Um fünf hatte ich mir unten am See im Wirthshaus einen Eierkuchen bestellt. Es waren viele Nachbarn beim Schoppen Wein da; Schultheß kam auch hin; das Gespräch richtete sich sofort darauf, denn der Gedanke erregte Revolution, und wie wenn es sich um Wohl und Weh von Europa handelte, sagte mir Einer um den Andern: „Herr Simon, ich rathe es Ihnen nicht!" „Herr Simon, wir Bauern verstehen das besser, wie ein Gärtner." „Das mag bei den kleinen Gartenbäumen ganz gut sein, aber bei Bauerbäumen!!" Und als ich Schultheß sagte: „Nun da oben giebt's was Braves zu schaffen," sagte er: "Herr Simon (mit dem Ausdruck einer Antäuslast auf der Brust des rechtschaffenen Mannes) machen Sie mir nicht bange!" Die Andern fielen ein: "Ach, der wird's machen," "das ist der Mann u. s. w." Er antwortet mit edler, selbstbewußter, aber höchst bescheidener Manneswürde: "Das Werk muß loben, nicht Worte."

Im Kuhstall fragte ich ihn: "Schulttheß, wie viel nährt das Gut? wie viel wintern wir durch?" Nach reifem Ermessen: "Herr Simon, zwei schwere Stück Hornvieh!" Das Gut ist drei Jahre nicht gedüngt und hat einen Graswuchs, wie Ihr es nicht kennt, hat aber auch den schwersten Boden in Meilen, — in Meilen, wo der Juchart bereits mit 2,000 bis 2,600 Gulden bezahlt wird. Nun müßt Ihr aber sehen, wie dieser Boden gedüngt wird; ich sehe oft Landstrecken, die mit Dung im Wortsinne bedeckt sind. Der Juvelier kann dennoch nicht sorgfältiger mit seinen Bijouterien umgehen, als hier der Bauer mit seinem Dung; er nennt ihn höchst bezeichnend: "Frucht."

---

26. April 1850.

"Den ganzen gestrigen Tag war ich mit Fröbel draußen; wir haben den Garten abgesteckt und den Weg durch's Grundstück; heut arbeiten bereits sechs Menschen im Gemüsegarten und dem Ziergarten, es wird wundervoll, und die erste Einrichtung ist in acht bis zehn Tagen vollendet. Mutterchen! im Gemüsegarten Alles, ich sage Alles und vom Besten; genügende Kartoffeln für uns und das "salva venia", wie sie hier sagen, Schwein auch. Ich werde morgen Nachmittag hinaus, da ich die Möbel für mich so ziemlich besorgt, und draußen schon Alles so weit, daß jeder Tag jammerschade, den man nicht dort ist.

„Eben unterbrochen durch Deinen lieben Brief, Marie, der mich sehr erfreut, da ich ernstlich besorgt war . . . . Deine Stuben sind im Wesentlichen sofort bewohnbar, nur an der Täfelung zu repariren. Die Möbel laufe ich, wenn Du sie nicht selbst aussuchen willst . . . . Für die Naturwissenschaften hat sich Rapparb bereits zum Lehrer der Kinder erboten; für Ernst wird die hiesige Schule sehr gut sein."

„Von Magdeburg hatte ich in diesen Tagen einen Brief. Ich hatte nämlich ein kleines Bildchen dorthin gesendet, das Corvin in der Gefängnißzelle von sich gezeichnet, da ich auf die Idee kam, daß man es in seinem Interesse verwenden müsse. Darauf werden mir siebenzig Fl. und außerdem noch einhundert und dreißig Fl. zur beliebigen Verwendung geschickt. Ich habe immer eine große Freude, wenn eine flüchtige Idee von mir solch hübsche Folgen hat. Von den 130 Gulden kommen gleich dreißig einem hiesigen Flüchtlinge zu Gute, der seit neun Monaten an einer Herzkrankheit im Spital, und dessen ich mich thätig angenommen; ich hoffe aus Baiern — er ist aus Franken — Bedeutendes für ihn zu erhalten. Uralte Eltern, beide bettlägerig, so daß sie Nichts für ihn thun können. Der Rest wird auch bald in ähnlicher Weise gut verwendet sein. — Die Frauen Zürichs haben eine große Lotterie für die Familien der Flüchtlinge veranstaltet, NB. bei politischer Gegnerschaft, da die Stadt zum Unterschied vom Kanton aristokratisch; es sind über dreitausend Loose à fünf gute Groschen abgesetzt worden.

„Nun wünsche ich nur noch, daß es Euch recht gut gehen möge, daß der Frühling seine Schuldigkeit an Euch

thue, und daß ich Euch Alle küssen könnte und zwar hier
in Maria im Felde; es ist zu schön! Ich war gestern beim
Blick aus dem Fenster wieder einmal angezaubert; und im
Springbrunnen, Kinder, werden wir Forellen halten; das
Wasser kommt unmittelbar in Röhren aus den Bergen.
Emmo! Nachmittags wollen wir, zum Nachmittags-Schläf=
chen, unter den Bäumen Hängematten ausspannen. Tausend
Grüße.

Heinz."

Mariafeld, 23. Oktober 1850.

„Mein Vater! und Ihr geliebteste Geschwister! von Euch
getrennt! Und meine Mutter soll ich nicht mitnennen. Ich
habe Euch bei diesem Schmerze nicht zur Seite gestanden.
Aber Ihr habt mich bei Euch empfunden. Der ewig
theuren Mutter ist wohl; sie hat ausgelitten. Ach, ich habe
ihr unsägliche Sorgen und Kummer gemacht, aber ich habe
sie sehr geliebt, wir waren zu untrennbarer Liebe geeint.
Sie war uns Allen, Jedem, während unseres ganzen Lebens
ein Schutzengel, und sie wird es auch nach ihrem Tode
bleiben. Laßt uns nie, nie auseinanderfallen, um ihret=
willen nicht.

„Könnt ich Dich, Du theuerster Vater, in meine Arme
schließen, Dir Deine unendlichen körperlichen und geistigen
Leiden mildern. Du wirst, wie Du stets ein Mann warst,
Deinen Muth aufrecht halten, für Dich und für uns.
Könnte ich Dir zur Seite stehen! Jeden von Euch schließe
ich in meine Arme und weine und weine.

„Ich habe Euren Brief vor einigen Stunden erhalten
und nach einer Stunde den Andern mitgetheilt, die mit in
gleicher Liebe zur Mutter geeint sind. Ich wollte heut

Heinz nach Zürich bringen und werde ihn nun bis Sonntag hier behalten. Euer

Heinrich."

———

25. Oktober.

„Ich habe eben alle Briefe durchgelesen, die mir die geliebteste Mutter seit Frühjahr 1848 geschrieben hat. Sie wird mir für den Rest meines Lebens dasselbe sein, was sie mir war — gegenwärtig, — mit all meinem Sein und Fühlen verflochten. Sie ist mir unverloren, eine Abwesende. Ich weiß vollkommen, was sie zu Allem, was mir begegnet, sagt und denkt — ja ich habe ungeachtet ihres Todes das volle Gefühl ihrer Gegenwart. Ihr Armen, Geliebten, die Ihr sie leiden gesehen in solchem Grade. Mir schnürt sich der Hals bei dem Gedanken zusammen, und Du armer geliebter Vater! Aber wir sind uns nur enger in ihr verbunden, im Geiste eines herrlichen Menschen, und ihr schönes Leben ist mit ihrem Tode nicht vorüber; ihr Sein, ihr Denken, ihr Fühlen, ihre Hoheit lebt in uns fort. die sie durch ihr Sein gebildet zu dem, was wir sind, — in ihren Enkeln, in allen Kreisen, auf die ihre Nachkommen einwirken; sie war die Liebe, und die Liebe ist lebendig.

„Ich habe die Mutter nie an sich selbst denken sehen. Ihr ganzes Wesen strahlte unausgesetzt und ausschließlich Liebe auf ihre Umgebung. Meine geliebte Mutter, Du bleibst mir ewig nahe und mein!

„Es ist mir ein unsäglich bitterer Schmerz, daß ich nicht bei Euch war und jetzt nicht bei Euch bin, und doch bin ich hier unter Euch und Ihr seid in Marie und den Kindern bei mir. Ihr aber habt, jeder Einzelne, noch mehr verloren als ich, weil es Euch gegönnt war, in ihrer

unmittelbaren Nähe zu sein, weil Ihr mit jeder Faser Eures
Wesens durch tägliche Gewohnheit mit Ihr verwebt wart.
Ihr geliebten Menschen! was habt Ihr in dieser Zeit ge-
litten. Haltet Eure Herzen aber offen allem Guten, Edlen,
Schönen, dann lebt Ihr in ihr fort.

Euer Heinrich."

———

Marlafeld, 27. Oktober 1850.

„Mein geliebter, theurer Vater, ich bin in Deinen
Schmerzen unausgesetzt bei Dir — es ist ja das Einzige,
was ich Dir geben kann. Möge Dich jetzt nicht der Muth
und die Kraft verlassen, die Du in einem langen, reichen
Leben stets bewährt zum Glück und zum Trost der Deinen.
Erinnere Dich in Deinen Leiden, wie Du, soweit Deine
Kraft reichte, stets die Leiden Anderer zu lindern strebtest.
Meine frühesten Erinnerungen sind mit solchen Zügen Deiner thätigen Theilnahme für Anderer Leiden verwebt, und
überhaupt, was ich bin und was ich habe an Güte für
Andere und an Charakterfestigkeit und Bravheit, das danke
ich Dir, mein einzig geliebter Vater! und Dir, meine theure
Mutter, das danke ich nicht Euren Lehren, sondern Eurem
Beispiel; ich habe nie von Euch etwas Anderes gesehen,
als Menschenfreundlichkeit, zärtlichste Familienliebe, Sinn
für alles Gute und für das Hohe und Edle, wegen dessen es
sich allein lohnt zu leben. Und so, Ihr theuren Eltern,
habt Ihr viele Kinder und Enkel herangebildet, gute Menschen; möge all der Segen, all das Gute auch, was noch
Deine Kinder und Enkel einst in weiten Kreisen wirken
werden, möge Dir das, Du geliebter Vater, jetzt in Deinen
periodischen Schmerzen ein Trost sein, mit dem Du den
Tribut der irdischen Natur trägst.

„Mein bewußtes Streben zum Guten beginnt im Jahre 1816. Du hatteſt damals Dein ganzes Vermögen darangeſetzt, um ein redlicher Mann zu bleiben. Du nahmſt mich im Panoſka'ſchen Hauſe in die kleine Eckſtube an's Fenſter und ſagteſt mir, Du ſeieſt nun arm, das ſei aber gleichgültig, die Hauptſache ſei, daß man ein braver rechtſchaffener Mann ſei, und das ſolle ich auch werden. Mein Vater, nie ſind mir dieſe einfachen Worte und Deine damals bewieſene Charakterkraft aus dem Gedächtniſſe geſchwunden, und oft, wenn Verſuchungen des bewegten Lebens an mich herantraten, miſchte ſich in halb unbewußter Weiſe Dein Bild und das Bild der Mutter in meine Gedanken. Glücklich der, der ſolche Eltern hat oder gehabt, wie wir ſie haben und gehabt. So oft ich an Dich denke, iſt es an den Mann, der das Herz auf der rechten Stelle jederzeit hatte, in Theilnahme für Fremde, für Gemeinnütziges und in Zorn über Schlechtes und Gemeines. Daß Du nicht reich geworden, wollen wir Dir danken, denn es lag begründet in dieſem Deinem edlen Weſen.

„Mit mein erſtes Erinnern iſt es, daß ich vielleicht als drei- oder vierjähriges Kind an Deiner Hand auf einer großen Brandſtätte, wahrſcheinlich in Neudorf bin; da ſaß ein Mann an einem Tiſche, ſammelnd in einem Becken für die im Elend dumpf Herumſtarrenden. Da ſchütteteſt Du eine ganze große Taſche voll Geld, Alles was Du hatteſt, mehr als Alle zuſammen bisher gegeben, in jenes Becken. Das iſt Dein Weſen, mein lieber, lieber Vater! und das werden wir Dir in unſerem Sein fort und fort danken.

„Ich habe Vieles in meinem Leben gethan, was Dir und der Mutter Kummer gemacht; verzieh mir Alles um Deiner Liebe willen und gieb mir Deinen Segen. Es iſt

der Segen des Gerechten! In tausend Thränen beuge ich
mich über Dein Haupt und küsse Dich in Deinen Leiden
mit Inbrunst.

Heinrich."

Mariafeld, 28. Oktober 1850.

„Wie geht es Dir, mein armer geliebter Vater! Ich
sehne mich unaussprechlich, an Deinem Bett zu sitzen und
Deine liebe Hand zu haben.

„Heute werde ich Eure Briefe über den Begräbnißtag
erhalten, und ich bejammere Euch vorzugsweise wegen dieses
Tages, der den Verlust erst zur vollen Besinnung kommen
läßt, die Trennung von der geliebten Hülle, an die alle
Erinnerung und Liebe anknüpft. Aber in meinem innern
Leben steht mir die Mutter unzerstörbar da, in all ihrer
sanften Güte und Liebe, ihrer Wahrheit, ihrem Ernste, ihrer
Charakterkraft, so sehr, daß ich es nicht bedarf, mir ihr
Bild anzuziehen. Mir ist durchaus, als lebte die Mutter,
und sie lebt mir auch, aber sie ist Euch gestorben. Ihr verliert das tägliche liebe Zusammensein mit all seinem Glück
und Sorgen, die unausgesetzte Ausstrahlung ihrer Liebe, —
aber Ihr habt auch ihr Leiden gesehen und ihr das Scheiden endlich wünschen müssen. Das, was die Mutter war,
bleibt sie uns, eine der schönsten menschlichen Erscheinungen,
die wir nach wie vor lieben, die uns gelehrt hat zu lieben,
die immer unser Mittelpunkt bleiben wird, unsere Mutter.

„Sie hat ein schönes Leben gehabt, wenn es die Aufgabe des Menschen ist, der Idee der Menschheit in sich Ausdruck zu geben, dadurch auf Mit- und Nachwelt zu wirken.
Unzählige haben sich an ihrem schönen Sein erquickt und
gehoben, und wie jede einzelne Welle fort und fort leisere

Wellen schlägt bis an das ferne Ufer, so wirkt in der moralischen Welt jede einzelne Menschenwelle bis an das Ende der Menschheit — gut und böse, je nachdem sie schön gestaltet war oder nicht. Ein großes Gesetz geht durch die Geschichte: die Entwickelung des Menschengeistes. Der hat reich gelebt, der durch sein Sein hierzu in edler Weise mitgewirkt hat; unsere geliebte Mutter hat ein reiches Leben gehabt.

„Ich habe ihre Hand in meiner Hand und küsse und küsse sie.

Heinrich."

Mariafeld, 8. Mai 1851.

„Meine geliebten theuren Geschwister!

„Der Name bindet uns nunmehr anders als bisher. Wir sind uns noch näher, nachdem Mutter und Vater von uns. Daß diese Leiden von dem geliebtesten Vater genommen, endlich, endlich, dafür bin ich mit Euch innig dankbar. Mein geliebter, guter Vater! Mir ist, als wären mir Wurzeln umgehauen. Ein edler, hochgesinnter und guter Mann hat uns mit der Vorzeit verbunden; wir haben in Mutter und Vater Vorbilder gehabt, wie nicht Viele, und ich bin mir dessen mit der innigsten Liebe und Dankbarkeit für die Eltern, seit ich denke, bewußt gewesen. Mit unendlicher Sehnsucht habe ich seit einem halben Jahre dieses Ende Seiner und Eurer Qualen herbeigewünscht; jetzt, wo das jammervolle Ziel erreicht, kommt es dennoch unerwartet. Wenig Männer mögen kindlicheren Herzens durchs Leben gegangen und in's Greisenalter getreten sein, als unser Vater. Er sei gesegnet und die Mutter von uns, so lange wir denken und fühlen; sie werden ihren späteren Nachkommen noch Vorbilder sein.

„Euch meine geliebten Schwestern, die Ihr in mir eine Stütze zu verlangen habt, Euch brauche ich es nicht zu sagen, daß ich es sein werde, so weit meine Kräfte es erlauben. Ich möchte mit einem Jeden von Euch einzeln sprechen, vor Allem die treuen Hände drücken. Ich küsse Euch, Jeden von Euch zärtlichst mit der Liebe, die ein Abglanz ist von der Mutter- und Vaterliebe und umarme Dich, mein theurer Bruder, noch mit einem besonderen, mit dem tiefsten Brudergefühl.

„Es ist viel Jammer und Elend auf Erden; für Alles nur Ein Ersatz, die Liebe. Laßt uns treu lieben!

„Am Dienstag, wo Ihr mir den Vater begraben habt, arbeitete ich harmlos im Garten.

Euer Heinrich."

———

Mariafeld, 16. März 1851.

„Ja wohl, mein lieber ......: Sei treu und ich will Dir die Krone des Lebens geben. Dein Brief ist mir eine Wonne — so weit er das Wort Deiner unveränderten Gesinnung gegen mich enthält. Ich glaube es Dir voll. Dennoch bedurfte ich Deiner Zusicherung, da Du mir in diesen schweren Jahren nie mit einem Freundes-Worte zur Seite gestanden, — es ist dies einer meiner größten Schmerzen gewesen.

„Ich reiche Dir über Gräber jeder Art, Gräber vieler Hoffnungen und vieler Liebe die treue Hand......

„Das Leben hat in diesen Jahren — seit dem Beginn der Bewegung im Jahre 1847 — oft schwer auf mir gelastet; ich habe viel Gemeinheit und Niederträchtigkeit ge-

sehen, viel niedrige, unmännliche Gesinnung in großen
Momenten; ich habe persönliches Unglück in mannigfacher
Richtung erfahren — das schwerste, was mich im Eltern-
hause getroffen und trifft, kennst Du: aber ich habe auch
Männer kennen lernen, antike, sich aufopfernde Tugend —
die treuste Liebe der Meinigen hat bei mir ausgehalten —
und vor Allem der eigene ungeschwächte Muth, die innerliche Einheit, gestützt auf eigene Treue, und der zuversicht-
liche Blick in die Zukunft — wenn auch nicht meines
Glücks.

„Unsere Anschauungen auch der letzten Jahre sind, wie
sich nicht anders erwarten läßt, sehr divergirende. Das
Jahr 1848 ist mir ein innerlich mit Nothwendigkeit
gegebenes Resultat der durch ein Jahrhundert herangebil-
deten Ansichten Europas über politische und sociale Verhältnisse. Ich betrachte den Menschen und die Geschichte
seines Geschlechts als ein Naturprodukt wie jedes
andere.

„Es giebt keinen Stillstand der Geschichte des Men-
schen, wie in der Natur überhaupt nicht. Ich sehe diese
fortschreitende Entwickelung, so lange wir Geschichte kennen.
In dem gebildeten Theile Europas wird sich, nachdem diese
Jahre ein Bewußtsein für und gegen hervorgerufen, im
Laufe der nächsten Generation entscheiden, ob die Kräfte
vorhanden sind zu einer vernünftigen staatlichen Entwickelung,
oder ob wir uns überlebt haben und vor gänzlichem
Untergange (etwa durch östliche Völkerschaften) vorher jenem
Zustande der Fäulniß überwiesen werden, den uns die Geschichte bei so vielen Völkern zeigt, deren Lebenskraft er-
schöpft war.

„Es ist nicht unwahrscheinlich, daß, wie Europa einst
an die Stelle des alternden Asiens trat, jetzt Amerika mit

seiner wundergleichen Entwickelung an die Stelle des alternden Europas tritt. Was bei uns in der Jugend durch die Glanzgeschichte der Griechen und Römer zuerst an uns herantritt, und bei männlicher Gereiftheil mindestens der Idee nach als das Alleinvernünftige von uns erkannt wird, die Republik, ist dort die in Gesittung und Bewußtsein bereits durch Menschenalter übergegangene Grundlage, auf der sich ein vernunftgemäßes Zusammenleben unseres Geschlechtes hoffentlich immer mehr und mehr entwickeln wird.

„Noch hoffe ich mit jugendlicher Zuversicht, daß Deutschlands Greisenalter nicht gekommen ist; ob diese Hoffnung begründet, wird sich bei der nächsten Aktion zeigen, die naturgemäß früher oder später der heutigen Gegenrevolution folgen wird. Es ist möglich, daß ich mich täusche, daß Deutschland bereits seine Rolle in der Geschichte des menschlichen Geistes ausgespielt; es spricht dafür die Erkenntniß ohne das Können, indem seine Kraft aus den Armen ausschließlich in den Kopf gestiegen ist: dann möge uns der Gedanke trösten, daß die einzelnen Völker eben nur die einzelnen Gedanken in der menschlichen Entwickelung darstellen, und daß für Letztere von Deutschland unendlich viel geschehen ist. Ein Nord-Amerikaner nannte mir Deutschland „das Herz der Welt".

„Was Preußen speziell betrifft, welches seine Stellung zu Deutschland so gänzlich verloren hat, so ist ihm dies jetzige Fegefeuer, wenn immerhin ungleich schmerzlicher als die Niederlage von 1806 bis 1813, — zu seiner deutschen Entwickelung vielleicht nothwendig. Ich gestehe offen, ich könnte jetzt in Preußen nicht leben. Was mich vor 1848 empörte, und mit innerlicher Nothwendigkeit durch meine Beamtenstellung in die entschiedenste Opposition trieb, die Lüge in öffentlichen Verhältnissen — sie war jungfräuliche Reinheit gegen die Lüge, die heute alle Staatsverhältnisse zerfrißt. — Ich würde mein Wort hierüber auch jetzt nicht zurückhalten, wenn Worte heute nicht so völlig unnütz wären und alle Bedeutung verloren hätten.

„Ich erschrecke oft im Innersten, wenn ich diese vaterländischen Zustände mit den hiesigen vergleiche. — Bei allen Mängeln im Einzelnen sind hier Ehrlichkeit und Wahrheit die Grundlage aller staatlichen Einrichtungen, und diese Einrichtungen so vernünftig, daß — wenn ich das Glück der Masse des hiesigen Volkes erwäge, ich von tiefer Trauer ergriffen werde, so oft ich damit unsere Zustände vergleiche. Auf materiellem Wohlsein hat sich hier eine Selbständigkeit des Charakters entwickelt, die den Menschenfreund mit Freude erfüllt.

„Ueber meine persönlichen Verhältnisse lasse Dir von ...... erzählen; möglich, daß ich aus der Schweiz vertrieben werde; ich werde das in Ruhe hinnehmen, wie mein ganzes Schicksal, — als eine Konsequenz meiner Ansichten und meiner Handlungen, von welchen letzteren ich nicht Eine zurücknehmen möchte, da sie aus vollster tiefster Ueberzeugung entsprungen.......

„Treulich Dein Freund
Heinrich Simon."

IV.
Uebersiedlung nach Zürich. Industrielle Unternehmungen.
1852 bis 1857.

Simon sollte nicht lange in dem ungetrübten Besitz des ihm so werth gewordenen Gütchens bleiben. Der diplomatische Druck, den die Großmächte im Jahre 1851 besonders stark auf die Schweiz ausübten, blieb nicht ohne Wirkung. Schaarenweis mußten die Flüchtlinge das Land verlassen, und auch Simon fing an, sich mit dem Gedanken einer Auswanderung nach Amerika vertraut zu machen. Um jedenfalls die Möglichkeit freier und rascher Bewegung zu erhalten, entschloß er sich — wiewohl mit schwerem Herzen — sein Gut wieder zu verkaufen. Im Herbste des Jahres 1851 siedelte er mit den Seinen nach Zürich über, wo er in dem herrlich gelegenen, von Goethe in seiner Schweizerreise viel besprochenen Bodmerschen Hause sich niederließ.

Wie früher sein Haus in Mariafeld, so ward nun die „Bodmerlinde," die der Dichter selbst gepflanzt hatte, der Mittelpunkt für Simon's zahlreiche Freunde und der Ort, wo seine in Deutschland zurückgebliebenen Verwandten ihn in größeren und kleineren Zwischenräumen aufzusuchen kamen. Seine älteste Schwester Julie hatte sich inzwischen

mit dem hochbetagten Oheim, Geh. Justizrath Simon in
Berlin, vermählt; sein Bruder Gustav, einer der ersten
Beamten der oberschlesischen Eisenbahn,*) nahm den Abschied und zog mit seiner ganzen Familie nach Zürich, um
in Heinrich Simon's Nähe zu leben; unter den vielen stets
willkommenen Gästen brachte der Sommer des Jahres 1856
auch den treuen, wackeren Reinstein und Dr. Borchardt aus Manchester, der Simon einst in Breslau ein
thätiger Parteigenosse gewesen war; dann kam Adolf Stahr
mit seiner Gattin Fanny Lewald, und mit Letzteren fast
zugleich Johann Jacoby.

Die Schweiz, für deren Natur und Volk Simon
von jeher eine Vorliebe gehegt hatte, war ihm — trotz
seines Festhaltens an dem Vaterlande — mit jedem Tage
lieber geworden. Er verkehrte gern mit Schweizern. Als er
seine Cousine, Frau Gärtner, auf Schweizerboden empfing,
sagte er: „Von vorn herein mache ich Dich darauf aufmerksam, daß der Schweizer viel mehr ist als er scheint.
Unsere Nachbarn in Mariafeld, Männer in Amt und Würden, bestellen eigenhändig ihre Weinberge und Felder, thun
die niedrigst scheinende Arbeit. Du findest aber bei denselben
Leuten oft überraschend ausgebreitetes Wissen. Das ist
durchgängig so in der Schweiz; die anerzogene Einfachheit
des Schweizers, seine persönliche Anspruchslosigkeit und weise
Sparsamkeit sind wahrhaft unschätzbar." — Ward ihm bei
ähnlichen Lobeserhebungen der Einwand gemacht, daß die
Schweizer „trocken" und „berechnend" seien, so erwiderte er wohl: „Ich wollte, wir hätten Etwas von
dieser trocknen Berechnetheit; ich wollte, wir Deutsche
lernten von den Schweizern, dann wären wir das erste

---

*) Siehe oben Thl. I. Kap. XI. S. 263.

Voll der Erde!" — Daß bei dieser Ansicht die Ver-
lobung seiner Pflegetochter, Johanna Gärtner, mit dem
tüchtigen jungen Advokaten Karl Hilty aus Chur ihm
sehr erwünscht kam, versteht sich von selbst. —

Troh der großen Sympathie für die Schweizerverhält-
nisse hielt Simon sich grundsätzlich fern von jeder Betheiligung an den politischen Vorgängen innerhalb derselben. Es dünkte ihm dies in seiner Lage als Flüchtling
geboten, aber es isolirte ihn mehr, als es ihm lieb war.

Natürlich wurde auch seine Thätigkeit dadurch beschränkt,
und doch bedurfte dieselbe eines realen Bodens. Einen
Augenblick schien es, als böte sich ihm ein entsprechendes
Feld. Die Universität Zürich ernannte Simon im
Jahre 1852 zum Doctor juris, eine Anerkennung, die ihm
außerordentliche Freude machte. Die Idee lag nahe, sich
in Folge dessen bei der Universität zu habilitiren, aber weder
der Schreibtisch, an den er dann ausschließlich gefesselt gewesen wäre, noch die sitzende Lebensweise wollte dem Geist
und Körper mehr zusagen. Aus gleichen Gründen unter-
blieb die Ausführung seines Planes, ein schweizerisches
Staatsrecht zu schreiben, wozu er viel Material gesammelt und eingehende Studien über die allgemeine schweizerische und Kantons-Gesetzgebung gemacht hatte. Unter diesen Umständen wendeten sich nun Simon's Gedanken allmälig industriellen Unternehmungen zu. Im Herbst
1853 hörte er bei einer Fahrt über den Wallensee viel
Günstiges über das reichliche Vorkommen von Kupfer auf
der Mürtschenalp. Das machte ihn aufmerksam, um
so mehr, als er kürzlich in Büchern über die Schweiz ebenfalls darauf hingewiesen worden war. Er ließ die Lager
durch verschiedene tüchtige deutsche Techniker untersuchen,
und kaufte, gestützt auf die ihm vorgelegten Resultate, im

Verein mit mehreren Familiengliedern und anderen Personen das Bergwerk. Der Walensee war damals noch ziemlich aller Industrie baar, — sie nach Kräften zu heben, war neben den materiellen Hoffnungen, die er an das Unternehmen für sich und die übrigen Besitzer knüpfte, sein Lieblingsplan. Die in Aussicht stehende Eisenbahn verhieß günstige Chancen. Zweimal schienen die Hoffnungen sich erfüllen zu wollen. Im Sommer 1856 wurden ihm auf Grund des Gutachtens eines ausgezeichneten französischen Technikers, der im Auftrage französischer Geschäftsmänner das Bergwerk besichtigt hatte, höchst vortheilhafte Kaufbedingungen angetragen. Die Sache zerschlug sich aber der Geldkrisis wegen, die im Frühherbst des nämlichen Jahres eintrat. An der bei weitem größeren europäischen Handelskrisis im Herbst 1858 scheiterte auch die von Simon versuchte Bildung einer größern Aktiengesellschaft zur Ausbeutung des Bergwerks. Die Gesellschaft konstituirte sich zwar und setzte das Unternehmen fort, aber die Aktienbetheiligung fand weder damals noch in den folgenden Jahren in hinlänglichem Maßstabe statt, um dem Betrieb die entsprechende Ausdehnung zu geben. — Das Unternehmen, dem er einen großen Theil seiner besten Kräfte gewidmet, an das er für sich und Andere manche Hoffnung geknüpft, wurde trotz der erfreulichen Resultate des Erzgewinnes, zu einer Quelle mannigfacher Sorge für ihn. Zwei Jahre nach seinem Tode löste sich die Gesellschaft mit größerem oder geringerem Verluste der einzelnen Theilnehmer auf.

Ein zweites von Simon gegründetes industrielles Unternehmen, ein Schiefergeschäft ist dagegen nach manchen Fährlichkeiten zu umfassender Blüthe gekommen. Die Schieferbaugesellschaft zu Pfäffers und Engi erkennt

nur noch die großartigen Schieferbrüche in England und
Frankreich als ebenbürtige Koncurrenten; sie versieht, abgesehen
von dem Vertrieb in der Schweiz, einen großen Theil
Süddeutschlands und liefert ihre Waaren bis hinter Wien,
neuerdings auch nach Ober-Italien. —

Nachstehende Briefe mögen eine Ergänzung der Zeit
von 1852—58 bilden.

An die hochverehrliche juristische Fakultät der Universität
zu Zürich.

Zürich, 9. Juli 1852.

Hochverehrteste Herren Professoren!

Sie haben mich durch die honoris causa erfolgte
Verleihung der Würde eines Doktors beider Rechte in
einer Weise beehrt, die mich ebenso überrascht, als zu großem
Danke verpflichtet.

Ich danke Ihnen diese Anerkennung meiner literarischen
Arbeiten für ein partikulares deutsches Privat- und Staatsrecht,
aber ich lege einen noch höheren Werth auf Ihre Anerkennung,
daß es mir während meines richterlichen und
schriftstellerischen Wirkens ein geheiligtes Streben war, den
Kultus des Rechts, als dessen erste Priester wir den Richter
und den Lehrer des Rechts betrachten dürfen, auch im praktischen
Staatsleben in seiner Reinheit bewahren zu helfen.

Erlauben Sie mir diesen Worten des Dankes ein
Wort des Strebens beizufügen.

Meine Studien dürften diesen Winter eine Richtung
fortsetzen, welche mich hoffen läßt, später vielleicht mit der
hochgeehrten Fakultät, welche meine Leistungen so gütig beurtheilt,
den Umständen nach durch Vorlesungen an der

Universität in eine nähere Verbindung zu treten. Es
würde mir dies eben so zur Ehre als Freude gereichen.

In vorzüglicher Hochachtung verharre ich, hochgeehrte
Herren, Ihr ganz ergebenster
Dr. Heinrich Simon.

Aus dem Tagebuche.
21. Juli 1852.

Ich habe in der That lange nicht eine solche Freude
gehabt, als heute auf der Staatskanzlei. Es war dort der
Glanzpunkt eines zweijährigen Bestrebens, als man mir
ein prachtvolles Dokument, ein Schweizer Paßformular
vorlegte, um meine Unterschrift darunter zu setzen.*) Und
als nun gar mein Signalement aufgenommen wurde,
o welche Wonne, welche Lust! Als ich mich unter das Maß
stellte und erfuhr, daß ich sechs Fuß einen Zoll groß sei,
wunderte ich mich gar nicht darüber, daß mich die Freude
um fast drei Zoll größer**) hier in der Schweiz gemacht,
und als dann Herr Staatsschreiber Hagenbuch zu mir
sagte: „In künftigen Fällen brauchen Sie Sich nicht mehr
an die Polizei zu wenden, das ist für Sie nicht mehr
nöthig" — ich hatte bei dem Direktor der Polizei meinen
Paß beantragt — ach, wie bebte die Brust, — und als mich
der Schreiber fragte, ob er mir den Paß vom sardinischen

---

*) Seit Jahren hatte sich Simon, weil er eines Passes entbehrte,
in der freien Schweiz wie in einem Gefängniß gefühlt; konnte er doch
die Schweizergränze nicht auf eine Viertelmeile überschreiten!

**) Das schweizer Maß ist kleiner als das preußische.

und französischen Gesandten visiren lassen sollte — alle
Engel im Himmel musiciren nicht so melodisch!

So begab sich's Nachmittag drei Uhr am 21. Juli 1852.

Zürich, 5. September 1854, Morgens 8 Uhr.

„Mein lieber guter Onkel, ich habe eben zum Fenster
hinaus auf die im hellsten Sonnenglanze daliegende Stadt,
den See, das Hochgebirge gesehen und dabei Deiner in
Herzlichkeit gedacht, und das will ich Dir nun sagen und
alles Gute für den kommenden Festtag wünschen. Heut ist
der Geburtstag des Vaters meines Freundes Nauwerk; er
wird 83 Jahr und ist körperlich und geistig noch von hoher
Jugendfrische, daß Du Dir heute in neun Jahren an ihm
ein Vorbild nehmen kannst; — er war im vorigen Jahre
hier den Sohn besuchen, und Du — kommst nicht einmal
bis zum Bodensee, uns zu sehen.

„Ich wurde hier durch die kommende Morgenpost
unterbrochen, die mir in meiner einstigen Studentenmappe
des Morgens 8 Uhr die deutschen Zeitungen, die schweize=
rischen und die Briefe bringt. Da war denn zunächst wie=
der einer jener Briefe, durch den ein angesehener, beamteter
Mann aus Deutschland meinen Rath wünscht betreffs der
zweckmäßigsten Uebersiedelung nach der Schweiz. Solcher
Briefe habe ich seit Jahr und Tag mindestens ein Dutzend
erhalten, und sie zeigen mir am traurigsten die deutschen
Zustände; denn es gehört Viel dazu, ehe man sich freiwillig
vom Vaterlande trennt.

„Dann habe ich Rundschau gehalten, erst durch das
Züricher Tagblatt in Zürich, dann durch den „Bund" in der
Schweiz und der Welt, dann durch die Oderzeitung speciell
in Schlesien und Deutschland. Unser armes liebes Schle=

sien! Welch' entsetzliche Ueberschwemmung in welch' ungeheurem Umfange! Und mit doppelter Trauer, weil es Schlesien ist, lese ich und sehe ich, daß man es zunächst der Privatwohlthätigkeit überläßt zu helfen, die denn auch bei einem Unglücke, welches allein an Vermögen Massen von Millionen verschlungen hat, glücklich in Breslau etwa zehntausend Thaler zusammengebracht. Der Staat werde sich beschränken, die unzureichenden Dämme, welche Unglücksfälle ähnlicher Art periodisch wiederkehren lassen, wieder herzustellen. Daß in den fünfhundert Jahren angeblicher Gesittung der Staat noch nicht einmal dafür gesorgt hat, das Land gegen das Wasser zu schützen, spricht ausnehmend gegen diese Art des Staates. Wenn das Geld, das Schlesien bei dieser einen Ueberschwemmung verliert, dazu verwendet worden wäre, Wasserbauten aufzuführen, so wäre Schlesien seit Jahrhunderten vor diesen wiederkehrenden Vernichtungen des Glücks von Hunderttausenden von Menschen geschützt. In einem kleinen Städtchen von Kalifornien — an der letzten Gränze der Gesittung — Sacramento mit 10,000 Einwohnern, hat man seit seiner Gründung, die im Jahre 1846 erfolgte, also seit 8 Jahren, fünf Millionen Dollars zu Wasserbauten gegen das Meer verwendet. Da weiß man, wozu das Gemeinwesen, wozu der Staat da ist, nämlich zuerst als Verbindung zum Schutz. Und wenn mein liebes Schlesien eine für sich bestehende Republik wäre, so würde man auch nicht vierzehn Tage nach einem solchen Unglück in den Zeitungen lesen, daß der Staat zur Besichtigung einen Kommissair geschickt, sondern die Republik würde zwanzig Millionen Thaler aufnehmen, die Oder kanalisiren und ein für alle Mal Derartigem einen Riegel vorschieben.

„Die großen Staaten sind das große Unglück der

Menschheit — und zwar deshalb, weil sie meistens, zusammengewürfelt aus sich widersprechendsten Elementen, nur durch Druck herrschen können, um ihr Auseinanderfallen zu verhüten. Da können die Individualitäten und also auch die Kräfte nicht zur Entwickelung kommen. Man vergleiche Athen, Korinth, oder die Kantone Zürich, Genf mit China, Rußland, Oesterreich oder — leider müssen wir sagen: Preußen, das Preußen, welches heut regiert. In diesen letzteren vier Staaten sind große Abstufungen, aber meiner innigsten Ueberzeugung gemäß — auf Geschichte, Natur der Dinge und Erfahrung gegründet, — nicht größer sind diese Abstufungen, als zwischen der Monarchie Preußen einerseits und den Republiken Schlesien, Westphalen ꝛc., die zur deutschen Republik conföderirt, andererseits. Und das wird kommen, falls Preußen fortfährt in sein eigenes Leben zu wühlen, dieser Staat, der glücklich organisirt wie Wenige und — beispielsweise im Gegensatze zu Oesterreich — gerade in Stärkung seiner Einzelglieder seine Gesammtmacht stärkt.

„Für Deutschland giebt es zwei Wege zu nationaler Macht und Blüthe: den oben angedeuteten einer Föderativ-Republik oder den Andern, wenn Preußen endlich seine welthistorische Aufgabe begreift und sich an die Spitze des deutschen Volksgeistes stellt. Naturgemäß können und werden dann die deutschen Volkskräfte zur rechten Entwickelung kommen.

„Der Menschenfreund hat Einen großen Trost: im Allgemeinen geht das Geschlecht mächtig vorwärts, und dankbar muß man das Geschick verehren, wie es aus den schlechtesten Motiven Honig für das Geschlecht zu bereiten versteht. Wer hätte vor zwei Jahren daran gedacht, daß dieser Alp des Menschengeschlechts, dieses odium generis humani — daß dieses widerwärtige Rußland so rasch die Früchte lang-

jähriger Vergewaltigung verlieren, moralisch und materiell
so schnell heruntergebracht werden würde. Und wer thut
es? Die See-Herrschsucht Englands, welche die russische
Flotte vernichten will, und Napoleon, der, um sich zu halten, seinen Franzosen etwas gloire geben muß.

„So könnte ich eine Rundschau über die Erde halten,
von China und Japan an bis Spanien und näher liegenden Ortschaften, und überall gehts vorwärts auf dem ewigen
Webstuhle der Zeit. Doch genug, übergenug der Politik.

„Dein Brief, lieber Onkel, athmet Heiterkeit und Frische,
und Euch Allen, insbesondere auch Dir, mein geliebtes Julchen, geht es den Umständen nach gut und das ist schon
Viel. Zum künftigen Jahre aber will ich mich selbst davon
überzeugen, und dann wird es Dir, lieber Onkel, dadurch
erleichtert, daß alsdann die Eisenbahn vom Bodensee bis
Zürich vollendet ist; ferner findest Du alsdann hier die
männliche Secundogenitur unseres Geschlechts vereinigt
durch die Uebersiedelung des geliebten Bruder Gustav.....

Heinrich Simon."

An die Geschwister und die Freundin Frau Marie Pinder.*)

Wädenswyl im Engel, den 30. Januar 1855. Dienstag.

„Der alte Herrgott scheint mir doch noch gut zu sein,
denn drei schönere Wintertage, wie dieser Sonnabend,
Sonntag und Montag hat er in seinen sämmtlichen Al-
bums nicht, weder in denen in Quart, noch in Querfolio.
Und damit ist's noch nicht aus. Am Mittwoch, Donnerstag, Freitag war ein ziemlich abscheuliches Wetter in

---

*) Eine von Simon hochverehrte, ihm innig befreundete Frau.

Zürich, so was man sagt, gemeines Wetter; es stöberte
wie verrückt, blos Roland*) fand die Straße zum Wäl-
zen angenehm; dabei ein Himmel, daß man aus jedem
Stück desselben hätte Blei gießen können, und ich sollte
Freitag weg, auf die Mürtschenalp, und ich war die ganze
Woche erkältet — ich konnte darin keinen Accord, keine
Harmonie erkennen. Aber ein Simon ist ein Rackerchen.
Ich hatte mein Versprechen gegeben, Sonnabend auf der
Mürtschenalp zu sein, also — mit Gott Kinder aufs
Eis! Der Anfang miserabel und unheilkündend. Um
acht Uhr geht das Dampfschiff; zwanzig Minuten vor acht
kommt Marie herein zu mir, der ich arglosen Gemüths
mit ungepacktem Nachtsack Allotria treibe, der Ansicht, es
sei erst sieben — „ob ich denn nicht frühstücken wolle, ich
müsse ja weg." Wenn ein Simon sich verspätet, so muß
Großes in der Natur vergehen, das war mein erster Gedanke — vielleicht eine Störung im magnetischen Erden-
leben, oder wohl gar die Wegnahme von Sebastopol. Ich
warf den Nachtsack voll, schickte ihn fort und war zehn
Minuten drauf mit Ernst, der meine Handtasche trug,
auf dem Wege. Es stöberte, glatteiste und ich in spie-
gelglatten Gummi-Ueberschuhen sollte laufen. Ernst stützte
mich zum ersten Male in seinem Leben mehrere Male
recht kräftig. In gutem Dauerlaufe kamen wir rechtzeitig am „Buschänzli" auf dem Dampfschiffe an; meine
Sachen waren da, die Zeitungen vom Mädchen von der
Post geholt, und ich las meine Ober-Zeitung, lang hingestreckt auf der Sophabank und drei Stühlen, im Rücken
an der Wand auf meinen Pelz gelagert, der seit Jahr und
Tag zum ersten Male wieder Dienste leistete und sich auf

---

*) Simon's Bernhardiner Hund.

der Reise sehr brav und als wirklich warmer Freund genommen hat. So wie ich in Rapperswyl im Schneegestöber das Dampfschiff verließ, ging ich, ehe ich mich in den Postschlitten setzte, auf das Telegraphen-Büreau und meldete nach Hause, daß Mittwoch und Donnerstag (wie ich gehört) am Wallensee Prachtwetter gewesen. Und wahrhaftig, als wir in Wesen ankamen, schneite es mindestens nicht mehr, wenngleich mir der langbärtige Wallensee-Schiffskapitain, der in den englischen Reisebüchern als der schönste Mann Europa's figurirt — die Phantasie eines Küraffier-Wachtmeisters muß es erfunden haben — für morgen Sturm und zwar Schneesturm prophezeite. Ich sagte ihm: „Sie kennen mich zu wenig." Gut. In Murg heißt's noch Abends: „Morgen wird's schlimm sein." Mit imponirender, Ruhe in den Gemüthern verbreitenden Weise: „Wir wollen es abwarten."

„Und Sonnabend, Sonntag, Montag bis 9 Uhr Abends, wo ich hier anlangte, himmlisches Wetter. Heut die ganze Nacht und jetzt — wüthendes Schneegestöber. Mein Gott! wozu wäre noch gutes Wetter nöthig? Ich setze mich ja um elf Uhr gut geborgen auf's Dampfschiff. O der alte Herrgott lebt noch und Ihr seht, die ganze Portion meines Uebermuthes ist vom Leben noch nicht aufgegessen — und so wird wohl ein Restchen sich bis schließlich erhalten. Auf dem Schlitten nach Wesen ein englischer Ingenieur der Südostbahn, mit dem ich hübsche Gespräche — er kannte Europa — und ich gab ihm Grüße an den Ober-Ingenieur in Chur mit, mit dem ich im Herbst einen Tag zusammen gereist. In Wesen und auf dem Schiff mit Ständerath Blumer, der in Eisenbahn-Sachen als Mitglied der Direktion nach Chur ging. In Murg, wo gewissermaßen der Ausgangspunkt unseres Unternehmens ist,

kehrte ich im weißen Kreuz beim Gemeinde-Präsidenten
Gmür ein. Der Präsident ein älterer, großer, schlanker,
ruhiger Mann, die Frau finster aussehend und doch die
beste Frau, eilf Kinder, Karle vier Jahr, mit dicken Zinno-
ber-Backen, der mich sehr liebt, und von der ältesten Tochter ältere Enkel; eine Menge Buben wie die Orgelpfeifen,
deren Aeltester mir Tags darauf mein Gepäck hinauftrug,
und die sehr hübsche älteste unverheirathete Tochter Josephe.
Und ich zeitweise mitten darunter. — Ich war um halb
drei Nachmittags in Murg angekommen und saß Abends
noch in der Wirthsstube mit einigen Gästen, dem regel-
mäßigen Doktor der Gegend, der wie eine Uhr so genau
den Tag zwei Mal am See auf und nieder geht von
Mühlhorn bis Quanten und zur Minute in den
Wirthshäusern einkehrt. Während ich mit Gmür in der
Nebenstube ernst sprach, lag im Bettchen daneben der acht-
jährige Junge, wimmernd vor Zahn- und Halsschmerzen
und allmälig laut phantasirend — es klang eigenthümlich
schauerlich, denn mein fremdes Hochdeutsch tönte in seinem
heißen Gehirn wieder und bildete den Hintergrund seiner
Phantasieen. . . . . . .

„Am andern Morgen blitzte die helle Sonne durch die
angefrorenen Scheiben und machte mich fröhlich. Kurz vor
neun ging ich fort, die wollenen Schneestrümpfe, gleichzeitige
Kamaschen, über den Knieen geschnallt, unter den Füßen
die Steigeisen, den Alpenstock mit gutem Stachel. Jede
Beschreibung versagt, um diesen unendlich frisch kräftigen
Eindruck zu schildern, den in solch erhabener Gegend ein
krystallheller Wintermorgen macht. Kaum zehn Minuten
gestiegen, lag unter mir das Dörfchen mit der kleinen Kirche,
mitten in Bäumen, der herrliche See und drüben die wilden
sieben Kurfürsten, an denen der Schnee, bei ihrer Schroff-

heit, höchstens einige Abhänge bekleiden konnte. Zwei Stunden ging es nun auf dem Gemeindewege steil hinauf, der so glatt war und spiegelmäßig von den Holzschlitten, daß ich ohne meine Steigeisen schwerlich hinauf gekommen wäre. Es war ein frisches Leben. Wohl hundert Männer auf Schlitten mit Holz kamen mir entgegen, oder arbeiteten am Wege, die Baumstämme aufzuladen, oder saßten, auf den Stämmen sitzend, an mir vorüber, oder stürzten von den Seitenwänden, den bewaldeten des Murgthales, die geschlagenen Hölzer herunter, die wasserfallartig und mit fortdauerndem Donner sich in wilden Sätzen überbietend, wohl tausend Fuß herunterstürzten. Aber nun beim Merlen, wo unser Weg beginnt, da fing es an schwieriger zu gehen. Der Schnee liegt, wo nicht Wehen ihn erhöht, zur Zeit fünf bis sechs Fuß hoch und ist trotz der Kälte puderartig. Jeder der Tausende und Tausende Felsblöcke, von zehn bis hundert Fuß Höhe, die wild im Thale liegen, hatte seine Schneeperrücke von dieser Dicke auf, um sich keinen Schnupfen zu holen. Nun vom Merlen an war durch die von der Mürtschenalp Kommenden eine Heerstraße durch den Schnee gebahnt, die netto einen Fuß breit und etwa ein bis zwei Fuß tief in den Schnee eingriff. In dieser Heerstraße tritt Jeder in die Fußstapfe des Früheren und sinkt dann wenig ein; tritt man einige Zoll rechts oder links, so sinkt man bis an's Knie, auch bis an den Leib, auch bis an die Brust in den Schnee, und meine zwei Träger hatten daher eine Schaufel mitzunehmen nicht verabsäumt. Jeder Sturm verweht diese mühsam gebildete Landstraße und dann wird von Frischem angefangen. So trafen wir zwei Mal zu halben Stunden die jungfräulichste Schneefläche, unberührt; und den ersten Abhang gleich hinauf, den unser Weg in Serpentinen hinaufführt, stürzte der junge Gmür, als

Erster, Schritt vor Schritt bis an den Leib in den Schnee, so Bahn brechend, worauf der alte Mayer bis an die Knie in diese wüste Masse brach, und ich halbweg festen Schnee fand, aber oft genug tief hineinplumpte. Von oben war zeitig am Morgen ein Knappe mit der Schaufel ausgegangen, und als wir noch weit unten waren, sah er uns an der Serpentine krebsend und jobelte uns seine Hülfe entgegen, die bestens rufend erwidert wurde. Etwa ein Drittel dieses bösen Weges wurde uns so etwas erleichtert. Und wir kamen um 1 Uhr hinauf — ich nicht im geringsten ermüdet, obgleich es wohl ein Marsch war, der nach seiner Anstrengung einem zweifach weiteren Wege gleich stand. Im nächsten Winter, wo wir Erze zu Schlitten hinunterbringen, wird unser Weg eben so schön sein, wie der Gemeindeweg, und der geht sich unendlich besser als zur Sommerzeit, wo der steinige Boden belästigt. Es wird prächtig sein! Denkt, daß ich gestern diesen ganzen Weg in 1½ Stunden hinunter gekommen, meist rutschend auf den Füßen. Das wird nächsten Winter eine Schlittenpartie für meine Freunde, der sich an Erhabenheit und wilder Pracht wenige in der ganzen Welt zur Seite stellen lassen. — — Das Dampfschiff kommt, ich muß leider im besten Zuge aufhören."

Zürich, 31. Januar, Abends.

"Jetzt habe ich nun freilich keine Zeit mehr. Die beiden Tage oben waren herrlich. Ich stellte die Knappschaft — es arbeiten jetzt fünfzehn Mann — dem neuen Dirigenten vor, entließ den Bisherigen, führte Jenen ein, leitete die Uebergabe u. s. w. Dann ging ich bei barbarischer Kälte, wohl zehn Grad (Tages zuvor war der kälteste Tag —

12 Grab) zur Grube hinauf, noch etwa 600 Fuß an steiler Lehne. Die Gemsspur über unsern Weg, — sie hatte an einer alten Tanne geknabbert — war so frisch, daß sie eben weg sein mußte. Tags vorher hatte der Fuchs in der Grube gebellt, er wohnt jetzt in der Hütte, die bei der Grube ist, zu der die Knappen aber nicht mehr können, weil sie vor Schnee unsichtbar. Zurück rutschten wir in zwei Minuten hinunter, und so machen es die Knappen alle Tage. Himmlisch ist Kinderei dagegen; denn durch die Wiederholung ist eine zwei Fuß tiefe Rinne gebildet, in der man fliegt. Von der Schönheit dieser Gegend bei dieser Sonne hat man keinen Begriff, wenn man es nicht sah. Der Mürtschen in klarer Majestät. Das Weiß des Schnees, das Schwarzgrün der Tannen, das Kalkweiß des Mürtschen und das tiefe Roth der Felsen, in denen das Kupfer, sind die einzigen Farben. Zwei kleine Meisen zwitscherten in Höhe von 5,500 Fuß in einer uralten Tanne. Ich hatte brav Wein, ein Filet, einen großen ächten Striezel, den unsere Köchin vortrefflich macht — in meinem Ofen — mitgenommen, und dem neuen Betriebsdirektor, einem Sachsen, machte der sächsische Stollen auf der Mürtschenalp ein nicht endendes Vergnügen, da er sehr groß war.

„Am schönsten war der Montag, wo ich den Weg hinunter machte; in Murg eine Stunde arrangirte, dann einen wahrhaft göttlich schönen Weg zu Fuß auf einem Fußweg längs des See's durch Walbung und Hügel machte, in Mühlhorn den Schlitten traf, nach Obstalden fuhr, Geschäfte und Besuche bei den Präsidenten, Tagwenvogt, Rathsherrn ꝛc. machte, sehr nett. Zu Schlitten durch den tiefen Wald auf spiegelglatter Straße nach Mollis, von wo mich der Gemeindepräsident zu Schlitten über Lachen nach Wädenswyl brachte. Gestern um 2 Uhr

hier....... Das nennt man einen Onkelbrief, nicht mit
einem Z zu schreiben. Auch verbleibe ich stets

Heinrich."

An Onkel Heinrich.
Zürich, 14. August 1855.

„Das war einmal wieder fast ein altes Zusammenleben; um den Exilirten schaarte sich ein guter Theil der
Familie, jüngerer und älterer Linie! Wer nennt sie Alle,
die Simoniden? Das Dutzend war übervoll, und dazu kam
ein anderer lieber Simon, Ludwig,*) der einen Theil
jenes Zusammenseins durch seine geistvolle und liebenswürdige Persönlichkeit verschönte — eine einheitliche, noble
Natur. Bruder Gustav's und meine Räume waren über-
füllt....... Wir haben Alle überaus glückliche Tage in
innigem Verständniß verlebt...... Nun ist es an Euch,
uns zu besuchen, und zum nächsten Jahr sei hiermit eine
förmliche Einladung feierlich niedergelegt.

„Dir, mein lieber Onkel, danke ich sehr die Zusendung
des jüngsten Kindes Deiner Laune, Deiner Biographie der
Immediat-Examinationskommission,**) die von dem
Bestehenden aus sehr interessante Ueberblicke gewährt, wenn
gleich ich sehr ketzerische Ideen gegen die gesammte Büreaukratie habe, der alle diese Examina ihr Dasein und
ihre Nothwendigkeit verdanken. Nachdem ich hier im Laufe
von sechs Jahren gesehen, daß ohne alles Dieses eine Justiz

---

*) Ludwig Simon aus Trier, 1848 und 1849 Parlamentsmitglied,
zur Zeit in Paris.
**) „Geschichtliches über die Immediat-Justiz-Examinationskom-
mission" vom Geh. Justizrath Simon in Berlin.

abminiſtrirt wird, die ſich unbedenklich mit der deutſchen
meſſen darf — in jeder Beziehung, — muß ich ſehr be=
denklich halten, junge Leute bis in ihr ſechsundzwanzigſtes,
ſiebenundzwanzigſtes Lebensjahr und länger, zu demſelben
Zwecke blos vorzubereiten, während der Mann hier in
dieſen ſchönſten, kräftigſten, that= und drangvollſten Lebens=
jahren bereits zum eigenen und allgemeinen Beſten in voller
Lebensthätigkeit ſteht. Das hängt nun aber tiefer zuſam=
men. Die Monarchie bedarf eines abgerichteten Heeres Be=
amter, welches der Republik überflüſſig — einer der vielen
Vorzüge der Letzteren. Und ſo ſtänden wir ja bei einem
der Gegenſätze, die Du bei Deiner Widmung der Schrift
mir gegenüber hervorhebſt.

„Auch die übrigen von Dir hervorgehobenen Gegenſätze
erkenne ich an, lege aber keinen großen Werth auf dieſelben und
ich nehme faſt an, in Uebereinſtimmung mit Dir; denn
wenn Du meine guten ſittlichen Eigenſchaften — in viel zu
lobender Weiſe — ausdrücklich anerkennſt, ſo ſcheint es mir
Nebenſache, ob mir dieſe oder jene religiöſe Anſicht inne=
wohnt; die Hauptſache iſt und bleibt, welche Wirkung hat
die betreffende religiöſe Anſchauung hervorgebracht. Und
ich muß geſtehen, daß ich nicht finde und durch alle Zeiten
hindurch nicht finde, daß irgend eins der vielen, im Laufe
der Menſchengeſchichte auftretenden Religionsbekenntniſſe
betreffs der Wirkung auf die Verſittlichung mit Hochmuth
auf das andere hinunterſehen darf und am wenigſten auf
die reine Vernunftreligion eines Sokrates, eines Kant.
In Deutſchland insbeſondere bekennen ſich im letzten durch=
geiſtigten Jahrhunderte die höchſten Spitzen, welche die
Nation hervorgebracht, nicht zu einer ſpezifiſch chriſtlichen
Religion. Und während dieſe wie aller poſitive, geoffen=
barte Glaube jederzeit zu ſeinem Beſtehen die Staatsmacht

in Anspruch genommen hat und nach Kräften Propaganda
macht, wodurch das meiste Elend über das Geschlecht gekommen, fällt weder das Eine, noch das Andere einer nicht
geoffenbarten Religion ein, — und dies halte ich für das
Wohl und Weh des Menschengeschlechts von außerordentlichem
Werthe. Doch, wie gehören diese Themata, die die Weltgeschichte von Anfang bewegt, in einen Brief; es sollte nur
eben die Andeutung sein, daß die Deinige nicht an mir
vorübergegangen......

Simon."

Zürich, 29. August 1855.

„Du klagst, mein lieber Freund, in Deinem Briefe über
die sittlichen Zustände Deutschlands, die schlimmer als seine
politischen. Aber, Lieber, wer in den letzten sechstausend
Jahren hat nicht über die sittlichen Zustände der Gegenwart geklagt. Ich sage Dir, Freund, betrachte unbefangen
die Völker ringsum: Frankreich, England, Nordamerika, und
Du wirst Deutschlands heutigen sittlichen Zustand als un-
gemessen fortgeschritten und keinen Vergleich scheuenden anerkennen müssen. Ich stelle also die Thatsache selbst, die
Du behauptest, in Abrede, aber ich protestire auch gegen
das vorgeschlagene Heilmittel. Du findest jenen tiefen
Stand der sittlichen Zustände darin begründet, daß der
Geist der Bosheit, der Satan, der früher das Werk der
Unterdrückung durch die Kirche versucht, dann das Denken
selbst zum Mittel der Täuschung gemacht, zuerst durch den
aufgeklärten Despotismus, dann durch jene neu-scholastische
Philosophie, jetzt den modernen Naturalismus ersonnen
habe, welcher Begeisterung und Sehnsucht nach idealer Schönheit vernichte, Wahrheit und Güte zu ideologischen Gütern
mache und Sinnengenuß an deren Stelle setze.

„Mir scheint, lieber Freund, daß dieser Geist der Bosheit, dieser Satan, von dem Du sprichst, Gott ist, nämlich sein Ausfluß, der Menschengeist, dessen böse wie gute Seiten sich — wechselnd — aber zum Höheren — entfalten, und im Laufe der Jahrhunderte tritt bei jedem Umschwung desselben, mit den neuen Facetten naturgemäß **neues Gute und neues Böse** auf, sofern wir nun einmal bei diesen Bezeichnungen verharren wollen. Dein Unrecht besteht nach meinem Dafürhalten darin, daß Du in der jetzt eben fortschreitenden Menschengeistgeschichte nur das sich neu entwickelnde Böse auffaßt; das führt aber immer bei Beurtheilung jedes Zustandes zu falschen Resultaten. Ich fasse auch jetzt, so gut wie für die Vergangenheit das Gute auf, das in dem von Dir angegebenen Gange der menschlichen Gesellschaft liegt. Wenn der Menschengeist sich von der Kirche, durch den aufgeklärten Despotismus und die neuscholastische Philosophie endlich zur Natur gewendet, so ist er endlich, nachdem er lange aus abgeleiteten und mehr oder weniger verunreinigten Gewässern seinen heißen Durst zu löschen vergeblich versucht, — zur Quelle selbst gegangen.

„Hierin erkenne ich ein Glück, gegen welches ich daher kein Heilmittel angewendet sehen möchte, am wenigsten das von Dir angegebene. Du verordnest förmlich medicinisch: „rückhaltlose religiöse Lehre und Begeisterung" im Gegensatze des Naturalismus und denkst an Christus. Ich kann keine Hoffnung auf ein derartiges Zurückschrauben des Menschengeistes setzen, hielte ich es selbst für möglich, was es nicht ist. Was wir von Christus wissen, ist — von der Fabel entblößt — herrlich, groß und schön, und ich liebe ihn. Aber wir wissen wenig, und die Poesie und die Fabel hat an die große Gestalt hinantreten müssen, um sie für die Massen der Vorzeit zu bearbeiten, und wir sehen, was ihr gelungen.

„Nein, Freund, heut braucht das Volk was Anderes, als einen Mann, der vor Jahrhunderten gelebt, — wir brauchen, nach unendlichen Jahrhundertlangen Kämpfen, das Leben in der Gegenwart; wir brauchen vor Allem ein freies Vaterland, und wenn „Verordnen" gälte, so verordnete ich als Feldgeschrei: Freiheit, Republik! Aber so geht die Geschichte nicht vorwärts. Die Menschheit verordnet sich selbst, und sie verordnet sich heute Naturalismus. Wohin wir mit der rückhaltlosen christlichen und sonstigen Begeisterung gekommen, das wissen wir sehr genau; wohin wir mit dem Naturalismus kommen werden, wissen wir noch nicht, und können wir nicht wissen, weil erst durch die Entdeckungen, die der Menschengeist in den letzten siebenzig Jahren gemacht, einige wenige Blicke in die Natur gethan wurden, die aber bereits für das Glück des Menschengeschlechtes Unendliches gewirkt.

„Ich halte dafür, daß der Aufschwung, den der Menschengeist vor drei Jahrhunderten genommen, nicht die hohe Bedeutung hat wie der jetzige, der endlich und endlich dahin strebt, sich mit offenen Augen die Dinge anzusehen, wie sie wirklich sind, und ich erschrecke, wenn ich so manche beste, herzliebe und geistvolle Menschen sich dieser Morgenröthe der Neuzeit verschließen sehe. Hierbei stoße ich — nämlich bei diesen Guten, die nicht ganz andere Absichten im Hintergrunde haben — meist auf einen großen Irrthum, ich nenne ihn so nach meinen Lebenserfahrungen. Die Opponirenden und unter diesen vorzugsweis die, welche sich viel mit Metaphysik beschäftiget, legen einen viel zu hohen Werth auf die so oder so beschaffene Anschauung überinnlicher Dinge betreffs deren praktischen Einflusses auf den

Menschen und sein sittliches oder unsittliches Handeln. Ich für meine Person habe nie mit Rücksicht auf Gott und Unsterblichkeit gehandelt, sondern einfach aus meiner Eigenthümlichkeit heraus, und ich habe gefunden, daß nur bei den Rohesten, Ungebildetsten es hie und da vorkommt, daß Himmel und Hölle betreffs der Frage: Fastenbrechen oder nicht und dergleichen praktisch entscheidet. Ich finde daher, daß die Konsequenzen, welche man aus dem Naturalismus mit Schaudern für die Völker zieht, der praktischen Basis entbehren.

„In der That, die Preisaufgabe wäre von Interesse: „Welches würden die Folgen sein, wenn die Mehrzahl der Menschen nicht mehr an Unsterblichkeit glaubte. Der Pfaffe verlöre seinen Einfluß, mit ihm und aus andern Gründen der Despot, — das ist gewiß; die üblen Folgen dagegen scheinen mir keineswegs so gewiß, sicher aber fielen sie bei dem Gebildeten gänzlich hinweg.

„Schließlich gebe ich Dir betreffs Deiner Philippika gegen den Naturalismus zur Erwägung, daß auf Deiner Seite alle von Dir bezeichneten Feinde der Freiheit stehen, die Pfaffen, die aufgeklärten Despoten, die neu-scholastischen Philosophen. Auch das ist ein praktischer Wink.

„Herzlichst Dein Freund
Heinrich Simon."

An Onkel Heinrich.

Zürich, 12. Dezember 1855.

„Deine Zuschrift, mein lieber Onkel, thut mir weh, und ich glaube nicht, sie um Dich verdient zu haben. Ich habe Dich von je herzlich lieb gehabt, und diese Zuschrift ist Eis. Da Du mir noch vor Jahr und Tag fast zärtliche Briefe geschrieben, so muß ich Dich seitdem in irgend welcher besonderen Weise verletzt haben, ohne es zu ahnen; nur so erklären sich Deine Worte. Wenn Letzteres geschehen, so bitte ich Dich, es vergessen zu wollen, weil es nicht mein Wille je gewesen, Dich zu verletzen oder Dir wehe zu thun. Jedenfalls aber meine ich, beurtheilst Du meinen Standpunkt unrichtig. Dein geliebtes Preußenthum, meinst Du, sei mir ein „Aergerniß oder Spott."

„Beides ist thatsächlich unrichtig; überdies treibe ich mit Nichts Spott, was einem Andern lieb ist.

„Ich bin Preuße wie Du. Du hast kein größeres Recht darauf es zu sein wie ich. Du hast mit Liebe gewirkt in Deinem Kreise, ich mit Liebe in meinem, jeder nach besten Kräften. Was mich betrifft, so habe ich so ziemlich Alles für mein Vaterland eingesetzt, was ein Mensch einzusetzen hat, meine äußere Existenz, meine Freiheit, mein Leben und glaube dadurch nicht zu Viel oder etwas Besonderes gethan zu haben; aber ich bin keineswegs gesonnen, dem, der eine andere Meinung hat von dem, was Preußen ist, d. h. was in Preußen das Wesentliche und Gute, und was das Unwesentliche, Vorübergehende und zu Verbessernde, weil Schlechte und Verwerfliche ist, — ich sage, ich bin nicht gesonnen, Dem und irgend Wem ein mich verwerfendes Urtheil einzuräumen. Ich bin innerlich nicht gesonnen, es zu thun, d. h., derartige Urtheile gehen an mir spurlos vorüber, und nur, wenn ich bei mir lieben Personen einen Mangel an Liebe darin erblicke, wie diesen Deine Zuschrift enthält, kränken sie mich um ihrer- und meinetwillen.

„Aeußerlich hat ja die siegreiche Partei das Mögliche versucht, mich als schlechten Preußen zu erklären; man hat mich als Hochverräther an Preußen — ich weiß nicht, ob zu lebenslänglichem Zuchthaus oder zum Tode — verdammt.

Ich weiß es nicht, weil ich die vielen Versuche, mir dieserhalb Vorladungen und Erkenntnisse eines preußischen Gerichtshofes über meine Handlungsweise als Deputirten des deutschen Reiches und demnächst als Mitglied der deutschen Reichsregentschaft zu insinuiren, mit dem wiederholten Bemerken zurückgewiesen, daß ein chinesischer Gerichtshof dieselbe Berechtigung hierzu haben würde, wie ein preußischer. Die rechtmäßige deutsche Reichsgewalt ist im offenen Kampfe gegen die revolutionäre Gewalt einiger deutschen Partikularstaaten, Oesterreichs und Preußens nämlich, unterlegen; sie wurde besiegt, und ihre Träger verfolgt und zu Hochverräthern erklärt und nach besten Kräften vernichtet, eingekerkert und getödtet. Nicht ich bin von Gott und Rechts wegen Revolutionair, sondern die jetzt in Preußen herrschende Regierung ist eine revolutionäre Gewalt gegen Deutschland.

„Das ist der **rechtliche Sachverhalt.** Wer es anders auffaßt, neigt sich eben der Gewalt zu, oder kann aus den alten mit ihm verwachsenen Verhältnissen innerlich nicht heraus, oder stellt Preußen über sein deutsches Vater- und Mutterland.

„Ich erachte mich für besiegt, nicht für verurtheilt.

„Daß ich die preußischen Zustände, gegen die ich seit einer Reihe von Jahren mit offenem Visir gekämpft, zuerst ziemlich isolirt gegen die gesammte Staatsmacht, später siegreich im Vereine mit dem gesammten deutschen Volke, — daß ich diese preußischen Zustände nicht für das ächte Preußenthum erachtet und erachte, sondern für mangelhaft, zum Theil für schlechte Ausgeburten des Preußenthums; daß ich eine Entwickelung des Preußenthums — seiner inneren Natur nach — für nothwendig angenommen habe und annehme, versteht sich von selbst; denn ich würde sonst zur

Beseitigung jener Zustände nicht meine Existenz eingesetzt haben; und daß ich heute in meiner Entwickelung weiter bin als im Jahre 1848, versteht sich auch von selbst, und ich theile diesen innerlichen Zustand nun mit der Mehrzahl der Deutschen, an denen jene große herrliche Zeit und das seitdem eingetretene Verfahren der Aristokratie und Büreaukratie gleichfalls nicht vergebens vorübergegangen sind, sondern sie entweder innerlich zum Guten, wie ich es verstehe, vorwärts geführt, oder zum Gegensatze desto schroffer zurück. Letzteres zeigt sich bei der jetzt herrschenden Partei in Preußen, die zu meiner Freude sich, verblendet vom Geschick, immer mehr überstürzt, uns das in diesem ganzen Jahrhunderte durch große Geschicke Gewonnene nehmen und uns, bewußt oder unbewußt, den Russen überliefern will. Diese Partei insbesondere giebt mir die sicherste Zuversicht, daß ich in wenigen Jahren, wenn mir das Leben bleibt, wiederum in meinem Vaterlande leben werde. Diese Herren Gerlach und Konsorten, denen selbst jene einstigen Anfänge eines Besserwerdens, die Stein'sche Revolution, ein Greuel sind, und die unter Preußen ausschließlich die Gerechtsame märkischer und pommerscher Landjunker verstehen, erkennen Dich ebensowenig als guten Preußen an, wie Du es mit mir thust.

„Der Unterschied zwischen Dir und mir besteht also darin, daß ich eine fortgesetzte historische Entwickelung anerkenne, und Du nicht, d. h. daß Du Preußen, wie es zur Zeit ist, als Kanon betrachtest, ich nicht; oder richtiger, daß Du eine historische Entwickelung zugestehst, aber eine sehr langsame, während ich jede für berechtigt erachte, die das betreffende Volk für sich angemessen erklärt, sei sie langsam, rasch, fortschreitend oder rückschreitend, — denn selbst der brutalste Gewaltzustand hat, bei aller Verwerflichkeit der agirenden Personen, eine gewisse innerliche Berechtigung, in so weit das Volk die Herabgekommenheit und marklose Schwäche dokumentirt, sie nicht beseitigen zu wollen oder zu können.

„Hiermit, mein lieber Onkel, schließe ich ab. Ich kann nicht daran denken, Dich zu mir herüber zu ziehen, aber ich hatte einen entschiedenen Protest einzulegen gegen Deine Voraussetzungen unrichtiger Art. Ich betrachte dies hiermit als geschehen und werde nie mehr ein Wort politischer Richtung gegen Dich äußern.

„Ich im höheren Mannesalter, Du im Greisenalter, durch tausend Bande verbunden, wollen uns die wenige Zeit, welche die unsere ist, nicht auf die Punkte stützen, die uns trennen, sondern auf die, welche uns einen.

„Herzlichst der Deine.

Simon."

An Dr. Detroit.*)

Zürich, 4. Januar 1856.

„Liebe Freunde!

„Denn auch Sie, mein lieber Detroit, sind bei Ankunft dieser Zeilen den Ihrigen wiedergegeben und sitzen nur noch hübsch warm am Kamine im anschmiegenden Hausrocke, — liebe Freunde, liebe Frau Detroit, Sie haben mir da eben einen schönen Schreck bereitet. Es ist Morgens acht Uhr, vor einer Viertelstunde wurden mir die Postsachen gebracht, eine Fülle von Zeitungen und vier Briefe. Die liegen bis auf den Ihrigen noch unerbrochen, dessen Inhalt

---

*) Früher Prediger in Königsberg (s. oben Thl. I. Kap. XI. S. 268), zur Zeit Pfarrer der holländisch-deutschen reformirten Gemeinde zu Elvorno.

mich erschrecken machte. Aber ich las ihn nochmals durch, und der Gesammteindruck, den ich mir zu bilden suchte, aus Zustand und Berichterstatterin, fiel weit günstiger aus. Freilich sind solche Briefe dadurch immer peinigend, weil Tausenderlei zur Beurtheilung nicht gegeben, weil, je inniger die Theilnahme, man je mehr mit eigenen Augen sehen möchte, um das gute Wort sprechen zu können. Aber mir ist's, als könne ich mit Zuversicht voraussagen, daß Euer schöner und liebenswürdiger Kreis noch lange fortblühen wird. Muth, Tapferkeit und klare Ruhe in Mann und Frau sind Ein Moment für diese Zuversicht, da sie so mächtig über Fährlichkeiten hinweghelfen. Sie werden mir, liebe Frau, nach Empfang dieser Zeilen hoffentlich mittheilen, daß Sie glücklich sind.

„Nach dem ersten Schrecken kommen Vorwürfe gegen mich, daß ich Ihnen auf die innige Freude, die Sie, Detroit und die kleine liebe Ruth mir gemacht, noch nicht Dankesworte gesendet. Es ist sonst meine Art, unmittelbar zu antworten, theils weil man dann vollerfüllt ist, theils weil ich ohne ersten Impuls ein träger Briefschreiber. Daß ich aber damals von meiner Art abging, war zu vergeben; denn ich erhielt meine Geburtstagsbriefe, eine Liebesfluth aus allen Himmelsgegenden, in der ich im Wortsinne einen ganzen Vormittag selig schwamm, berauscht und doch lieblich, gehoben und doch gemüthlich, — ich erhielt sie in Paris, wo ich mit meinem Bruder vierzehn Tage war, theils in Geschäften, theils der Ausstellung wegen. Und da ich dort von je vierundzwanzig Stunden etwa sechszehn bis achtzehn mit allen Fibern lebte, so stahl ich mir höchstens des Morgens eine halbe Stunde ab, um nach Haus zu schreiben.

„Es waren prachtvolle Tage, die mich gefaßt, gepackt

haben. Ich war und bin entzückt von der Großartigkeit der Idee, von der diese Ausstellung ausging, und von der Großartigkeit ihrer Ausführung. Zum ersten Male hat sich — in London und Paris — das Geschlecht der Menschen die Hand gereicht, sich als ein Ganzes gegenseitig begrüßt. Es ist eine Bruderidee, die mich ergriff. Und diese Ausführung! Alles, was das Menschengeschlecht geschaffen hat, ich sage Alles, so weit es darstellbar ist, und Alles in herrlichster Auswahl war in diesen unermeßlichen Räumen vereinigt und die Kunst und ihr heutiger Standpunkt auf Erden dabei voll repräsentirt. Ich war sehr glücklich. Dabei wollte es mein Glücksstern, daß ich unvermuthet die endlich verbundenen Stahrs dort fand, die ich seit 1849 nicht gesehen, und daß wir uns so sehr wiederfanden, daß er das Wort wagte, das Zusammensein mit mir sei ihm das Liebste in Paris. Sie sehen, es giebt auch freche Liebesworte. Indeß habe ich Fanny dafür einen Theil meiner Geburtstagsbriefe gegeben, auch den von einer Frau Detroit, und Fanny entwickelte alsdann sehr viel Provinzialstolz auf ihre Ostpreußen.

„Stahr studirte seit sechs Wochen die Kunstausstellung und wollte ein Buch über dieselbe schreiben; so habe ich denn in ihm den trefflichsten Führer, und das war nöthig, denn man ertrank sonst in den sechstausend Kunstwerken. In der Industrieausstellung habe ich in den sieben oder acht Besuchen, jeder von vier bis sechs Stunden, bei der Masse des Vorhandenen eben nur hier und da Etwas gesehen, was mich aber doch vor diesem Geschlecht, man nennt es Menschen, in der That mit Hochachtung erfüllt hat; ich glaube, es ist Anlage da, und die Leutchens bringen's noch zu was. Ich möchte wohl wissen, was ein Merkur- oder Venus-Bewohner zu seinem Nachbarn sagen würde, wenn

er diese Ausstellung gesehen, und wer weiter ist? Na, und
dieser Geschmack in der Aufstellung! — Den lieben Lud‑
wig Simon habe ich auch wieder in Paris genossen; das
ist einer der liebenswürdigsten und geistreichsten Sterblichen.

„Sie mögen sich denken, was ich nach all dem Er‑
lebten hier zu erzählen hatte, und was ich erzähl. — Vor
Allem aber habe ich die süße Ueberzeugung aus Paris mit‑
gebracht, daß das dortige Despotenthum rechtzeitig zusammen‑
stürzen wird. Die europäische Geschichte hat sich mit Na‑
poleon liirt, pour fumer la liberté. Nur durch einheit‑
liche Despotenkraft war heute Rußland zu brechen, und die
Gefahr war über dem Haupte Europas, von diesem Ogre
verzehrt zu werden. — — Aber der Mohr thut seine
Schuldigkeit.

„Bei uns geht Alles gut, doch war meine Schwägerin
krank, so daß wir, nachdem dem Loose gemäß der Weih‑
nachtsabend beim Bruder gefeiert, den Sylvester noch nicht
bei uns bescheeren konnten; der schöne von Ernst wacker
ausgesuchte Tannenbaum soll Sonnabend angezündet wer‑
den; ich schreibe es, damit Sie unserer denken.

„Kurz vor Weihnachten machte ich mein dem Freunde ge‑
gebenes Versprechen gut, ihn noch in diesem Jahre zu besuchen
und reiste den 17ten zu Rapparb nach Wabern bei Bern.
Da verlebte ich drei schöne Tage in der Familie. Am 20sten
und 21sten fuhr ich mit ihm auf offenem Schlitten in's
Gebirge, nach Thun, Interlaken, in das Lauterbrunner Thal.
Natürlich hielten uns sämmtliche ehrbare Menschen für über‑
geschnappt; die waren sehr gütig, die lächelten u. s. w.
Wir waren sehr glücklich, hatten die besten Gespräche und
dazu ein Wetterchen!! Einen größeren Gegensatz als Ihre
italienische Südpracht mit dieser nordisch glänzenden Edda‑
pracht ist schwer denkbar. Wollte ich diese Tour in einem

englischen Blatte beschreiben — Hunderte dieser langen Insulaner lockte ich nächsten Winter genau, aber sehr genau denselben Weg; aber ich werde mich wohl hüten, die arme Natur auch Winterszeit maltraitiren zu lassen; einige Monate muß sie doch haben, in denen sie sich wieder auf sich selbst besinnen kann. Ich empfinde mit ihr auf's tiefste, wie sie an sich herumgreifen und zerren lassen muß.

„Sie kennen das Lauterbrunner Thal, dieses Prototyp eines schönen Hochalpenthals — unten die wilde Lütschine durch die Fläche über Felsgeröll tobend, rechts und links an den Thalwänden mehrere tausend Fuß hinauf die üppigsten Matten, die idyllischen Häuschen drüber hingestreut; drüber mehrere tausend Fuß herrlicher Wald — Buchen, Lerchen, Edeltannen; — drüber mehrere tausend Fuß der wilde, nackte Fels, und da drüber ragen sie nun erst die ewigen Schneehäupter, meine liebe Jungfrau, die herrliche, ernste, ja kalte, bis sie Abends erglüht und bezaubert; — ihr Busen in schneeiger Pracht gebildet von den untadeligen Formen der Silberhörner, — in ihrem Gefolge ihre Ehrenwächter, der Mönch und der Eiger. Das war ein Anblick! Die Luft so rein und durchsichtig, daß von beginnender Schneeregion, d. h. vom Aufhören der Wälder bis zur nahe dreizehntausend Fuß hohen Spitze der Jungfrau — daß man diese mehr als sechstausend Fuß, über welche man einen vollen halben Sommertag zu klettern hat, in einem halben Stündchen glaubte hinaufspringen zu können. Die unzähligen Quellen und Fälle, die rings heruntergießen ins Lauterbrunner Thal — verwandelt in Eis-Stalaktiten von einer Höhe von hunderten Fußen, und ungeheure Felsen in Nordpol-Eisberge verzaubert; und der Staubbach, aus Eis schoß er heraus, zerstäubte, glücklich der gewonnenen Freiheit, in seinem achthundertfüßigen Falle und erstarb in

Eis. Als wir zu ihm gelangt, zuerst durch schönen Wald mit Schneelaub, dichterisch, duftig traumartig bekleidet, mußten wir zu Fuß vorwärts; da donnerte uns der Gebirgsgeist seinen Gruß zu. Eine immense Lawine löste sich von dem Schmadrigletscher. Das war Glück. Alles athmete einsame, sich selbst genügende Majestät. — Und dann den folgenden Nachmittag die Fahrt über den Thuner See; ein Alpenglühen der ganzen Bergkette, anfangend beim Niesen, das Dolbenhorn, die Blümlisalp, Wetterhorn, Jungfrau u. s. w. — schöner sah ich's nie, und danach ein Rosenduft über Himmel und Erde, daß ich mir verzaubert vorkam.

„So! nun hab' ich dem lieben Rekonvalescenten etwas Ordentliches vorgeplaudert, nun schreiben Sie sofort: „es geht gut!" ...... Der Ihrige

Heinrich Simon."

An Fanny Lewald-Stahr und Adolf Stahr.

Zürich 12. Januar 1856.

„Guten Tag, Ihr Lieben, im neuen Jahre; seid mir herzlichst gegrüßt! Jetzt kommt der Torso dran, denn vor acht Tagen habe ich „die Wandlungen" beendet; viel unterbrochen, da das Buch hier viel von dem Museums-Publikum gelesen wird. Die Abendstunden von eilf, zwei Mal bis zwei Uhr Morgens, waren der geistvollen Bekanntschaft gewidmet. Sie macht auf mich durchweg den Eindruck einer sehr bedeutenden, und sie gewinnt bei längerem Zusammensein. Das innerlichst Erlebte ist — für Dich nur zu deutlich — aufgeprägt, das innerlichst Erlebte eines reichen Menschen; daher ist aber auch in dem Buche sehr viel wirkliches Leben, und dies mit ernstem Studium dargestellt, also innerliche und äußerliche Arbeit. Vieles erachte ich meisterhaft, so daß ich rechte Freude dran hatte.

„Ihr mögt auf das Urtheil um deswillen etwas größeren Werth legen, weil ich, — mit einem alten Wiener unvollständigen Nachdruck des Göthe aufgewachsen, immer trotz meines Hängens an der Schmutzausgabe mit der Sehnsucht im Herzen nach einer besseren, — mir endlich die Prachtausgabe selbst zu Weihnachten geschenkt und nun seit vier Wochen — nach etwa achtjähriger Pause — zwischen den Wandlungen Goethe gelesen, die Champagne u. s. w. Ich denke, das ist ein anständiger Prüfstein für Dein Buch.

„Mit der Idee des Werkes bin ich einverstanden. Ich bestreite, daß der Mensch sich selbst bildet; die Verhältnisse bilden ihn; auf letztere hat der Mensch einen mikroskopischen Einfluß. Die „Wandlungen" hängen mit der Frage vom freien Willen genau zusammen. Diesen stelle ich heut als gereifter Mann entschieden in Abrede. Von vorn herein ist es unwahrscheinlich genug, daß derjenige, dessen Existenz selbst ohne seinen Willen ist, innerhalb dieser Existenz freien Willen haben soll. Ich nenne dies unwahrscheinlich, weil ich nirgend sehe, daß die Natur sich Inkonsequenzen dieser Art zu Schulden kommen läßt. Abgesehen hiervon schien mir Spinoza's Ansicht jederzeit schlagend, daß die menschliche Freiheit, deren Alle sich rühmen, allein darin bestehe, daß die Menschen sich ihres Willens bewußt und der Ursachen, von denen sie bestimmt werden, unbewußt sind. Ich denke mir, daß eine Kugel, auf eine unmerklich abschüssige Fläche gesetzt, sofern sie Bewußtsein hätte, annehmen würde, sie laufe aus freiem Willen.

„Und welch aufklärendes Licht werfen diese durch großentheils außer uns liegende Verhältnisse herbeigeführten „Wandlungen" auf die Unsterblichkeitsfrage. In der That

hat der Drang nach Unsterblichkeit bei einem Menschen, der
Beobachtungsgabe und Einsicht in sich hat, etwas Auffallendes. Denn augenscheinlich hat die Unsterblichkeit für
Niemanden auch nur den mindesten Werth, wenn nicht
Identität der Persönlichkeit vorausgesetzt wird. Denn
bin ich künftig nicht mehr Ich, so kann es mir völlig
gleichgültig sein, ob die Kräfte, aus denen mein Sein zusammengesetzt, demnächst als Sonnenatom fortleben oder als
Nelkenduft oder als sonst was. Wie ist aber eine Identität
denkbar, da ich an mir schon während dieser fünfzig
Jahre sehe, daß ich heut eine ganz verschiedene Persönlichkeit von der vor dreißig Jahren bin, völlig verschieden
in den wesentlichsten geistigen Funktionen, ich — eine ziemlich
kräftig konstruirte Persönlichkeit, bei der Charakterzüge mindestens ziemlich durchlaufend erscheinen! Wie nun bei solchen Personen, die heut anders sind, wie gestern? Wo ist
da die Identität? Vom Körper will ich sogar schweigen.
Und welcher Zeitpunkt soll nun für die Identität gewählt
werden? Das Kind? Der poetische Jüngling? Der reale
Mann? Der kindisch gewordene Greis?

„Wie kann ein Zustand für den durchgebildeten Menschen
etwas Tröstliches haben, der vollständig im Unklaren und
Dunklen liegt, von dem ich rein Nichts weiß, ja den ich
mit vernunftmäßiger Phantasie nicht einmal zu
gestalten vermag! Es hat was Gespensterhaftes.

„Und geben wir billig zurück zu diesem Leben, so
wäre es allerdings ganz unbegreiflich, warum der einzelne
Mensch, dies abgelöste Stückchen Natur, nicht seine Wandlungen, d. h. seine Geschichte haben sollte, da die gesammte
Natur sie im größten Maßstabe hat. Durch die Forschungen der letzten dreißig Jahre haben wir das Resultat, daß
unsere heutige Pflanzen= und Thierwelt in keiner Art ab=

geschlossen, sondern nur die vorläufig letzte „Wandlung" einer langen Reihe von Wandlungen ist; daß ihr heutiger Zustand nur ein momentaner — Momente von der Dauer von Millionen Jahren gedacht —, und sich dergestalt geändert hat, daß von der ersten Flora und Fauna, die wir umfänglicher kennen, der der Steinkohlenperiode, auch nicht ein Individium, ja nicht ein Geschlecht mehr vorhanden. Fast neun Zehntheile aller Geschlechter sind bei jeder neuen „Wandlung" beseitigt, und bei jeder Etage nähern sich die Gestaltungen den heutigen höheren Bildungsmomenten: während die innere Organisation, die Athmungswerkzeuge u. s. w. jederzeit dieselben geblieben, werden nur die Formen immer fremdartiger, je entfernter die Etage von der Gegenwart.

„Alles in der Natur hat seine Geschichte, seine Wandlung. Von der Erde wissen wir es; von ihren Produkten wissen wir es im erhabensten Maßstabe, von einem einzelnen seiner Produkte, dem Menschengeschlechte, wissen wir es; wie in aller Welt käme nun das einzelne Menschlein dazu, eine Ausnahme machen zu wollen?!

„Ueberhaupt der Hochmuth dieses Geschlechts ist mir das Widerwärtigste an demselben. Das Menschengeschlecht ist ein Berliner durch und durch: süffisant und auf Alles vornehm hinunterguckend, und den Berliner kann ich gar nicht leiden, vollends draußen. Hätte das Geschlecht nicht einige andere angenehme Eigenschaften — wahrhaftig.....
Sehr komisch wird Folgendes sein. Bei der nächsten Erdformation geht ein großer Theil dieses Geschlechts unter — die Erfahrung lehrt's —, und aus der Idee der neuen Formation bilden sich wiederum höhere Gestaltungen; — nun denkt Euch den hochmüthigen Bengel neben höher organisirten Wesen; es wird Auftritte hochkomischer Art

geben! Uebrigens fällt mir eben ein, daß in Gullivers
Reisen mindestens ein Anklang an diese Idee durchgeführt
ist, dort aber war es verworrene Phantasie; mein Gedanke
hat Anspruch auf reale Gestaltung.

„Ich hätte die größte Lust mit Euch jetzt eben über
freien Willen zu sprechen, Euch zu erzählen, was ich in
den zehn Minuten Stube-auf- und abgeben gedacht, aber
es ist zu langweilig, dies zu schreiben. Nämlich
1. ist im Kleinen ein freier Wille vorhanden?
2. giebt nicht der Wahn des freien Willens freien
Willen? wie ja überhaupt die menschlichen Schwächen seine
Stärke sind und dgl. Und machte sich nicht jener schwer
erkrankte Bauer sein Schicksal, zu dessen Todtenbette der
salbungsreiche Pfarrer gerufen wurde und ihn dringend
ermahnte, er möge sich in den Willen Gottes ergeben und
sich auf das bevorstehende Ende gefaßt machen, wenn mein
Bauer dem Pastor ununterbrochen versicherte: „Nee, Herr
Pastor, ick doo't nich, ick doo't nich; ick gäw mi nich, ick
gäw mi nich!" und natürlich gesund wurde.

„Es ist nur leider ein Zirkelschluß. — Genug, genug!
Das Beste ist die Erfahrung, daß alle metaphysischen Fra-
gen auf das Verhalten der Menschen so gut wie keinen
Einfluß haben.

„Damit Du, liebe Fanny, aber mindestens in Etwas
eine Erinnerung an meine Lektüre der „Wandlungen" hast,
sende ich Dir anbei einen lieblichen Zeugen der Wandlungen en gros, in einem versteinerten Ahornblatt und einer
versteinerten Muschel — das weniger Belebte hat sich besser
in den Millionen Jahren konservirt. — Sie sind aus den in der
Nähe von Schaffhausen liegenden Steinbrüchen von Oenin-
gen, für die Tertiärzeit die reichsten der Welt. Professor
Heer, von dessen flora tertiaria so eben der zweite Pracht-

band erscheint — Ihr müßt ihn einsehen — hat mir einige
schöne Versteinerungen ausgesucht und sie bestimmt. Ich
denke mir das Blatt als Deinen künftigen Briefbeschwerer.
Zu diesem Zwecke sank es vor jenen Aeonen — ich denke mir,
da es so frisch und lebenskräftig, nicht aus Schwäche, son=
dern vom Orkan gefaßt — auf den Boden des Deninger
See's und versank in den kalkigen Niederschlägen; im Laufe
von Jahrtausenden verhärteten sich diese; der Seeboden
wurde, gelegentlich einiger Krämpfe der Mutter Erde, ge=
hoben und dient heute den Kalköfen der Gegend als Ma=
terial. Da hast Du den Pendant Deiner Wandlungen.

„Goethe! Ihr glaubt nicht, welchen eigenthümlichen
Eindruck er auf mich macht. Ich habe ihn abgöttisch ver=
ehrt — seiner Zeit. Heut trägt auch er dazu bei, mich in
meiner Auffassung Deutschlands zu bestärken: Deutsch=
land ist ein reicher liebenswerther Mensch, der Unglück im
Leben hat. Giebt es für ein Volk ein größeres Unglück,
als daß sein größter Dichter in seiner Entwickelung Zopf
wird. Und diese abscheuliche Prachtausgabe unseres ersten
Dichters, ich habe diesen Cotta bereits mehrfach beim Lesen
verwünscht. Keine Spur einer Redaktion und eine Quan=
tität Druckfehler.

„Stahr, wollen wir folgende Idee realisiren? Unsere
Geschichtsschreibung ist erbärmlich, weil es an
Biographieen fehlt; diese sind komponirt, statt
objektiv. Wenn mir **Ein Menschenleben** von Tag
zu Tag vorliegt in seinem Handeln und Denken,
soweit das an äußerlichen Momenten darstellbar
ist, so giebt mir dies eine bessere Einsicht in die
Geschichte der Zeit, als die beste allgemeine Dar=
stellung derselben. Ist dieser Mensch verwebt mit allem
Bedeutenden seiner Zeit, so gilt dies hundertfach. Goethe

z. B. giebt ein Bild des betreffenden halben Jahrhunderts in vollendet plastischer Weise. Alles Material ist in Fülle für: „Goethe" oder „Deutschland zur Zeit Goethes" vorhanden. Es dürften diesem vielleicht dreißig Bände füllenden Material, nämlich seinen Briefen und den Antworten u. s. w. nur aus seinen Tagebüchern und sonstigen Werken Notizen und Hinweisungen auf seine Werke eingeschaltet werden. — Diese Arbeit und die Goethe'schen Werke sind das völlig objektiv geschilderte Zeitalter Deutschlands. Was Deutschland damals gedacht und gewollt ist drin. — Vorarbeiten sind bekanntlich da, umfängliche. Buchhändlerisch und rechtlich steht Nichts im Wege. In tiefer Stille vorbereitet, demnächst ein zweckmäßiger Verlagsvertrag .... Deutschland und umliegende Dorfschaften, wie wir, hätten Freude und Vortheil davon. Natürlich arbeiten wir das hier zusammen. Wann kommt Ihr?

„Am 21sten und 22sten Dezember war ich mit Rappard im Lauterbrunner Thal, und wenn die Schweiz sonst schön ist, war sie diesmal erhaben. Eis-Stalaktyten von hunderten Fußen, Eisfelsen ringsum, donnernde Lawinen, Staubbach aus und in Eis und diese Jungfrau!

„Die Leute hielten uns — in dem leichten offenen Schlitten, dann zu Fuß — natürlich für etwas übergeschnappt. Es war himmlisch! Ade. Der Eure

Simon."

Zürich, 2. April 1856.

„Mein geliebter Onkel!

„Dein Brief erinnerte mich an eine Anekdote, die der liebe Vater mit großer Lust uns manchmal erzählt — vom alten Metter-General Favral, dem Riesenstarken. Der lag doch auch einmal, alt, im Bette und hatte den Arzt holen lassen müssen. Als Der nun neben ihm am Bette saß, fing der Alte zu klagen an: „Ach, Herr Doktor, Sie glauben gar nicht, wie schwach ich bin, alle meine Kräfte sind hin; sehen Sie, lieber Herr Doktor, Das" — dabei faßte er mit der Rechten das Bein des Stuhles, auf welchem der Arzt saß, und hob Stuhl mit Arzt langsam in die Höhe, — „Das wird mir förmlich sauer."

„Dein Brief, mein geliebter Onkel, und sein Inhalt zeigen, daß Du Stuhl sammt Arzt für einen Sechsundsiebenziger recht passabel noch in die Höhe hebst. Das Examiniren junger Männer in bester geistiger Blüthe aequivalirt mindestens einen Arzt von 1½ Centner Schwere; — die schöne Einsicht in Dein ganzes geistiges, sittliches, körperliches Sein, Deine Klarheit, körperlich Deine Spaziergänge — mein lieber Onkel, der Arzt ist mindestens ein Geheimerath Wendt, der neben Dir saß. Welche feste Handschrift schreibst Du — dem Jüngsten gleich — aber der Arzt würde zu dick werden, wollte ich Alles vorführen.

„Mein geliebter Onkel, unter den sterblichen Menschen sind nur Seltene gleich Dir hochbeglückt, mit dieser geistigen Frische und körperlichen Kraft im hohen Alter zu stehen. Ich sehe Deinen Brief mehr als das Ergebniß momentaner Beschwerden und Unannehmlichkeiten an, und habe die Ueberzeugung, daß Du aus den oben gedachten Gründen noch Jahre guter innerer Heiterkeit und Friedens vor Dir hast. Aber darin stimme ich Dir voll bei, daß Du jetzt beabsichtigest, Deine Stellung bei der Justiz-Examinations-Kommission aufzugeben. Ich habe allen Gründen, welche Du dafür angiebst, reiflich nachgedacht und finde, daß es eine Pflicht gegen Dich ist, so wie Du vor hast, zu handeln, nach allen Richtungen hin. Du hast so reich im

Staatsleben überhaupt und insbesondere auch in dieser Stellung gewirkt, daß ich die Krönung wünsche durch einen schönen Schluß, durch ein rechtzeitiges Abtreten vom öffentlichen Schauplatz. Wäre ich bei Dir, so würde ich Dich zu einem raschen Entschlusse drängen, bei einem Vorgeben, das Du Dir seit so lange überlegt hast, und bei welchem daher von einer Uebereilung nicht die Rede sein kann.

„Und wie Viel hast Du dann, bei eintretender Ruhe von äußeren staatlichen Verpflichtungen, noch vor Dir. Das ist die Zeit, wo der Staatsmann seine Mémoires schreibt, seine Mittheilungen über Menschen und Begebenheiten, die ihn näher, entfernter berührt haben; objektiver als früher steht er ihnen gegenüber, und die eigene Abklärung führt ihn zur schmucklos wahren Darstellung, ohne die vielen Leidenschaften, die den mitten im Leben Stehenden schön und unschön bewegen. Die reichen Briefsammlungen, welche Dir zu Gebote stehen, geben Dir treffliche Anhaltspunkte, und ich bedaure nur wiederholt hierbei, daß Deine früheren Papiere jenem Dämon geopfert wurden.

„Außer diesem Schaffen, das ich für höchst werthvoll als Abschluß für Dich, als Geschenk für die größere Umgebung und vor Allem auch für uns, Deine Nächsten, betrachten würde, — außer diesem Schaffen bietet Dir die unermeßliche deutsche und französische Literatur und das Rückgehen auf einige Deiner Lieblinge des klassischen Alterthums eine so reiche Ernte für Dein Empfangen, daß man sie eine nicht zu erschöpfende nennen darf.

„Meiner herzlieben Schwester sage ich für heute nur den innigsten Gruß; Dir, die Du der gute Genius unseres Hauses warst, der gute Engel für Mutter, Vater und uns Alle, die ewig thätige Liebe, die volle Selbstlosigkeit und die Du nun von Neuem eine innigste Verbindung hergestellt hast zwischen den beiden Bruderhäusern. Mein Julchen, wenn Schönleben Lieben heißt, so hast Du ein reiches, ein schönes Leben!

"Ich grüße Euch Beide auf das Herzlichste und mit Euch die lieben Mädchen.

"Von hier wird meine kleine Hannah berichten. Der Eure.

Heinrich."

An Professor Hottinger.

Zürich, 22. April 1856.

Verehrter Herr!

"Erlauben Sie dem Ihnen Unbekannten eine Anfrage an den Geschichtsschreiber, den Schweizer.

"Tschudis schweizerische Chronik, eins der herrlichen Schriftdenkmale des Mittelalters ist mehr im Munde als in den Händen der Mitlebenden, und schon Füßli klagte darüber in seiner Beschreibung der schweizerischen Eidgenossenschaft. Die äußerlichen Gründe liegen nahe; die Chronik ist theuer, schwer zu finden, ihres Formates wegen unbequem zu lesen.

"Nach meinem Erachten würde es ein gutes, segenbringendes Werk sein, das kernhafte Buch näher zu bringen. Dies ließe sich, wie mir scheint, bewerkstelligen. Vergebung, wenn ich mir in dieser Richtung verstatte, an Ihre Persönlichkeit zu denken. Wollten Sie Ihren Namen etwa dem Fleiße eines Ihrer vielen Schüler einen, so könnte die Schweiz und Deutschland sich in nicht gar langer Zeit des trefflichen Tschudi in einer verbesserten Ausgabe freuen, die gleichzeitig nicht zu theuer und doch anständig ausge-

stattet sein könnte, wie es einem solchen Nationalwerke
ziemt. Ihr Aufruf zur Subskription auf eine solche Ver=
jüngung des Alten würde in der Schweiz allein, so weit
ich die hiesigen Verhältnisse kennen gelernt, eine fast ge=
nügende Zahl Unterzeichner finden, und wenn schon kein
Buchhändler Anstand nähme, bei etwa fünfhundert Sub=
skribenten das Werk mit angemessenem Honorar für den
Herausgeber zu drucken; so würde es doch bei solcher
Subskriptions=Zahl nach meiner Annahme vorzuziehen sein,
wenn einer der vielen patriotischen Schweizer=Vereine, vor
Allem ein historischer, den Verlag übernähme, so daß der
wegfallende buchhändlerische Gewinn einem billigeren Ver=
kaufspreise zu Gute käme. So könnte der schweizerische
Herodot Tschudi auch den mittleren und durch die Schul=
bibliotheken allen Schichten des Volkes zugänglich werden,
namentlich wenn etwa ein Erscheinen in Monatsheften die
Geldausgabe vertheilte, überdies dem geistigen Aufnehmen
des weitläufigen Werkes zu Hülfe käme.

„Diese Wiedereinführung wäre ein National=Gewinn:
meinte doch Goethe, daß man einen trefflichen Menschen
heranbilden könnte, ohne dabei ein ander Buch zu gebrauchen
als Tschudis oder Arentins Chronik. Persönlich danke ich
diesem Buche, das mir in früher Jugend in die Hände
kam, meine Liebe für die Schweiz.

„Nochmals, vergeben Sie, hochgeehrter Herr, diese
Zeilen dem Wunsche, möglicherweise ein Schönes und Gu=
tes anzuregen, was billigerweise nur durch einen Schweizer
zur Ausführung zu bringen; ja, der Schreiber bedarf dieser
Vergebung um so mehr als ihm das Wissen nicht mangelt,
daß eine derartige Anregung sehr leicht, die Ausführung
schwieriger ist.

„Ich schließe mit der Bitte, meinen Namen gegen

Dritte in dieser Angelegenheit nicht zu erwähnen, hochachtungsvoll

H. Simon."

Zürich, 6. Mai 1856.

Lieb Julchen, lieber Onkel!

„Seid herzlich gegrüßt in Eurer neuen Wohnung, in der es Euch recht behaglich und wohnlich sein möge! Was Du, mein Julchen, über sie schreibst, klingt sehr lieblich: Garten, zwei Balkons ist wohltönend und die Lage gut, da der in Berlin unschätzbare Thiergarten nicht weit. Greift nur gleich noch ohne Weiteres in den Beutel, um Euer Plätzchen im Garten so comfortable als möglich einzurichten, auf daß Ihr und das Völkchen, das liebe, mit rechtem Genuß, mit rechter Sehnsucht dahin eilt und hin verlockt werdet.

„Und Dich, lieber Onkel, denke ich mir, sobald die amtlichen Arbeiten beseitiget, an diesem prächtigen Sommer- und Herbstplätzchen — es ist, so viel ich vorläufig annehme, ein höchst bequemer großer Tisch mit Schublade, eine lange und breite Bank mit bequemer, gut ausgeschweifter Rücklehne, zwei amerikanische Stühle, die vermittelst einiger Dreiecks zu einem Paradiese umgeschaffen werden können, einige Fußbänke — Alles in einem Rund, etwas erhöht, von wegen der Trockenheit, wozu einiger vaterländischer Sand gute Dienste leistet; zu zwei Drittel umgeben von dickem Gesträuch, welches der Gärtner noch heute — es ist noch nicht zu spät im Jahre — zu setzen hat in Exemplaren bis zehn Fuß Höhe; von der offenen Seite ein größerer Rasenplatz und die Sicht auf ferne Stadtthürme, was den Eindruck süßer Stille und Zurückgezogenheit im Gegensatz zum fernen Stadtgewühl und Lärm macht, den die Phantasie verführt. So ungefähr, mit der Grazie der Mädchen rariirt.

„Also was macht mein Onkelchen auf diesem Platze? O, das seh ich ganz deutlich. Er sitzt auf einem dieser mehrerwähnten amerikanischen Stühle; der langen Pfeife entsteigen blaue Wölkchen reinen amerikanischen Kanasters; ein Portefeuille mit Briefschaften und Schriften liegt vor ihm; das kleine Trudli sitzt am Tisch, die eingetauchte Feder in der Hand, vor sich ein Heft, das schon ziemlich gefüllt mit ihrer zierlichen Schrift, und der Onkel diktirt ihr seine Zeitgeschichte. Onkel, wirklich, Deine Memoiren mußt Du schreiben. Du hast Viel gesehen, Viel erlebt, Viel gedacht, ein starkes Gedächtniß steht Dir zur Seite; ein unmittelbares Parteinehmen ist zurückgetreten, soweit es durch Interessen veranlaßt, auch dem unpartheiischen Manne wider seinen Willen entsteht; nur die Partheinahme bleibt und soll bleiben als Zeugniß der Zeit, die eben Du ist. Alle fesselnden Rücksichten fallen bei einer Schrift, die Du eine längere Reihe von Jahren vor jeder Veröffentlichung schützest, oder auch letztere gänzlich beseitigest. So kann es ein Beitrag zur Zeitgeschichte von großer Bedeutung werden, als Zierde unserer Familie aber, als Eröffnung des von mir bezweckten Familienarchivs jedenfalls, und von dieser allgemeinen Bedeutung abgesehen, von unschätzbarem Werthe.

„Meine ganze geistige Richtung ist eine entschieden historische, und ich habe mich daher Viel mit Geschichte beschäftigt und thue es noch; als Resultat habe ich gefunden, daß nur die Spezialgeschichte, vor Allem ehrliche Memoiren, den Namen der Geschichte verdienen, sofern in ihnen eben am Meisten noch relative Wahrheit, am Meisten noch die fables convenues ausgeschlossen sind. Und

während nur das Genie, das mit instinktivem, rückwärts-
blickendem Prophetenthume sich in entlegenere Zeiten mit
etwelcher, höchst zweifelhafter Wahrheit zurückversetzen kann
und nur bei dem Vorhandensein sehr mannigfaltiger Kenntnisse, vor Allem nach praktischem unmittelbarstem Eingriffe
in das Staatsleben, Staatsgeschichten schreiben kann, und
während nach meinem Dafürhalten mit wenigen raren Aus-
nahmen alle Geschichtswerke der letzten 3000 Jahre zu der
wirklichen Geschichte noch nicht einmal in dem Verhältnisse
stehen, wie ein von Motten und Staub zerfressenes Herba-
barium zu den ehemals blühenden, von Bäumen und Ge-
thier und Menschen umgebenen Pflanzen; — während solche
Ketzereien in mir stecken, nehme ich doch an, daß jeder gut
angelegte, einfache, ehrliche Mann höchst werthvolle Beiträge
zur Geschichte seiner Zeit schreiben kann, wenn er das
Motto drüber schreibt: Ehrlich und wahr, was ich gesehen
und was ich gedacht.

„Dieser Mann kann falsch gesehen, er kann falsch gedacht haben; ist es aber eine nur gut angelegte Natur, und
er berichtet ehrlich: so schildert er in diesem falschen Sehen
und Denken so gut eine Partikel seiner Zeit, als in der
thatsächlichsten Begebenheit.

„So stimme ich z. B. mit Dir nicht überein über den
Werth einer gut organisirten Büreaukratie, und Deine
Mémoiren in spe werden sich mit mancherlei Ereignissen
beschäftigen, die sie indirekt in ihr volles, vortheilhaftes und
weniger vortheilhaftes Licht setzen; sie werden sich dadurch
weit mehr verdient machen um wahre Darstellung der Zeit
und der Frage, als es ein philosophisches Raisonniren über
dieselbe thun könnte. Bitte, mein lieber Onkel, nimm Dir
die Sache zu Herzen! und wenn Du mir erlauben wolltest,
ein Wort über die Art der Ausführung zu sagen, so würde

ich im Interesse der Annehmlichkeit des Unternehmens für
Dich und der Lebendigkeit der Darstellung den Wunsch aussprechen, nicht von vorn anzufangen, sondern einzelne Zeit-
abschnitte, ja einzelne Momente darzustellen, wie sie Dir
grade vor die Seele treten. Aus solchen Materialien ergäbe sich im Laufe von ein, zwei Jahren ein belebtes, schönes Gesammtgemälde von selbst.

„Wie ich mich freue, daß Du Deinen Abschied genommen, muß Dir aus meinem letzten Briefe hervorgehen, der
Dir zu diesem Schritte zuredete. Mit der Kabinets-Ordre,
welche Deinem Wunsche entspricht, bin ich nicht entfernt
einverstanden. Ich gehe hierauf nicht weiter ein und bin
der Ansicht, daß einem Manne, dem während einer bedeutenden Wirksamkeit durch fast zwei Menschenalter die Pflicht
und nur sie als unwandelbare Richtschnur vorleuchtete,
hierin auch die vollste Belohnung gegeben ist, die einem
Menschen überhaupt werden kann.

„Uns Allen geht es gut, und wir haben unter der
Bodmerlinde ein solches liebes Plätzchen, wie ich es Euch
oben schilderte; wir leben hübsch zusammen, und an Jo-
hannchen habe ich meine besondere Freude; wir haben so
eben an einem Geßner'schen Bilde, das sie kopirt, eine kleine
Idylle, gemeinschaftliche Studien gemacht, und in wenigen
Minuten wird die Suschen eintreten, um sich von hier aus
zu ihrem morgenden Geburtstage eine Partie entferntere
Freundinnen zu bitten. Ich schenke ihr — für Euch
Frauen — einen vollständigen hiesigen Heerd, mit Allem
Zubehör, um eine glänzende Mahlzeit auf Spiritus zu
kochen, gestern höchsteigenhändig in vielen Kupferschmied-
laden ausgesucht.

„Lebt wohl Ihr Lieben Alle! Der Eure
           Heinrich."

Zürich, 2. Oktober 1856. Morgens halb acht.

Liebe Ludovike!*)

„Ich habe eben Auge und Herz am offenen Fenster erquickt; es ist ein milder, weicher Morgen; Stadt und Landschaft lächeln, nachdem es gestern abwechselnd gegossen; es ist so der Zustand, wenn sich das Kind ausgeweint, es lächelt, während es hie und da noch einmal schluckst, — halb getrocknete Wäsche, auf die der Sonnenstrahl fällt — a kli menschliches Leben.......

„Gestern hatte ich über Euch vielfältige ältere und neuere Nachrichten. Trudchens Glück ist eine Herzensfreude! Wie solch eine Familie sich ausbreitet! Die Unsrige, die ihre Herz- und Pfahlwurzel in fernem Welttheil, fernen Jahrtausenden und fernen Verhältnissen hat und einen Zweig und Ableger mit dem Christenthum begoß und befruchtete — wie sieht sie ihn wachsen, sich verbreiten und mit dem Laube schon beschatten, mit den Früchten wirken und aussäen. Ein Kind der Zeit, theilnehmend an den Lüften der Gegenwart, mit seinen Ideen, seinen Freuden und Leiden, seinen Vorurtheilen, Neigungen und Abneigungen. Der Herzenszusammenhang jeder Familie, ja jedes Individuums mit der gesammten Geschichte des Menschengeschlechts ist etwas mich immerfort Ergreifendes!.... Dem Menschen ist unendlich viel Schönes gegeben — er soll sich begnügen. — — —

„Ludovike, Du wirst Dich gar gut auf Dein herrliches Exemplar der Mimosa pudica erinnern, das Du zum Blühen brachtest; ich habe bei Dir diese gelbe Doldenblüthe zum ersten Male gesehen. Vor zwei Jahren hat mir Frau Schw... ein solches Bäumchen von etwa ein und einem

---

*) Simon's jüngste Schwester.

halben Fuß Höhe zeichnete, das jetzt wohl vier Fuß hoch ist, und eilf angebende Blüthen hat, die wohl aber noch Monate bis zur Entwickelung haben. Daneben steht eine Dachwurzel, die ich, wie ein Pfennigstück groß, auf schönem Punkte des Wallensees vom Fels kratzte; jetzt überwuchert sie einen großen Topf. Daneben auf der anderen Seite ein großer Busch Lawendel, den ich sehr kultivire, aus Ablegern, weil er hier selten und es so eine eigenthümliche Heimathserinnerung. Wenn die Büsche groß, setze ich sie in den Garten.

„Es ist mir ziemlich gleich, was ich in den Blumentöpfen habe; das Zusehen der Entwickelung und die sachgemäße Pflege bilden auch bei dem unscheinbarsten Pflänzchen bald zwischen ihm und mir ein freundschaftliches Verhältniß aus, was, wenn liebenswürdige Eigenschaften bei ihm dazutreten, zum Liebesverhältniß wird. Die Mimosa pudica liebe ich, vernachlässige aber die Dachwurzel nicht im Mindesten; sie kann wahrhaftig nicht klagen. Am anderen Fenster stehen zwei große apart dazu gemachte Thonkästen, ganz gefüllt mit Alpenveilich, Cyclamen, deren Zwiebeln ich vom Grütli vor Jahren mitgebracht; sie haben fast drei Monate geblüht und lange Zeit in jedem der Kästen gleichzeitig wohl fünfzig Blüthen; es war ein himmlischer Duft......

„Ich plage mich noch immer mit meinem Fuße, gehe seit drei Tagen wieder ein wenig aus, auf das Unentbehrlichste mich beschränkend.

„Möge Dir Liebes und Gutes werden! Haltet Euch brav, gesundet Alle sehr! Der Eure
                                  Heinrich."

V.
Wiedereintritt in die Politik.
1858. 1859.

Am 26. Oktober 1858 hatte der Prinz von Preußen die Regentschaft übernommen. Die demokratische Partei, die seit dem Jahre 1849 von jeder staatlichen Wirksamkeit sich fern gehalten, betrat aufs Neue den politischen Kampfplatz. Alle Blicke richteten sich wiederum auf Preußen, und allgemein wurde die Ertheilung einer **Amnestie** erwartet.

Simon spricht sich hierüber in einem Briefe also aus:

Zürich, 18. November 1858.

„Liebe Freundin!

„Der Gedanke, daß, wie ich aus Ihrem Briefe an Marie ersehe, Jemand für mich bitten könnte, und vollends ein Mensch, der mir so nahe steht wie Sie, ist mir entsetzlich. Ich würde nie die Rückkehr ins Vaterland als Gnade annehmen, vielmehr lediglich als eine Thatsache erachten, zu der ich berechtigt bin. Eine Amnestie muß als eine politisch versöhnende Maßregel ausgesprochen werden.......

„Mein Standpunkt ist der folgende, und ich würde einem mir lieben Menschen nie gestatten, für mich von anderem Standpunkt aus zu handeln.

„Ich bin mit dem deutschen Parlamente gefallen in Vertheidigung dessen, was dieses anstrebte. Gegen die Beschlüsse und Maßregeln des deutschen Parlaments, welche auf gesetzlicher und rechtlicher, von sämmtlichen deutschen Staaten, insbesondere auch von Preußen, anerkannter Grundlage standen, empörten sich die Großstaaten Deutschlands, und in dem ausgebrochenen Kampfe unterlag das deutsche Parlament. Wir waren Besiegte. Und wir gingen als solche ins Exil.

„Hätte ich je eine Spur von Recht in dem Verfahren Preußens anzuerkennen vermocht, hätte es in diesem Kampfe einen andern Richter für mich geben können, als den faktischen Kampfesausgang, so würde ich mich meinem Richter in Preußen gestellt haben. Sie trauen mir so viel Herzensstärke zu.

„Eine heutige Begnadigung unter solchen Umständen wäre ein Hohn, der mir jeden Blutstropfen in Wallung brächte, und ich werde lieber fern vom Vaterlande sterben, als durch mein Verhalten eine Verhöhnung des Heiligsten und Höchsten gutheißen, was das deutsche Volk — nach tiefem, jahrhundertelangem Falle — begeistert anstrebte. Das ganze deutsche Vaterland, und Preußen insbesondere, genießt die Erfolge dieses Aufschwunges. Preußen hat in Folge Dessen mit der Verfassung eine staatsrechtliche Grundlage gewonnen statt bisheriger Rechtslosigkeit, und es kann nun das Volk auf Ersterer das aufbauen, was in ihm lebt; es hat die formelle Freiheit der Presse erobert; es hat das Geschwornengericht; es hat vor Allem neue staatliche Ideen.

„Es ist eines Staatsmannes von freiem Blicke und eines ächten Menschen würdig, in dem Momente, wo Preußen aufathmet und zum ersten Male in Ruhe die segensreichen Früchte jenes Sturmes von 1848 genießen

wird, betreffs der Ehrenmänner, welche hierzu mit ver=
halfen, im Konflikte aber unterlagen und seitdem eine furchtbare zehnjährige Strafe erlitten, — vor Allem die Fort-
dauer dieses Zustandes zu hindern, jene Männer nicht
ferner leiden zu lassen, während Ihr Euch freut, und wir
uns aus der Ferne mit Euch freuen. Denn Sie können
denken, liebe Freundin, daß ich — weit entfernt, dies mit
meiner Person in Verbindung zu bringen, — entzückt bin
über mein geliebtes Preußen und die noble Weise, in der
sich Alles bewegt von oben bis unten.

„Im Uebrigen bin ich nicht vertrauensselig; auch glaube
ich insbesondere nicht an eine Amnestie. Die Männer
sind mir nicht danach, welche Herrn v. Manteuffel und
Konsorten mit Orden ausscheiden und die Herren Simons
und Heydt zu ihren Kompagnons machen lassen. Immerhin ist es ein neues Athmen in erfrischter Luft, und weitaus die Hauptsache ist mir, daß das Volk von Neuem
politisch lebt.

„Immer der Alte.

H. Simon."

Bei Gelegenheit der durch den italienischen Krieg
von 1859 hervorgerufenen Debatten trat Simon zuerst
wieder in die politische Diskussion ein. Während man
damals in Süddeutschland fast allgemein verlangte, daß
Preußen für Oesterreich Partei ergreifen sollte, schrieb
Simon im entgegengesetzten Sinne einige Leitartikel
für die schweizerische Zeitung: „Der Bund", die er später
gesammelt als besondere Flugschrift unter dem Titel: „Don
Quixote der Legitimität oder Deutschlands Be-

freier?"*) herausgab. Wir theilen hier den dritten Abschnitt der Schrift mit, welcher die Ueberschrift hat:

„Preußische Wege".

„Das angstvolle Kriegsgeschrei der Süddeutschen erinnert sehr lebendig an jenen Menschen, der aus Angst vor dem Tode sich das Leben nahm. Aus Angst vor einem möglichen Kriege mit Frankreich wollen sie sich in den gewissen Krieg stürzen. Die Leute wissen nicht mehr, was ein Krieg ist; sie würden sonst nicht als einen der Hauptgründe für denselben aufführen, daß zur Zeit Handel und Gewerbe stockt, und das Gespenst der Noth durch Deutschland zu ziehen beginnt. Sie begreifen nicht, daß dies, wenn ein deutscher Krieg wirklich ausbricht, kaum der Anfang des Anfanges ist. Wer verbürgt es diesen Leuten, daß sich nicht aus dem muthwillig entsponnenen Kampf ein zehnjähriger Krieg entwickelt, wie ihn der Anfang des Jahrhunderts gesehen? Mit wahrhaft kindlicher Leichtfertigkeit hört man sagen: wir gehen mit fünf-, mit sechshunderttausend Mann nach Paris und nehmen das Nest aus. Daß in einem solchen Falle die Franzosen eine Million Nationalgarden entgegenstellen würden, wenn sie nicht die verlumpteste Nation der Welt, das wird ignorirt; — daß es keinem Zweifel unterworfen ist, wie in solchem Fall auch Rußland sein Wort mitsprechen würde, das wird ignorirt. Daß wir, wenn der Fall ihrer Todesangst sich verwirklicht, und Napoleon nach wirklich besiegtem Oesterreich Deutschland angreift, — daß wir alsdann noch eben so stark sind wie heute, das wird ignorirt. Oder wären wir nach der Ansicht der heutigen Schreier alsdann etwa weniger stark? Würde

---

*) Zürich, Druck und Verlag von E. Kiesling, 1859.

vielleicht dann Süddeutschland, worauf mehrfach bereits mit
Schamlosigkeit hingedeutet worden, sich vom Kriege zurückziehen? den Rheinbund in erneuter Auflage geben?

„Das ganze wüste Geschrei zeugt, was die große Masse
anlangt, von Gedankenlosigkeit. Anders steht es mit den
Leitern der Bewegung. Sie wissen genau, was sie wol-
len: ein wohlkonservirtes reaktionäres Konkordat-
Oesterreich; ein geschwächtes Preußen; die deutsche
Jammerwirthschaft in alter Blüthe.

„Es läßt sich nicht in Abrede stellen, daß Preußen bei
diesen Verhältnissen in einer unendlich schwierigen Lage ist.
Einen blutigen Krieg ohne Veranlassung beginnen, — das
Tollhäuslerische eines solchen Unternehmens steht ihm klar
vor Augen; denn Alles steht dabei auf dem Spiele, während
auch im besten Falle weder für Preußen noch für Deutschland von irgend einem vernünftigen Gewinne die Rede sein
kann. Folgt Preußen aber nicht dem Andrange, so riskirt
es gegenüber den perfiden österreichischen Intriguen, die von
den Regierungen aller deutschen kleinen Großstaaten kraft
ihres Hasses und ihrer Furcht vor Preußen unterstützt werden, sich gänzlich in Deutschland zu isoliren.

„Durch bloße Klugheit kommt Preußen aus diesem
Dilemma nicht heraus. Zum Beherrschen so zerfahrener
Verhältnisse gehört neben der Klugheit vor Allem — ein
stählerner Charakter.

„Preußen hat anscheinend nur zwei Wege, wenn es
sich nicht für immer von Deutschland als Vasall Oesterreichs, ja als Schleppträger einiger reaktionären kleinen
deutschen Staaten betrachtet wissen, wenn es nicht, mit
einem Worte, bloß eine Fortsetzung von Bronzell und
Ollmütz liefern will. Für beide Wege ist Energie erforderlich.

„Entweder Preußen erkläre mit runden und netten Worten, daß es vor Allem Front machen werde gegen den deutschen Staat oder die deutschen Staaten, welche es versuchen sollten, in irgend welcher Weise den deutschen Bund in einen Krieg zu verwickeln, der ihn nichts angeht; mit bestimmter, unzweideutiger Erklärung, daß es sofort gegen diese deutschen Staaten losschlagen werde. Wir sind versichert, dieses Verfahren würde die Herren süddeutschen Ultramontanen und Reaktionäre ein wenig zur Besinnung bringen, da es ihnen viel bequemer vorkommt fünfhunderttausend Preußen den Strauß gegen Frankreich ausfechten zu lassen, als sich selbst dabei in Ungelegenheiten zu setzen. Mit diesem Verfahren wäre die Gefahr eines Bürgerkrieges verbunden. Preußen wäre innerlichst berechtigt, es hierauf ankommen zu lassen, da kein vernünftiger Mensch ihm zumuthen kann, sich und ganz Deutschland wider seinen Willen und wider besseres Wissen in einen unabsehbaren Krieg stürzen zu lassen. Die Schmach des Bürgerkrieges fiel auf jene Unken, die aus dunkelm Hinterhalte Preußen in diese Lage versetzt.

„Der zweite mögliche Weg für Preußen ist in seiner Ausführung für alle Theile weniger gefahrvoll, in seinem Erfolge sicherer; er bände für ewige Zeiten mit unzerreißbaren Ketten Preußen und alle jetzt vereinzelten deutschen Lande an Deutschland:

„Preußen stütze sich auf das deutsche Volk!

„Wie der jetzige preußische Regent dem preußischen Volke Recht und Gerechtigkeit wiedergegeben hat, so verkünde er Recht und Gerechtigkeit dem deutschen Volke. Die deutsche Reichsverfassung vom Jahr 1849 ist zu vollem Recht beständig. Erkenne der Prinz-Regent von Preußen die Thatsache ihrer Rechtsbeständigkeit an, und wie heute das preußische Volk mit ihm Hand in Hand geht, ein Schauspiel unerhört in allen Ländern Europa's, — in gleicher Weise geht dann von jenem Moment an Hand in Hand mit ihm das deutsche Volk. Aller Unkenruf ist in demselben Momente verschollen; das deutsche Volk fühlt sich mit demselben Moment als große Nation und hat den Begriff verloren für schmachvolle Angst vor einem ehrgeizigen Abenteurer. Ewiger, gerechter Nachruhm einem solchen Regenerator Deutschlands!"

Der Schluß der Simon'schen Schrift lautet:

„Deutschland hat menschlichem Ermessen nach zwei Wege, groß zu werden: durch die Föderativ-Republik oder durch Preußen. Mit Preußen und Oesterreich wird und muß Deutschland siechen, werden und müssen die heutigen unseligen Verhältnisse fortdauern. Darum soll der denkende, vom Gefühl für das Vaterland beseelte Staatsmann in dem vom Geschicke gewährten Momente zur rettenden That greifen, und diese kann ihre Richtung nur nach folgender höchst hausbackener Regel nehmen:

Erst im Hause Ordnung, dann draußen!

„Umgekehrt machen es die Wirthshaus-Politiker.

„Preußen hat heute die Aufgabe, Deutschland zu einer vernünftigen Staatsverfassung zu helfen, in der es endlich sein langes staatliches Dahinsiechen abschütteln kann. Es muß dies thun, wenn es Deutschland vor den es bedrohenden Gefahren schützen will.

„Der von der Reaktion hochgefeierte Radowitz sagt in seiner Denkschrift vom 20. November 1849: ‚‚Gegen den Widerstand Oesterreichs in Betreff der Bundesreform anzukämpfen, giebt es für Preußen nur ein Mittel, aber

dieses ist vollkommen genügend: die Verbindung mit
dem besseren Geiste der Nation."

„Und wir wollen heut die Antwort nicht vorenthalten,
die hierauf Graf Fiquelmont in der offiziellen österreichischen Staatsschrift „Deutschland, Oesterreich und
Preußen" gab: „Der unpraktische Gedanke einer deutschen
Einheit ist die erste Ursache der irrigen Politik Preußens
gewesen. Der Grundsatz der Nationalität ist in Deutschland
wie in Italien eine lediglich revolutionäre Idee, sobald
sich daran irgend ein Gedanke von politischer Existenz
knüpft. Es ist ein Hauptirrthum der preußischen Politik,
daß sie den Grundsatz der deutschen Einheit für lebensfähig
gehalten hat. Das Leben des modernen Europas hat sich
so gestaltet, daß Deutschland nothwendig unter der Macht
der verschiedenen Interessen getrennt sein muß. Man
muß daher von allen diesen Einheitsträumen zurückkommen
zu der Bundesakte von 1815 und sich genau an deren Bestimmungen halten." — Jeder Kommentar würde schwächen.

„Im Mai dieses Jahres sprach sich nach Ergebniß
des betreffenden Blaubuches in gleich offener Weise Graf
Buol gegen Lord Cowley aus. Oesterreich vertritt eben
mit energischer Konsequenz das Prinzip des Absolutismus und der Vernichtung deutscher Nationalität.

„Will Preußen sicher gehen, so wird es sich an die
deutsche Verfassung halten, die aus deutschem Geiste im
Jahr 1849 geboren und durch die Fürsten jener Zeit erstickt worden. Preußen ist berechtigt hiezu, weil diese
Verfassung Preußen an die Spitze von Deutschland stellt.
Jeder andere Versuch, Deutschland im Großen zu helfen,
würde von Neuem scheitern an Tausenden von Hinder-
nissen. Gegen die Reichsverfassung von 1849 können sich
die kleinen deutschen Fürsten nicht erheben, weil Erstere dem

deutschen Volke entstammt, und das deutsche Volk sie unter Preußens Aegide aufrecht zu erhalten wissen wird.

„Eins vor Allem steht fest, und wir wiederholen es: **Preußen hat gegen Deutschland die Verpflichtung,** es nicht auf Grund der reaktionären Gelüste der kleinen Staaten und zum Zweck der Aufrechthaltung österreichischer Despotie in Italien — ohne jeden vernünftigen Grund in einen auswärtigen Krieg stürzen zu lassen und am wenigsten, bevor es seine staatlichen Verhältnisse geordnet hat; Preußen hat die Verpflichtung, weil es der einzige Staat ist, welcher Deutschland heut vertreten kann.

„Soll durchaus Konjektural-Politik getrieben werden, so darf man behaupten:

„Daß nach einem solchen undeutschen Kriege laut alter bewährter Erfahrung die schlechte alte deutsche Wirthschaft erneut aufblühen und ein zweiter Uhland einige Jahre nach dem Frieden sein: „Wenn heut ein Geist herniederstiege!" singen würde; daß insbesondere Oesterreich mit seiner historischen Undankbarkeit antworten würde, über die dann die Welt billig nicht mehr erstaunen sollte.

„Daß es vielleicht der einzige Weg ist, Napoleon auf lange Dauer zu halten, wenn seitens Deutschlands ein gänzlich unmotivirter Einfall in Frankreich beliebt würde. Frankreich müßte sich alsdann, — und es wäre das erbärmlichste Volk unter Gottes Sonne, wenn anders, — mit der letzten Kraft Napoleon anschließen.

„Daß durch einen solchen frevelhaften Krieg der alte Nationalhaß zwischen Deutschland und Frankreich von der Reaktion glücklich aus der Asche zur hellsten Flamme angeblasen wäre, an der sie von Neuem ein Menschenalter hindurch recht behaglich in ihren Hexenkesseln die zerstückten Glieder Deutschlands brodeln lassen könnte.

„Wir fassen unsere Ansicht zusammen:

„Was Deutschland heute nicht thun soll, liegt klar vor.

„Was es thun solle in dem möglichen Falle, daß Frankreich deutsches Gebiet bedrohte, oder sich in Italien erobernd niederlassen wollte, versteht sich von selbst.

„Sofort aber soll Deutschland, den günstigsten, nicht wiederkehrenden Moment mit Kraft erfassen, sein eigenes Haus zu bestellen.

„Dafür wirke Jeder nach seinen Kräften, der es gut meint mit dem Vaterlande!

„Das wird uns auch das alleinige Bollwerk geben gegen ängstlich befürchtete fremde Angriffe:

Den Geist und die Form einer Nation."

VI.
Die letzten Monate.
1860.

Es war gegen Abend in der Mitte des Januar 1860, als Simon vom Museum (dem Züricher Lesekabinet) nach Hause kommend, ziemlich erregt sagte: "Ich habe vor einigen Stunden die Rede des Prinz-Regenten bei Eröffnung der Kammern gelesen. Er kündet die Heeresorganisation an, ganz in der Art, wie ich's vorausgesehen. Während meines späteren Spaziergangs habe ich mich mit einer Entgegnung beschäftigt, die dazu dienen dürfte, dem Volke über das ihm zugedachte Geschenk die Augen zu öffnen. Ich trage die Sache fertig im Kopfe und würde sie am liebsten sofort diktiren." Das geschah denn auch, und nach einigen Stunden war die Flugschrift fertig. Durch zufällige Umstände wurde der Druck verzögert, und so schrieb Simon Mitte Februar an einen Parteigenossen in Leipzig: "Vor mehr als einem Monat wurde in Preußen eine Aenderung der Militairverfassung angekündigt, des einzigen preußischen volksthümlichen Instituts, das andern Staaten zum Vorbild dienen konnte. Es soll bei Seite geschoben werden, um in die Richtung des stehenden Heeres einzulenken; einem auf kurze Zeit aus dem Volke genommenen und daher mit diesem gleichfühlenden

Kriegsmanne zieht man begreiflich einen möglichst lange dressirten Soldaten vor. Die Sache ist für Preußen und ganz Deutschland von erster Bedeutung. Keine Stimme erhob sich bis jetzt in dem ganzen großen Preußen, die Zeitungen brachten nicht Eine Besprechung. Nichts beweist deutlicher, in welche Apathie man versunken ist; Nichts zeigt wieder einmal in klarerem Lichte die Gothaer. Das sogenannte liberale Ministerium wagt nicht zu athmen gegen die Reaktion, giebt sich selbst zu diesem Gesetze her; und die liberalen Zeitungen wagen nicht gegen das Gesetz zu sprechen, um nicht die Minister zu geniren."

Inzwischen war die motivirte Regierungs-Vorlage für die preußischen Kammern erschienen. Simon arbeitete seine Schrift mit Rücksichtnahme auf diese Vorlage nochmals durch und sendete sie nach Leipzig an den oben erwähnten politischen Freund.

Acht Tage darauf wurde die Broschüre: „Soll die Militärlast in Preußen erhöht werden?" in Berlin ausgegeben und machte — trotz der Anonymität des Verfassers — als das erste entschiedene Wort über die beabsichtigte Armee-Reorganisation — Aufsehn.

Die Schrift beleuchtet gleich im Eingang den praktischen Kern der Frage.

„Wäre wirklich" — heißt es darin — „einem Preußen die außerordentliche Bedeutung der von der Regierung vorgeschlagenen neuen Militairverfassung nicht deutlich, so würde ihm das Gewicht dieser Angelegenheit aus der Art und Weise klar werden, wie die Thronrede sie hervorhebt. Diese besagt, daß eine ähnlich wichtige Frage der preußischen Volksvertretung noch nicht zur Entscheidung vorgelegt worden.

„Der Gesetzentwurf betreffend die Verpflichtung zum Kriegsdienste und seine Motive sind jetzt veröffentlicht.

„Nachdem das preußische Budget sich seit 1840 während der Manteuffel'schen Regierung in einer außerordentlichen Weise vergrößert, und die Kräfte des Volkes dadurch dauernd bereits stramm angespannt sind, — nachdem die preußische Staatsschuld sich in einer bis dahin ganz unerhörten und dem Geiste der preußischen Finanzgeschichte widersprechenden Weise im Laufe jener zehn unglücklichen Jahre vermehrt hat: um fünfzig Millionen im Jahre 1848, um achtzehn Millionen für die bei Bronzell endende Union, um dreißig Millionen für die Neutralität in der orientalischen Krise und um dreißig Millionen für den italienischen Krieg zwischen Frankreich und Oesterreich, — nach diesen wohl zu berücksichtigenden Vorgängen fordert heute das Projekt einer neuen Kriegsverfassung außer dem so hohen bisherigen Militair-Budget jährlich die weitere Summe von neun und einer halben Million Thaler für das Militair, abgesehen von weiteren bereits angekündigten, aber noch nicht bekannt gemachten außerordentlichen Millionen.

„Es wird dies verlangt, während der Finanzminister erklärt, für diese neuen ungeheuren Summen keine Fonds zu haben, sie vielmehr durch neue Steuern aufbringen zu müssen; und man verlangt diese Summen zu dem Zwecke, um die herrlichste Institution Preußens, sein einziges, wirklich volksthümliches Institut, seine Militairverfassung, zu Gunsten eines vergrößerten stehenden Heeres umzugestalten.

„Die Gründe, welche in den Motiven der Gesetzesvorlage für die Nothwendigkeit dieser Umgestaltung angeführt werden, erledigen sich vollständigst, wenn man bei der bisherigen Heeresverfassung stehen bleibt und lediglich die Dienstzeit von drei auf zwei Jahre wieder herabsetzt, wenn man, statt die Verbesserung in der Vergrößerung des stehenden Heeres zu suchen, die Verbesserung der Heeresverfassung in einer angemessenen Verkürzung der Dienstzeit und dadurch herbeigeführten Verallgemeinerung der Dienstpflicht findet. Wird der Kriegsdienst von drei Jahren auf zwei Jahre wieder herabgesetzt, wie dieser Zustand so lange Jahre bestanden, so ist Alles erreicht, was die Motive des Gesetzentwurfes als wünschbar, als nothwendig darstellen.

„Das preußische Volk fordert hier nichts Neues. In Folge der Kabinetsordre vom 24. September 1833 dauerte die militärische Dienstzeit des Preußen von da ab bis 1852, also volle zwanzig Jahre, nur zwei Jahre. Erst unter dem unglückseligen Manteuffel'schen Ministerium erhöhte man die Dienstzeit wieder auf 2½ Jahre und 1856 sogar wieder auf drei Jahre. Heute will man nicht etwa hierbei stehen bleiben, sondern die Dienstzeit im stehenden Heere auf acht Jahre erhöhen, wovon drei und bezüglich vier Jahre ununterbrochener Dienstzeit bei der Fahne.

„Die Frage, ob der Gesetzentwurf anzunehmen oder zu verwerfen, hängt, um in die Mitte der Sache zu kommen, ausschließlich von der Beantwortung der Vorfrage ab: Verliert der preußische Staat an seiner Militairkraft, wenn die Dienstzeit der Soldaten von drei Jahren wiederum auf zwei Jahre herabgesetzt wird?

„Was spricht gegen die zwei Jahre?

„Die-Motive zu dem neuen Gesetzentwurf halten sich dieserhalb sehr allgemein. Sie beziehen sich ohne näheren Nachweis auf die Erfahrung.'

„Wir setzen dem die Erfahrung entgegen und weisen diese in unumstößlicher Weise nach." —

Die betreffende Ausführung Simon's, auf die Geschichte und auf Aussprüche Napoleons gestützt, übergehen wir, da die Sache seither durch Presse und Kammerverhandlungen hinlänglich dargelegt worden. Wir erwähnen nur noch, daß er im Laufe seiner Abhandlung sich den Motiven der Regierungs-Vorlage — betreffs der Ungleichheit und somit Ungerechtigkeit bei Ableistung der Militairpflicht — vollständig anschließt; aber er weist zugleich nach, daß dieselbe in gleicher Ausdehnung, wie die Regierung es wünscht, ausgeglichen und das Ziel der Regierung, Vergrößerung des stehenden Heeres, durch Festsetzung der zweijährigen Dienstzeit vollständig erreicht wird, — und zwar dann ohne Erhöhung des Militair-Etats.

Am Schluß der Schrift weist Simon auf die militairische Ausbildung der Jugend und auf die betreffenden schweizerischen Verhältnisse hin. „Für diesen Zweck" — auf den er, wie auf die zu verkürzende Dienstzeit, schon im Jahre 1841 — in seiner Denkschrift an den damaligen Kultusminister Eichhorn*) — die Aufmerksamkeit lenkte — „würde er mit Freuden eine Million Thaler auf dem preußischen Budget begrüßen." —

Simon's Schrift sagt nichts Neues; es sei ihr überhaupt nur das Verdienst zugetheilt, daß sie in allgemein verständlicher Form die von Allen gefühlte Wahrheit — das rechte Wort zu rechter Zeit aussprach.

---

*) S. das „Eichhorn'sche Kommissorium." Thl. I. Kap. VIII. S. 163 flg.

„Pfingstgruß an Deutschland."

Die Erregung, welche im Frühjahr 1860 durch die landesverrätherische Drohung des Ministers von Borries (in der hannövrischen Ständekammer) hervorgerufen wurde, veranlaßte verschiedene Kundgebungen der freisinnigen Partei. Simon wurde aufgefordert sich der sog. Heidelberger Erklärung gegen Borries anzuschließen. Er lehnte es ab. Auch ein Theil der deutschen Auswanderung in der Schweiz erließ zwei von Zürich ausgehende Proteste, von denen er sich ebenfalls fern hielt. Sie Alle legten nur Verwahrung ein gegen den Ausspruch des Herrn v. Borries; er aber wünschte ein nicht blos abwehrendes, sondern ein positives Wort.

„Es kommt darauf an," — so schrieb er bei dieser Gelegenheit einem Freunde, — „allen diesen Willeleien, Triassen, Duassen und Judassen entgegen zu treten. Es liegt auf der Hand, daß eine Einigung Deutschlands überhaupt nur möglich in sehr bewegter Zeit. Kommt aber ein solcher Enthusiasmus, wie damals, wiederum über das deutsche kühle Volk, so soll der kostbare Moment nicht mit Diskussionen über die Form verpufft werden; sondern es sollen die theuer erkauften Ergebnisse der konstituirenden National-Versammlung als Fundament benutzt werden, um ad rem zu kommen."

In diesem Sinne ging im Frühling 1860 durch die deutschen Tagesblätter die nachstehende Simon'sche Erklärung, die er „seinen Pfingstgruß" nannte:

„Gelegentlich des Minister v. Borries.

„Es ist selbstverständlich, daß alle deutsche Ehrenmänner den gedrohten Verrath verabscheuen.

„In bedeutender Zeit wird es aber neben der Zurückweisung eines frechen Angriffs und anderer verwerflicher oder auch nur auseinandergehender Bestrebungen zur Pflicht, die Fahne hoch zu halten, um die sich alle Vaterlandsfreunde einigen sollen. Sie wurde uns durch die Jahre 1848 und 1849 theuer errungen:

Die deutsche Reichsverfassung! Beschlossen von dem gesammten deutschen Volke!

„Seine erste Willenserklärung seit dem Beginn seiner Geschichte und bis heute seine letzte Willenserklärung.

„Sie ist die legitime Fahne Deutschlands, und es giebt keine andere, bis das deutsche Volk in seinem zweiten Parlamente gesprochen hat; jede andere wirbt unwissentlich oder wissentlich der Sonderbündelei, nicht der Einigung Deutschlands.

„Hinweg also mit allem leichtsinnigen Aufgeben schwer erworbener Rechte; hinweg mit allen Sonderwillen gegenüber einer großen geschichtlichen Errungenschaft!

„Preußen hat die Berechtigung und die Verpflichtung, diese legitime Fahne dem deutschen Volke vorzutragen. Eine nicht lang ausbleibende schwere Zeit wird Preußen an seine Pflicht und an sein Recht mit der Wucht der Thatsachen mahnen. Alle Vaterlandsfreunde aber sollen das Hereinbrechen derselben nicht abwarten, sondern gegenüber den ernsten Verhältnissen heute die Einberufung des deutschen Parlaments mit der Allgemeinheit und Beharrlichkeit fordern, die des Erfolges sicher ist.

„Zürich, am Pfingstsonnabend 1860.

Heinrich Simon."

In der letzten Hälfte des Juni 1860 verbreitete sich die Nachricht: Friedrich Wilhelm IV sei todtkrank, er werde in den nächsten Tagen sterben. Sowohl die Briefe aus Preußen, als die Stimmung unter den im Auslande lebenden Deutschen, namentlich den Verbannten in der Schweiz, zeugten von unverkennbarer Spannung und Aufregung. Die Amnestiefrage trat wieder in den Vordergrund und ward auch von Simon und den ihm Nahestehenden vielfach besprochen.

Simon war all die Zeit ausnehmend heiter gewesen; da — am 4ten Juli — ereignete es sich, daß ein ungewohnt trüber Gesichtszug, ein Schleier, der seine Stimmung und seine Stimme an jenem Tage bedeckte, der Familie überraschend und beunruhigend auffiel. Freilich glich sich dies bald wieder aus; und da er auf die Frage, ob er unwohl sei, es verneinte, auch Abends wieder heiter und die nächsten Tage besonders thätig war, so dachte man dem weiter nicht nach. Nur das geübte Ohr der Liebe konnte einen weicheren, innigeren Ton entdecken. Indeß eben an diesem 4ten Juli hatte Simon, — wie man nach seinem Tode sah, — in sein Tagebuch Folgendes geschrieben:

„Heut 4. Juli 1860, kurz nach dem Aufstehen, ohne jede mir erkennbare äußere Veranlassung ein so heftiger Schwindelanfall, daß ich nur mit energischem Willen die Ohnmacht verhüte.

„Ich müßte mich täuschen, oder die Anzeichen eines bevorstehenden Nervenschlages treten bei mir hervor; träfe ein Solcher edle Theile des Organismus, so wäre en cas que dies einem Herzenswunsche gemäß. „Ganz oder gar nicht" ist mein Spruch. Ich bin sehr ruhig."

Am 6. Juli gab er den nachstehenden Brief zur Abschriftnahme, und am 8ten beförderte er ihn an seine Adresse:

An den königl. preußischen Wirklichen Geheimen Staatsminister Herrn A. v. Auerswald, Ritter u. s. w. zu Berlin.

Zürich, 6. Juli 1860.

Hochgeehrter Herr!

"Vor langen Jahren*) wendete sich der Unterzeichnete als Mitglied des Fünfziger-Ausschusses an Ew. Excellenz, den damaligen Minister, ohne ein anderes Mandat als sein Interesse für Preußen und Deutschland. Es geschieht dies heut zum zweiten Mal unter Verhältnissen, die nur in sofern gleichen, als das nämliche und kein persönliches Interesse die Veranlassung giebt.

"Nach den öffentlichen Nachrichten dürfte die schwere Prüfung des Königs von Preußen ihrem Ende nahen. Man bezweifelt in Deutschland nicht, daß unter die ersten Handlungen seines Nachfolgers die Amnestie für politisch Verurtheilte der Jahre 1848, 1849 zählen werde. Von der Art, in welcher diese Maßregel erfolgt, wird es abhängen, wie sie von Preußen und Deutschland aufgenommen wird. Nachdem die preußischen Trauerzustände des vergangenen Jahrzehnts beseitigt, wußte und weiß man sich nicht begreiflich zu machen, warum dennoch das schönste Vorrecht der Krone geruht, warum der Prinz von Preußen es bis jetzt unterlassen, sich auf so gegebene Weise auch in dieser Richtung mit dem Herzen des Volkes in Uebereinstimmung zu setzen. Als ausschließlichen Erklärungsgrund giebt man persönliche Rücksichten gegen den König an, während allgemein anerkannt wird, daß kein Staatsinteresse irgend welcher Art vorliegt, einige Personen länger im Kerker zu behalten, oder jene über Europa und Amerika zerstreute,

---

*) S. oben Thl. II. S. 25.

durch das Elend des Exils gelichtete kleine Schaar von ihrem Vaterlande nach Verlauf von zwölf Jahren länger auszuschließen; während Oesterreich es wagen konnte, eine Amnestie zu erlassen und das auf reine Gewalt gegründete französische Gouvernement; während andererseits eine volle Versöhnung mit dem Volke, dessen innerstem Leben das Jahr 1848 angehört, nicht erfolgt ist, so lange man jene Verbannte, — zufällige und nur vereinzelte Träger dieses Geschichtsabschnittes, dessen wahre Träger das gesammte Volk, ganz Europa, — vom Vaterlande strafweise fern hält, Männer, die für Ideen leiden, welche heute in Preußen gesiegt und staatsrechtliche Verhältnisse herbeiführen halfen, deren sich jeder Preuße mit Stolz und Wohlgefühl bewußt ist.

„Wäre nicht wiederholt durch die Zeitungen seit zwei Jahren das Gerücht gegangen, daß nur für diejenigen aus politischen Gründen Verbannten Begnadigung eintreten werde, welche Letztere, unter Reuebezeugung über ihre Vergangenheit, nachsuchen; wäre nicht unbegreiflicherweise selbst ein Begnadigungs-Gesuch noch in neuester Zeit, wie mir bekannt geworden, auf rein büreaukratischem Wege abgelehnt worden; hätte nicht der Herr Justizminister sich in einem einzelnen Falle vor etwa einem Jahre gegen einen Mann, der sich damals dem Gerichte gestellt und von letzterem freigesprochen worden, in ähnlicher Richtung ausgesprochen; so würde ich mein Schreiben für völlig unnütz halten. So aber sei mir gestattet das Wort zu sagen:

„Nur in Einer Weise kann und darf die Amnestie erfolgen. Unbedingt, ohne jeden Vorbehalt und in versöhnendster Form.

„Es wäre für das gesammte deutsche Volk schmerzlich zu bedauern, wenn ein staatsmännischer Akt, der gleichzeitig ein Akt der Liebe und Versöhnung, statt in hochherziger Weise vom Volke empfangen zu werden, in kleinlicher Art erfolgte, wie dies in Preußen auch gute Maßregeln so häufig abschwächt. Es würde eine Begnadigung statt der Amnestie, vollends eine an Bedingungen geknüpfte Begnadigung, von allen edlen Männern, die sich in so reicher Zahl unter den Verbannten befinden, mit voller Entschiedenheit verworfen werden, und es würden sicher Viele derselben die Verpflichtung fühlen, ihren öffentlichen Protest gegen einen derartigen Versuch ihrer Demüthigung, ja Entwürdigung auszusprechen. Die Nation aber würde es in zwiefacher Rücksicht beklagen, wenn unter Denjenigen, denen einst Hunderttausende ihr öffentliches Wohl und Wehe anvertraut, wirklich auch nur Einer durch langes Elend dahin gebracht wäre, einen sich selbst verleugnenden Schritt zu thun; fände sich aber ein Solcher, was gewönne die preußische Regierung durch seine Erklärung? einen entehrten Preußen. Es würde ein Versöhnungsfest, dem, wenn aus vollem Herzen gegeben, das deutsche Volk als einem neuen wesentlichen Grundsteine der Zuneigung zur jetzigen preußischen Regierung zujubelte, auf erwähnte Weise gegeben, an den kaum gelegten Grundsteinen rütteln. Und doch thut Deutschland zunächst und vor Allem Eins Noth: das gerechte, also auf feste Grundlage gestützte Zutrauen zu Preußen. Nur auf dieser Grundlage kann Deutschland ohne furchtbare, nicht abzusehende Kämpfe zu einer glücklichen Zukunft gelangen. Der Verstand des deutschen Volkes ist in dieser Beziehung mit seinem Herzen im Widerspruche. Ersterer sagt ihm, daß Deutschlands politischer Jammerzustand, der es zu einer Null unter den Völkern macht, nur durch Preußen gehoben werden könne, und die klare Einsicht hiervon wirkte so tief, daß das deutsche Volk dem Könige von

Preußen die deutsche Krone gab, und neun und zwanzig
deutsche Regierungen sich ausdrücklich hiermit einverstanden
erklärten. Dem folgten inzwischen zehn Jahre, in denen
Preußen auf das deutsche Herz trat. Der Ehrenmann, der heut
an der Spitze Preußens steht, wird seine Verurtheilung
dieser für immer zu beklagenden Zeit in einer nie wankenden
Weise bethätigen müssen, wenn Deutschlands neue Hoffnungen kräftige, tiefe Wurzeln schlagen sollen. Es ist bei uns
nicht bekannt, wie abgeneigt man Preußen, von Oesterreich
absehend, namentlich in den süddeutschen Staaten ist. Was
aber ist Preußen ohne Deutschland in heutiger Zeit? Was
stünde wohl heute dem zweiten Rheinbunde und dessen
Konsequenzen entgegen, wenn nicht der unendlich höher als
die deutschen Fürsten stehende deutsche Volksgeist? —

„Unpersönlich durfte ich meine Ansicht über die Amnestiefrage nennen, da ich die Verbannung aus meinem
schmerzlich geliebten Vaterlande während so langer Jahre
meines bewußten Lebens niemals als eine rechtliche betrachtet habe, sondern als ein rein thatsächliches Verhältniß, das
von einer Uebermacht über mich verhängt worden, ein thatsächliches Verhältniß, welches ich daher sich ändern sehn
werde, ohne mich dadurch irgend wem zu Danke verpflichtet
zu fühlen, und zwar um so weniger, als die Benutzung
einer Aufhebung des Exils — in Folge der Nothwendigkeit,
sich im Laufe von zwölf Jahren eine neue Lebensbahn zu
gründen, nur mit den schwersten Opfern für jeden in dieser
Lage Befindlichen möglich ist. Betreffs der Vielen, welche mit
mir in gleicher Lage, kann es von Interesse sein, Ersteres
mit einigen weiteren Worten zu berühren. Es sind dies
diejenigen Persönlichkeiten, welche damals die in der Luft
und in allen europäischen Völkern lebenden Ideen im deutschen Reichsparlamente und in der preußischen National-

Versammlung vertraten, auch dann noch vertraten, als sie hierdurch mit der siegenden entgegengesetzten Richtung in Konflikt kamen und somit ihre bürgerliche Existenz ihrer Ueberzeugung opferten. Ließe sich die Regierung von den Gerichtshöfen Bericht über die gegen diese Verbannten ergangenen Urtheile erstatten, so würde diese Zusammenstellung sehr wunderliche Resultate ergeben. Die Frage beispielsweise, ob Derjenige sich des Hochverraths oder überhaupt schuldig gemacht, der den ihm anvertrauten Posten als deutscher Reichstags-Abgeordneter auch noch in Stuttgart behauptet, ist durch preußische Richtersprüche völlig verschieden, ja gänzlich entgegengesetzt beurtheilt worden!

„Oesterreich — das vielgeschmähte Oesterreich — leitet gegen diese Personen gar keine Untersuchung ein.

„Baiern schlägt in allen betreffenden Fällen die Untersuchung nieder.

„Würtemberg leitet keine Untersuchung ein.

„Sachsen-Weimar desgleichen.

„Für das Königreich Sachsen setzt der oberste Gerichtshof, das Ober-Appellationsgericht zu Dresden, trotz bekannter damaliger äußerster Reaktion in Sachsen, in allen betreffenden Fällen die bereits zur Untersuchung Gezogenen außer Verfolgung.

„Der großherzoglich hessische Gerichtshof spricht sie frei.

„Das Ober-Appellationsgericht zu Rostock spricht sie frei.

„In dem ganzen außerpreußischen Deutschland verurtheilt in diesem Falle lediglich Kurhessen, jedoch erst unter Hassenflug, zu zwei Jahren Festung und Schwarzburg-Rudolstadt zu Einem Jahre Festung.

„Und dagegen Preußen?

„In Preußen verurtheilen wegen derselben Thatsache

zum Tode das Schwurgericht zu Berlin, das Schwurgericht Düsseldorf, das Schwurgericht Trier.

„Es verurtheilt zu lebenslänglichem Zuchthause, sage Zuchthaus, das Schwurgericht Breslau, das Schwurgericht Naumburg.

„Es verurtheilt zu fünfzehn Jahren Zuchthaus der politische Staatsgerichtshof des Kammergerichts.

„Es verurtheilt zu zwölf Jahren Zuchthaus das Gericht Spandau.

„Zu zehn Jahren Zuchthaus das Schwurgericht Breslau in einem zweiten Falle.

„Zu fünf Jahren Gefängniß das Schwurgericht Heiligenstadt.

„In Einem Falle wird gar keine Untersuchung eingeleitet.

„Das Land- und Stadt-Gericht Oppeln befindet in einem anderen Falle, daß kein Grund zur Untersuchung vorliege und setzt den Verhafteten in Freiheit.

„Es sprechen die betreffenden Angeklagten vollkommen frei:

  der Schwurgerichtshof zu Köln,
  der Schwurgerichtshof zu Königsberg,
  der Schwurgerichtshof zu Magdeburg,
  der Schwurgerichtshof zu Münster,
  der Schwurgerichtshof zu Grünberg,
  der Schwurgerichtshof zu Liegnitz.

„Jedes hinzugefügte Wort über dies gerichtliche Würfelspiel mit der Wohlfahrt, der Ehre, dem Leben so vieler trefflicher Männer wäre Ueberfluß. Auch nicht Einer jener Männer würde heute von irgend welchem preußischen Richterkollegium verurtheilt werden. Es ist nicht der Ort, hierauf näher einzugehen; der Hinweis genügt auf die vielen anerkanntesten Richterkollegien in Preußen und ganz Deutschland, welche damals in den Momenten blutiger Reaktion freisprechende Urtheile erlassen mußten. Die Verbannten, die ihrer Ueberzeugungstreue ihre Existenz geopfert, werden betreffs der Rechtmäßigkeit ihrer Handlungsweise zweifellos übereinstimmen mit der Ansicht weitaus der meisten und berühmtesten Gerichtshöfe des gesammten Deutschlands, daß sie völlig frei sind von jedem Vergehen gegen ihr Vaterland; daher ihr mehr als zehnjähriges „Elend" — wie unsere deutschen Altvordern das Exil nannten, — welches sie heut noch erdulden als das schwerste Unglück, aber als ein rein thatsächliches Verhältniß betrachten — das nicht im Stande, ihnen ihr Bewußtsein zu rauben, als gute Patrioten gehandelt zu haben.

„Das Interesse an der durch die Folgen des Exils klein gewordenen Zahl von Unglücklichen bleibt jedoch das völlig untergeordnete gegenüber dem allgemeinen Interesse. Eine Amnestie kann und soll kein Akt des Mitleids sein. Es soll der staatsmännische Akt sein, der die Versöhnung mit der Vergangenheit, der das in einer Krankheitskrisis momentan zerrissene Band zwischen Volk und Fürst voll wieder herstellen will; ein Akt, der die Anerkennung enthält, daß eine weit über die Kraft des Einzelnen hinausreichende Macht es war, welche jene Staatskrisis herbeiführte und das Schicksal Einzelner hineinflocht; der feierlich ausgesprochene Wunsch, daß alle Schuld, die der Besiegten und der Siegenden, entsühnt, ein neuer Bund geschlossen sein solle.

„Kleinlichkeit bei einem solchen Akte verriethe nicht nur den Mangel an Hochherzigkeit, sondern vor Allem den Mangel an politischem Blicke.

„In Hochachtung, — durch das Vertrauen dieses Schreibens bezeugt, —

Ew. Excellenz ganz ergebenster

Dr. Heinrich Simon."

Sorge für die Ehre seines Vaterlandes, für das Wohl seiner Schicksals= und Gesinnungsgenossen hatte Simon den obigen Brief eingegeben. Er war eine letzte Liebesthat.

———

Gegen Ende Juli beschloß Simon eine Erholungsreise nach Ober=Italien zu machen, während sein Bruder Gustav ihn in seinen Geschäften vertreten sollte. In Belaggio am Comersee traf er verabredetermaßen mit Advokat Hilty*) zusammen. Beide Freunde gingen nach Mailand, Genua, Turin; sie genossen einander doppelt inmitten der schönen Natur, inmitten des Aufschwungs der wiedererstandenen Nationalität eines unterdrückten Volkes. In Genua traf Simon den als Militairschriftsteller bekannten W. Rüstow, der im Auftrage Garibaldis für die bevorstehende geheime Expedition nach Sicilien und Neapel thätig war. Von ihm vernahm er Einiges über die gefaßten Pläne, — genug, um neben dem Selbstgeschauten sein Herz mit schönen Hoffnungen für Italien zu erfüllen. Ueber den gehabten Eindruck schrieb er an Max Simon in Breslau:

„Ich habe Italien zum zweiten Male in höchster Glut nationaler Begeisterung gesehen, etwa aussehend wie das schönste Mädchen in Liebesglut, wie ein Apollo im Kampfe, den Sieg im Herzen. Erzählen möchte ich Dir, von Schreiben ist keine Rede. Es geht dort unaufhaltsam vor-

---

*) Siehe oben Theil II. Kap. 4.

wärts. . . . . . . Auf dieser Reise bin ich mit sehr vielen Deutschen zusammen gewesen, und ich habe bessere Eindrücke davon als ich erwarten konnte; es regt sich überall. Lernen wir Unterordnung der Willen unter den Gesammtwillen, lernen wir uns um eine Fahne schaaren, so ist alles Uebrige da. Für den Moment kann diese Fahne schlechthin nur die von dem Volke beschlossene Reichsverfassung sein. Ich habe vielfach in jenen Gesprächen den Anklang meines betreffenden Aufrufs mit Freude gehört. . . . . . ."

Auch an die Schwestern in Schlesien schrieb er in gleichem Sinne, noch voll des Erlebten.

Am sechsten August, Montag, kehrte Simon über den Gotthard! nach Zürich zurück. Dort verlebte er mit den Seinen und mit Freund Reinstein, der aus Wabern (bei Bern) zum Besuche herüber gekommen, einige frohe Tage und trat dann Sonnabend, den 11. August, eine Inspektionsreise an nach den Schieferbrüchen von Pfäffers und Engi und nach dem Kupferbergwerk Mürlschen alp. Bruder Gustav und Hilty geleiteten ihn zum Bahnhof. „Möcht' es Dir doch recht gut gehen!" wünschte Frau Marie Gärtner beim Abschiede. „Warum sollte es nicht!" sagte er heiter und freundlich. Sie sah ihm vom Fenster nach, er grüßte mit der Hand hinauf und verschwand ihr hinter den Bäumen.

Seine Reise war günstig, die Geschäfte befriedigend. Unterwegs sprach er viele ihm näher und ferner stehende Personen. In Ragatz traf er Karl Voigt. „Wir unterhielten uns natürlich vortrefflich!" schrieb er. In ihrer Freude über die Ereignisse in Italien stimmten sie überein. In Pfäffers, wo er die Schieferbrüche besichtigte, wurde er gebeten, ein niedliches zehnjähriges Mädchen aus Stuttgart, das unwohl geworden, in seinem Wägelchen mit nach

Ragaz zu nehmen. „Sie wurde ganz munter, erzählte mir tausend Dinge." Von Ragaz ging es nach Glarus, Engi. Die Seinen erhielten fast täglich Briefe von ihm, — den letzten am Donnerstag, den 16. August — **an seinem Todestage!** —

Er schrieb aus Glarus, Abends 9 Uhr, nachdem ihm zum letzten Mal die Sonne untergegangen:

„...... Ich habe mich auf meine Stube so eben zurückgezogen und sitze bei offenem Fenster. Vis à vis im Casino ist der große Kinderball, der die Tanzstunden beschließt, und der Platz mit Glarnern, zu Ehren des großen Ereignisses, gefüllt. Ich fuhr gestern Abend nach Engi, war heut bei schönstem Wetter im Bruche...... Die Fahrt gestern wunderschön, und eben so heut hierher — wunderschön! Ich konnte mich nicht satt sehen an den in der Sonne glänzenden Smaragdwiesen, den noch tief beschneiten Bergriesen ......"

Ueber seinen — am 16. August erfolgten — Tod bleibt noch Folgendes zu berichten.

Am gedachten Tage Vormittags fuhr Simon in einem Wägelchen von Glarus über Obstalden nach Murg am Wallensee. Der Kutscher, der ihn fuhr, kannte ihn von früher her, er sollte mit dem Pferde, das Simon von Murg aus reiten wollte, mit zur Mürtschenalp hinauf. „Der Herr war so freundlich wie immer, und freute sich über den schönen Weg;" sagte der Kutscher. Als sie auf die Höhe kamen, lag der Wallensee, lachend im Sonnenschein, vor ihnen. Simon sagte, heut sei's schön zum Baden; da aber später der See etwas unruhig schien, gab er die Idee auf. Um zwei Uhr in Murg angelangt — kehrte er, wie immer, beim Kreuzwirth ein. Da die Fahrt heiß gewesen, kleidete er sich um, bestellte sein Mittagbrod, wollte während des mit dem Wirth, Gemeinde-Präsident Gmür, plaudern. Dieser aber hatte Gemeindesitzung. Ein Buch war nicht zur Hand, das Essen noch nicht fertig. Er trat hinaus auf den Vorsprung des Hauses; der See mußte wohl in bestrickender Pracht und Stille vor ihm liegen; denn er ging ins Haus, bat das Essen noch eine halbe Stunde hinauszuschieben: „es sei gar zu schön, er wolle doch erst baden, das werde ihn erfrischen zu dem weiten Wege, den er heut noch vor sich habe." Das Bübchen des Kreuzwirths bestellte den Schiffsmann. Noch ehe Dieser das grüne Schifflein losgemacht, war Simon schon am Ufer. Der Schiffer, ein älterer Mann, mit gutem sanften Gesicht, sagte später: „Es war ein gar so stattlicher Herr! so freundlich und so jovialisch wie ich noch Keinen gesehen." Sie fuhren auf die Höhe des See's. Simon gebrauchte alle Vorsichtsmaßregeln gegen zu schnelle Abkühlung, reckte sich noch recht in der Wonne des Wohlbefindens und sprang kopfüber in den See. Längere Zeit schwamm er um den Kahn herum, sprach und scherzte mit dem Schiffer. Zwei, drei Minuten nach seinen letzten scherzenden Worten sah ihn der Schiffer plötzlich einen Moment gleichsam aufrecht im Wasser stehen, dann neigte sich das Haupt auf die Brust und lautlos sank er in die Tiefe. Ein Nervenschlag hatte ihn getroffen, die vollste Wonne des Lebens hatte die Schranke des Lebens gesprengt.

Der Schiffer fuhr noch lange mit dem Schiffchen auf der nämlichen (360 Fuß tiefen) Stelle umher. — Er kam nicht wieder.

„Noch haben wir ihn nicht gefunden," schrieb Simon's Pflegetochter einige Tage darauf an Ludwig Simon. „Er soll in Murg am See's Rand begraben werden, wenn wir ihn gefunden haben." „„Ja, da begrabt ihn, — wenn Ihr ihn gefunden habt!"" antwortet der Freund schmerzerfüllt. „Er ist es werth, daß sein Grabhügel sich inmitten dieser großartigen Natur erhebe. Schaut auf ihn hinab, ihr stolzen Schneehäupter! bespüle sein Gebein, du trotzig schöner See! Da liegt ein ganzer Mann in des Wortes vollster Bedeutung. . . . . . . Und sollte sein Gebein aus dem majestätischen Wassergrabe nicht mehr emporsteigen, so setzt ihm am Rande ein Denkmal, damit der deutsche Wanderer, wenn er über den See ins Rheinthal oder nach Zürich fährt, wisse, wo er sein Schifflein abzulenken hat, um dem deutschen Ehrenmanne auf fremder Erde den Zoll seiner Achtung und Dankbarkeit darzubringen!""

———

Wir schließen die Lebensgeschichte Heinrich Simon's mit dem Dichterworte, das Moritz Hartmann dem dahingeschiedenen Freunde gewidmet hat:

Der tiefe See ist sein wildes Grab,
In Freiheit liegt er begraben;
Die Kurfürsten*) blicken traurig herab
Auf ihn, den gekürt wir haben.
Den Hutten beherbergt der andere See
Mit einsamen Inselborden:
Die Brüder in Gedanken und Weh
Sind nun auch Nachbarn geworden.

Nun wollen wir glauben, daß so es kommt:
Daß sich beide nächtlich besprechen,
Was Deutschland, ihrem theuern, frommt,
Und wie die Fessel zu brechen.

———

*) Sieben Bergspitzen am Wallensee.

Ihr Wort von Wind und Wellen belauscht
Wird flüsternd weiter getragen,
Bis es empor in der Heimat rauscht
In Auferstehungstagen.

Viel Zukunft bergen die beiden See'n,
Wie jener Berg Kyffhäuser;
Die Beiden hat sich das Volk ersehn,
Des Volkes heutige Kaiser. —
Wenn einst ihr Geist aus den Wellen bricht
In seiner lautern Reinheit,
Dann fliegen auch nimmer die Raben nicht,
Und kommt die verkündete Einheit.

Nun suchen sie noch in tiefem See
— (Wie im Saleph*) einst) — nach der Leiche:
So suchen wir noch in tiefem Weh
Nach dem heiligen deutschen Reiche.
O lasset ihn ruhn, wo er jetzund ruht,
Der Geist schwebt über den Fluthen.
Er schlummert sanft, er schlummert gut
Im Exil, der Heimat der Guten.

---

*) Saleph, der Fluß, in welchem Barbarossa ertrank.

Anhang.

L
Ehrenschenkung.

Nachdem die Hinterlassenen des im Wallensee den 16. August 1860 verunglückten Herrn Dr. Heinrich Simon gewünscht haben, die Leiche desselben auf Gemeindeboden der Ortsgemeinde Murg beizusetzen und ihm daselbst ein Denkmal zu errichten, so hat dieselbe in ihrer ordentlichen, rechtsgültigen Versammlung vom 26. August 1860 in Erwägung:

daß sich der verstorbene Herr Dr. Simon aus Breslau, Niedergelassener in Zürich, als Gründer des Kupferbergwerks Mürtschenalp um die Gemeinde Murg wohl verdient gemacht, indem er dadurch der Gegend ein Unternehmen zugesichert, welches vielfach segensvoll in derselben gewirkt hat, und von dem wir hoffen, daß es immer kräftiger erblühe und gedeihe;

in Erwägung:
daß er durch sein freundliches, liebevolles, wohlwollendes Benehmen, durch seine wahrhaft ächte Humanität eines biedern deutschen Mannes die hohe Achtung und warme Liebe aller Bürger genossen;

in Erwägung
der Verdienste, die er sich durch seine öffentliche Wirksamkeit, in der er mit Geist und Kraft, un-

wandelbarem Charakter und männlicher Tugend für Fortbildung und Hebung und Entwicklung besserer gesellschaftlicher Zustände wirkte, in allen deutschen Gauen, in allen Ländern deutscher Zunge erworben,

Einstimmig beschlossen:

Art. 1.

Es cedirt und überläßt die besagte Gemeinde dem Herrn Gustav Simon von Breslau, Niedergelassenem in Zürich, und seinem Rechtsnachfolger eigenthümlich zu freier, beliebiger Benützung für alle Zeiten ein Stück Fels und Boden in der Mitte des neuen Reutbodens ob Kaspar Eberharden Haus, beim Dorfe gelegen, von mindestens 10, höchstens 20 Quadrat-Ruthen Flächeninhalt, grenzend an allen Seiten an Gemeindeboden der Ortsgemeinde Murg, frei, ledig und los von allen Lasten und Beschwerden ohne irgend welchen Abtrag hiefür.

Art. 2.

Nach Erstellung des Denkmals, welches Herr Gustav Simon seinem verstorbenen Herrn Bruder Dr. Heinrich Simon auf diesem Boden zu errichten gedenkt, und des Grabes, welches allfällig die Leiche desselben aufnehmen soll, kann Herr Gustav Simon nach Art. 1 die Marchen und Ziele des Bodens innerhalb der bestimmten Maße festsetzen.

Art. 3.

Von allen Vorfallenheiten, durch welche dieses Grab und Denkmal in irgend einer Weise berührt werden möchte, werden die jeweiligen Gemeindebehörden jederzeit der Familie oder deren Vertretern Kenntniß geben, so wie darauf bedacht sein, daß zu allen Zeiten dies Grab und Denkmal, so wie allfällige Bäume und Gewächse, Anpflanzungen vor allen Nachtheilen, Beschädigungen bewahrt bleiben und nöthigenfalls den polizeilichen Schutz finden.

Art. 4.

Die zum Bau des Grabes, Denkmals oder zu einer Umfassungsmauer nöthigen Steine, so wie alle hiezu benöthigten Erde, Sand und Kalksteine dürfen auf Gemeindeboden unentgeltlich bezogen werden; für allfällige Verheerung und Beschädigung des Gemeindebodens, sei sie welcher Art sie wolle, beim Denkmal-Bau, Bau des Grabes und Weges hiezu, wird keine Entschädigung verlangt.

Art. 5.

Herr Gustav Simon und seine Rechtsnachfolge ist berechtigt allenthalben über Gemeindeboden einen Weg von beliebiger Richtung 3 bis 5 Fuß Breite anzulegen und genießt zu diesem Zwecke die gleichen in Art. 4 benannten Rechte, wie zur Errichtung des Grabes und Denkmales selbst, ohne besondere Entschädigung dafür zahlen zu müssen. Im Fernern ist er berechtigt, die zu der Anlage des Weges nach dem Denkmale hindernden Gebüsche, Sträucher und Bäume jetzt und zu allen Zeiten ohne Weiteres wegzunehmen.

Art. 6.

Die Gemeinde übernimmt die Verpflichtung, daß in der Richtung, welche in grader Linie auf die Eisenbahn vor dem Denkmal und Grab führt, keinerlei Bäume gepflanzt werden, und in Hinsicht dessen wird zugestanden, daß das Nußbäumchen, welches jetzt grade unterhalb des Denkmalplatzes steht, sofort weggenommen werden kann.

Art. 7.

So lange Herr Gustav Simon lebt, ist derselbe Eigenthümer des gedachten Bodenstückes mit allem Zubehör, wie Wegen x.

Es steht ihm natürlich frei, über dasselbe sowohl bei Lebzeiten als letztwillig zu verfügen.

Nach seinem Tode wird das Eigenthum bei Abgang anderer Verfügungen auf seine natürlichen Erben überzugehen haben.

Art. 8.

Es ist Herrn G. Simon gestattet, ohne weitere Vollmacht sich durch Herrn Dr. Karl Hilty von Chur in allen Angelegenheiten, dieses Grundstück und Grab betreffend, rechtskräftig vertreten zu lassen.

Art. 9.

Für diese Schenkungsurkunde wird die Genehmigung des Kleinen Rathes des Kantons St. Gallen und die Ratifikation des Gemeinderathes Quarten anmit vorbehalten.

Murg, den 26. August 1860.

Namens der Genossen-Versammlung:

Der Präsident: sig. Gmür.

Der Verwaltungsrathsschreiber:
sig. Klein.

Kraft Beschlusses des Gemeinderathes Quarten vom 22. September 1860 ist der obbenannten Ehrenschenkung, nachdem dieselbe vom Kleinen Rath des Kantons St. Gallen sanktionirt, die gemeinderäthliche Ratifikation ertheilt worden.

Quarten, den 22. September 1860.

Namens des Gemeinderathes:

Der Gemeindeammann:
J. Eberhard.

Der Gemeinderathsschreiber:
Zeller J. M.

II.
Einweihung des Simon-Denkmals am Wallensee.*)
(Das Grütli der Deutschen.)

Mitten in die Verfassungskämpfe der Vertreter des preußischen Volkes um dessen gutes Recht fällt die Erinnerungsfeier an einen der verdienstvollen Vorkämpfer desselben. Sie gilt den Manen Heinrich Simons von Breslau, der eben so entschieden, wie die Verfassung seines engeren Heimatlandes, die Rechte des großen deutschen Volkes im Parlament zu Frankfurt vertrat. Flüchtig betrat er, einer der Letzten des kleinen in Stuttgart ausharrenden Häufleins, den Asyl gewährenden Boden der Schweiz, in der er sich eine neue Thätigkeit zu gründen wußte, bis ihn die Wellen des trügerischen Wallensee's am 16. August 1860 beim Baden dahinrafften. Sein mit ihm um die Palme muthiger Vertheidigung der Volksrechte ringender Freund Johann Jacoby zu Königsberg ergriff die Initiative, um dem Dahingeschiedenen ein Denkmal an der Unglücksstätte beim Dorfe Murg zu errichten. Dem Aufrufe wurde von den Freunden bereitwillig entsprochen, und

---

*) Neue Frankfurter Zeitung vom 12. Oktober 1862. — „Festfahrt zu Heinrich Simon's Denkmal" von K. Mayer aus Eßlingen (Deutsche Jahrbücher, Februarheft 1863).

so konnte ichen jetzt das Denkmal, für dessen Ausführung in dem jungen Architekten Luigi Chialiva, Semper's Schüler und Freunde, ein talentvoller Künstler gefunden wurde, eingeweiht werden. Dem Charakter der großartigen Umgebung entsprechend, bildet es in zwei breiten Veranden mit steinernen Bänken einen Ruhepunkt zum Ueberschauen des prächtigen Wallensee's mit den gegenüberliegenden majestätischen Kurfürsten. Das eigentliche Monument besteht in einem schlanken Tempelportikus, im Hintergrunde mit einer schwarzen Marmortafel und dem Hautrelief-Brustbild des Verstorbenen, vom Prof. Keyser in Zürich modellirt. Im Giebelfelde liest man in goldenen Lettern: Virtuti! Die schwarze Marmortafel trägt die Legende: Heinrich Simon, geb. den 29. October 1805, gest. den 16. August 1860. Davor steht in der von zwei schlanken Säulen gebildeten Blende ein lorbeergeschmückter Altar, mit der Inschrift: „Den Manen Heinrich Simon's gewidmet von seinen Freunden und Gesinnungsgenossen." Zu beiden Seiten des Altars sind in die mittlere Höhe der veranda-artigen Steinwand zwei Inschriften eingelassen, links: „Er kämpfte für das Recht des deutschen Volkes und starb im Exil" — und rechts: „Der Leib ruht in der Tiefe des Wallensees, sein Andenken lebt im Herzen des Volkes." Die Matte, auf welcher das Monument sich befindet, kann vom See und von der Eisenbahn aus gesehen werden. Ihre Lage hat Aehnlichkeit mit der des Rütli*) am Vierwaldstätter See.

Zu diesem „Rütli der Deutschen in der Schweiz", wie es von einem schweizerischen Redner treffend bezeichnet wurde, brachten am prachtvollen Herbsttage des 5. Oktober 1862 die Eisenbahnzüge von Zürich, Chur und St. Gallen Schaaren

---

*) Die Schweizer nennen es Grütli.

von Festtheilnehmern. Zum Theil aus weiter Ferne herbeigeeilt, z. B. Johann Jacoby von Königsberg, Dr. Borchardt von Manchester, Ludwig Simon und Bamberger von Paris, Heinrich Simon jun. von Warschau ꝛc., begrüßten sich die Veteranen der Freiheitsmänner, die das dreizehnjährige Exil oft weit auseinander geschleudert. Von ehemaligen Parlaments-Mitgliedern waren da: Peter von Konstanz, Nauwerk von Berlin, Gottfried Keller aus Zürich, Moriz Hartmann von Genf, Prof. Temme, Ph. Schwarzenberg aus Florenz, Mayer von Eßlingen, Roediger von Hanau, Würth von Sigmaringen, jetzt in Chur, Wislicenus u. A. Das Wiedersehen war bei Vielen ein wahrhaft rührendes. Ebenso erhebend war die Theilnahme der deutschen Jugend. Die Polytechniker-Verbindung „Teutonia" und der deutsche Arbeiterbildungs-Verein von Zürich hatten Deputationen mit ihren prachtvollen Fahnen geschickt, die Arbeiter-Vereine von Glarus, Schwanden und Mollis waren, über 70 Mann stark, ebenfalls mit zwei deutschen Fahnen erschienen. Zur wesentlichen Verschönerung der Feier trug der Züricher Gesangverein „Harmonie", etwa vierzig Mann stark, bei. Um eilf Uhr ordnete sich der Festzug, gegen dreihundert Männer zählend, darunter viele angesehene Schweizer. Beim Austritt aus dem Dorfe, am Fuße des Hügels, führte der Weg durch einen grünen Ehrenbogen, den die Gemeinde Murg errichtet und mit dem biblischen Spruche ausgestattet hatte: „Die zur Gerechtigkeit weisen, werden leuchten wie die Sterne immer und ewiglich."

Oben auf der Bergwiese angelangt, reihten sich die Festtheilnehmer inmitten der herbeigeströmten Bevölkerung in feierlicher Stille um das Denkmal. Der Sängerverein des Dorfes Murg begann mit einem choralartigen Liede den Akt der Weihe; ihm folgte mit einem meisterhaft gesungenen Liede „Des Pilgers Trost" die Harmonie. Dann trat Jacoby in die Mitte der Halle und sprach:

„Deutsche Brüder und Männer des Schweizerlandes! Vollendet ist das Denkmal, zu dessen Weihefeier wir heute versammelt sind. Dem Andenken Heinrich Simon's gewidmet — soll es zugleich den kommenden Geschlechtern Zeugniß geben von den Kämpfen unserer Zeit, deren Frucht sie einst genießen werden. Welchen Antheil Heinrich Simon an diesen Kämpfen genommen, wie er — im Vordertreffen stets — als Mann des Volks, als unerschütterlicher Hort des Rechts und der Freiheit sich bewährt hat, — ein beredterer Mund wird es Ihnen heute zu schildern versuchen; meinem Herzen stand der Dahingeschiedene zu nah, als daß es mir ziemte, als daß ich das Recht hätte, sein Lobredner zu sein.

„Wohl aber liegt eine andere Pflicht mir ob, und ich erfülle sie mit Wehmuth zugleich und mit Freude. An Euch, Ihr Männer der Schweiz! richtet sich mein Wort. Im Namen des geliebten, nun auf ewig verstummten Freundes sage ich Euch Dank, aus Herzensgrunde Dank für die vielen Beweise liebevoller Theilnahme und ehrender Anerkennung, für alles Gute und Liebe, das Ihr dem Freunde im Leben wie im Tode erwiesen habt! — Als im Jahre 1849 die Freiheitsbestrebungen des deutschen Volkes an den Ränken treuloser Fürsten scheiterten, da suchte, da fand bei Euch der edle Verbannte eine schützende Zufluchtsstätte. Eine großartige Natur gab hier seinem für das Schöne und Erhabene empfänglichen Gemüthe reiche Befriedigung; in vollen Zügen athmete seine Brust die reine Luft der Freiheit, die er so lange schmerzlich entbehrt, so lange vergeblich ersehnt hatte. Doch nicht selbstische Rücksicht, nicht das persönliche Wohlbehagen, — vor Allem war es vielmehr seine hingebende Liebe für das deutsche Vaterland, was die neue Heimat ihm werth und theuer machte. In ihr, in dem Lande der Tell und Winkelrieds, erkannte, ja erlebte er bereits im veranschauenden Geiste die staatliche Zukunft, den anbrechenden Freiheitstag Deutschlands. Und so auch endete Heinrich Simon! Angesichts dieser mächtigen Alpenriesen, die frei und stolz ihr weißes Haupt in den Himmel erheben, starb er voll Jugendmuth, voll Jugendhoffnung, wie er selber wenige Tage vor dem Tode es ausdrückte, den Sieg im Herzen!

„Das Herz aber täuscht den Menschen nimmer. Mag auch der Absolutismus jetzt wieder frech das Haupt erheben, kommen wird sicher der Tag, da der freie deutsche Mann dem freien deutschen Schweizer die Bruderhand drücken und Beide vereint einen frischen Siegeskranz auf Heinrich Simon's Denkstein legen werden. Wohl ihm, dem das Glück zu Theil ward, für die Freiheit zu kämpfen und zu dulden; sein Leben war edel und schön, im Tode selbst ist er glücklich zu preisen!

„Eine Pflicht noch bleibt mir zu erfüllen. Die Gemeinde Murg, in deren Mitte Heinrich Simon so gern verweilte, hat hochherzig dem Fremdlinge — in dankbarer Anerkennung seiner Verdienste — diesen Wiesenplatz zur Denkmalstätte eingeräumt. Im Namen der hier versammelten Freunde des Dahingeschiedenen danke ich den Männern von Murg für diese Ehrenschenkung; ihrem Schutze, ihrer Fürsorge übergebe ich zugleich — im Namen und Auftrage des Komité's — das nun vollendete Denkmal."

Hierauf verlas der Redner die von den Betheiligten vereinbarte Urkunde über Erhaltung des Monuments und schloß mit den Worten:

„Ihnen, geehrter Herr Präsident, als dem Vertreter der Gemeinde Murg, übergebe ich die eben verlesene Urkunde. Möge, unter dem Schutze und der Pflege Ihrer Gemeinde, das Denkmal fort und fort von Geschlecht zu Geschlecht erhalten bleiben, möge es den spätesten Nachkommen noch das Andenken Heinrich Simon's, des treuen begeisterten Freiheitskämpfers, ins Gedächtniß rufen! Der Himmel gebe der braven Gemeinde Murg, gebe der Schweiz und dem theuern deutschen Vaterlande Heil, Segen und Gedeihen!"

Mit kurzen herzlichen Worten und dem Versprechen treuer Hut des Denkmals nahm dann Herr Präsident Gmür von Murg jene Urkunde entgegen. Und wiederum gab ein Lied der „Harmonie": „O Schutzgeist alles Schönen steig' hernieder" der gehobenen Stimmung aller Anwesenden den ergreifendsten Ausdruck. Nun trat Moritz Hartmann, eine gewinnende Persönlichkeit mit liebestrahlendem Auge, hervor und sprach:

„Wo unsere Väter einen Bund schlossen, da bauten sie einen Altar; wo sie Quellen und Brunnen an den Wegen und in der Wüste fanden, da errichteten sie ein Zeichen. Das Buch vergißt nicht, es zu erwähnen, und sie benannten darnach Städte und Länder. Ein solches Zeichen für das Volk errichteten wir hier am Wege, ein lange währendes, einen Brunnen der Erinnerung, aus welchem die Geschlechter schöpfen. Unser Denkmal ist kein Denkmal der Eitelkeit, der Herrschsucht, es ist ein Denkmal still erfüllter Pflicht.

„Es ist ein Denkmal der Milde und Liebe. Der Ruhm Simons klingt nicht laut wie Kanonendonner und wie das Brechen geschworner Eide, oder wie Hammer und Amboß beim Kettenschmieden; es ist der Ruhm des guten Gewissens, und ein unbeweglicher Ruhm ist wie das Recht selbst. Darum errichten wir dieses Monument hinter gewaltigen Bergen und umgeben von den Fluthen des blauen Gebirgssees; es steht da wie das unnahbare Bewußtsein, das unangreifbare Gewissen. Als er für das Recht des preußischen Volks, für die Unabhängigkeit des Gerichts aufgetreten war, damals brachte ihm eine Zahl von Freunden und Gleichgesinnten einen Pokal dar, mit der Inschrift: „Virtuti!" Dies wurde das Symbol seines Lebens. Sein Kelch trug diese Inschrift, worin er mit der ganzen Welt kommunicirte. Virtuti! steht hier in seinem Monumente, das einzige, bedeutende Wort: Die Mannhaftigkeit, die Tapferkeit, die Tugend! Männertugend, das ist es, was sein ganzes Leben erfüllt hat. So kämpfte er und ging aus dem Kampfe hervor, der manche Rüstung befleckt hat. Sein ganzes Leben schließt sich in die eine Thatsache zusammen, daß er im Exil gestorben. Dies Eine Wort: Virtus erzählt in einem kurzen Kommentare seine ganze Geschichte. Soll ich Ihnen das Leben, das Allen bekannt ist, noch einmal erzählen? Ja! Denn es ist ein Spiegel des Schönsten und Besten im deutschen Volke; sein Leben ist ein Sammelpunkt aller jener edlen Strömungen, die seit Lessing und Schiller die deutsche Nation bewegten. Keine edle Bestrebung unseres Volkes ist ihm fremd geblieben. Es ist jener Thautropfen, in dem sich die ganze Sonne spiegelt; sein Leben ragt in jene klare Atmosphäre der Höhen, die wie in die ferne Zukunft blicken. Sein Wirken für das öffentliche Wohl begann naturgemäß in der Zeit, da in seinem Vaterlande die Liebe für das Abgestorbene und Dahingeschiedene den Thron bestiegen. In diesem Zeitpunkte mußte seine Liebe für die Zukunft hervortreten, wie in der großen Natur Heilmittel und Gift eng bei einander sprossen. Der erste

Gang, den er kämpfte, galt der Religionsfreiheit. Sein zweiter Kampf war für die Unabhängigkeit der Gerichte, welche die Unabhängigkeit des Rechts selbst ist. Seine größte That aber in Preußen war, als er zum dritten Male auftrat, da man dem Volke anstatt des Brodes einen Stein, anstatt des Weines Essig und anstatt der Wahrheit Heuchelei bieten wollte. Dies war, als in Preußen das sogenannte Februarpatent veröffentlicht wurde. Wie freute sich ein Theil des Volkes, daß nun der Schein gewahrt sei, und wollte sich damit begnügen. Nun brauchte man doch nicht zu kämpfen, es war ja ausdrücklich gesagt, daß einem nicht ein bloßes Stück Papier geboten werden solle, und es war doch anders nichts als ein Papier. Da zückte er sein zweischneidiges Schwert. Annehmen oder Ablehnen, und seine Antwort: „Ablehnen" fuhr wie ein Strahl durch die Zagheit der Zeit und durch die Wirrsal der Lüge. Von diesem Augenblicke an treffen wir Simon überall in den Reihen der Kämpfer für das Recht des Einzelnen, wie für das Recht des Vaterlandes. Seine Vaterstadt schickte ihn deshalb an Friedrich Wilhelm IV., als sie wollte, daß ein Mann vor einem Throne spreche. Das Vertrauen seiner Mitbürger schickte ihn ins Vorparlament, das Vertrauen dieser Männer in den Fünfziger-Ausschuß, das Vertrauen des ganzen Volkes ins deutsche Parlament. Sie kennen seine Stellung in Frankfurt, und Viele von Ihnen als Augenzeugen. Sie wissen, mit welcher Achtung, ja Ehrfurcht man horchte, wenn er sprach. Er war einer der Wenigen, die selbst die Verleumdung nicht angriff. Man wußte zu gut, daß die deutsche Nation es wisse, wie Simon sein Auge und Herz nur dem Einem Ziele, der Größe und Freiheit des Vaterlandes, zugewandt habe. Bezeichnend ist es, daß seine Stellung anfangs eine vermittelnde war, daß er sich aber der kämpfenden und thätigen Partei mehr und mehr näherte, je größer die Gefahr wurde. Wer ihn kannte, konnte es voraussagen, daß er auch beim letzten Häuflein stehen würde. So kam es auch. Als die Vertreter des Volkes gesprengt wurden, da war er der Führer des letzten Häufleins. Auf diesem Posten beharrte er bis zum letzten Augenblicke, denn Beharren, das war der Grundzug seines Wesens. Schritt für Schritt, Fußbreit um Fußbreit kämpfte er für das Recht, bis er mit dem letzten Schritte das Land des Exils betrat. Auch hier endete nicht seine Wirksamkeit, aber dabei wollen wir nicht verweilen. Wir wissen es, daß er sein Brod mit seinen Gesinnungs= und Leidensgenossen theilte. Der große Ghibelline, der in der Verbannung die Hölle malte, schildert sein eigenes Elend in den Worten: „Mit allen Unglücklichen empfinde ich Mitleid, aber das größte mit den Unglücklichen, denen es nur im Traum vergönnt ist, ihr Vaterland zu sehen." Doch sollen wir von den Leiden des Exils sprechen? Nein! das hieße den Triumph unserer Feinde vermehren. Dürfen wir aber von Simon und seinem Exil reden, ohne des Landes zu gedenken, das ihn gastlich und edel aufnahm? Dieses Freistaats, dieser Freistätte aller freien Gedanken aller Welt! An allen Seen der Schweiz, nicht nur am Wallensee, liegen die Märtyrer aller Nationen; die Märtyrer für den Glauben, die Italien, Frankreich und selbst Spanien hieher gesandt hat; am Leman die Richter der Stuarts, die Märtyrer jener großen Freiheit des englischen Volkes, die aus ihrer That so herrlich aufgegangen ist. Drüben im Züricher See, auf jener kleinen Insel, die uns heute die Morgennebel halb verhüllen, liegt der ritterliche Hutten, ein früherer Vorläufer unserer Kämpfe, dessen Schatten mit Simon gute Nachbarschaft halten wird. Gesegnet sei dieses Land, dessen Freiheit das Dach war für so viele Obdachlose, für Alle, die ein Asyl in ihm suchen. Wir stehen hier wie um ein Grab. Aber selbst die Gegenwart eines Grabes soll uns nicht betrüben. Wir feiern kein Todtenfest, wir feiern ein Fest der Heiterkeit, da wir auf einen Menschen und auf ein Leben zurückblicken, das von der Heiterkeit beständiger Pflichterfüllung getragen war. In Uebereinstimmung mit dem Wesen Simon's, hat der Künstler jene rein griechischen Formen gewählt, die Formen jenes Volkes, das sich dem Staate und der schönen Lebenslust geweiht hatte. Simon's Leben war selbst ein schönes Kunstwerk, er selbst ein schönes Menschenbild; er starb, wie Einer, den die Götter lieben, in der Fülle seiner Kraft, wie Einer, der ewige Jugend in sich fühlt. Ein Vorbild für die Bürger, die wir erwarten, ein Beispiel für diejenigen, deren Mitbürger er war, so feiern wir ihn nicht besser, als mit jener heitern Hoffnung, die ihn beseelte, und der Zukunft fest, wie er selbst, vertrauend endigen wir mit dem Rufe: „Es lebe das gastliche Land, die freie Schweiz, es lebe das theure Vaterland: Deutschland, es lebe allwaltend die Freiheit!"

Nach Hartmann's Rede sang die „Harmonie" das herzerfrischende Lied: „Die Wacht am Rhein." Hiermit sollte das Weihefest geschlossen sein; man rüstete sich zum Abzug — da trat Oberst Bernold von Wallenstadt, ein in der ganzen Eidgenossenschaft hochgeachteter Mann, hervor und fügte unerwartet dem Feste einen schönen Schluß hinzu. Er sprach von der Verwandtschaft der Schweiz mit Deutschland. „Wir Schweizer," — sagte er — „sind ja auch Deutsche. Unsere ganze Bildung ist eine deutsche. Unser Höchstes und Tiefstes, wo holen wir es? Draußen bei Euch! Eure Dichter, sind sie nicht unsere Dichter? Unser Tell, ist er nicht der Eurige? Euer Schiller, ist er nicht unser Schiller?" . . . . . . „Wenn ich bedenke, wie in Wissenschaft und Kunst und in humaner Civilisation dieses Deutschland das Höchste erreicht hat, so über alle Völker das Höchste, und wenn ich dann wieder denke, wie es im politischen Zustand so gar arg zurück ist, so hülflos und gar nicht vorwärts zu bringen, so frage ich mich, wie kommt doch das, woher, warum? und da steht mir, wie man zu sagen pflegt, der Verstand still. Und ich habe auch diese Frage nicht aufgeworfen, um sie nun hier zu beantworten; ich weiß in der That keine Antwort darauf, sie ist mir ein Räthsel."

Der Redner blieb jedoch nicht bei dieser traurigen Betrachtung stehen: „die Märtyrer und sieglosen Kämpfer der Freiheit sind ja bei allen Nationen nur Vorläufer glücklicherer Kämpfer gewesen, die endlich das durchsetzen und in gelungener That erreichen, was vorangegangene Generationen umsonst erstrebten." Sein gläubig hoffendes Herz reiße ihn hin, auch dem alten Deutschland „trotz Kabale, List und Gewalt" diesen kommenden Sieg, auch den „cheruskischen Wäldern einen zweiten Varussieg über die Feinde der Freiheit" vorherzusagen. Der Hermann dieser Wälder müsse aber das deutsche Volk selber werden. Dazu solle jeder brave Deutsche sich und Andere vorbereiten. Wie die Spartaner durch das Denkmal in den Thermopylen an die Männer erinnerten, die dem Vaterland die Pflicht geleistet, so werde dieses Denkmal noch in ferner Zeit den hier Vorübergehenden von einem edlen Manne reden, der seinem Vaterlande die Pflicht geleistet habe und als ein Vorkämpfer und Vorläufer von Deutschlands Freiheit im Exil gestorben sei. Wenn der Todte sich noch einmal aus dem See aufrichten könnte, so würde er das heutige Thun seiner Freunde segnen, und Licht und Segen werde auch künftig von dieser geweihten Stätte ausgehen. Der Redner schloß mit dem Versprechen,

daß die Gemeinde, die ganze Gegend, ja das Schweizervolk
dieses deutsche Denkmal in treue Obhut nehmen und vor
jeder Unbill schützen werde.

Nach dieser Rede kehrte der Zug in gleicher Ordnung
zum Gasthause zurück. Auf der Wiese hinter dem Gasthause,
dem gegenüber die hohe Ruine der durch Brand zerstörten
Blumer'schen Fabrik sich erhebt, und eine mächtige Fontaine
aus der Wasserleitung hervorspringt, vereinigte ein ländliches
Mahl die Festtheilnehmer im Freien. Da machten sich die
patriotischen Gefühle von Neuem in zahlreichen gelungenen
Toasten geltend, deren ersten Dr. Hilty, Fürsprech aus
Chur, Namens der Familie brachte. „Der Verstorbene,"
sagte er, „gehörte nicht blos der Familie, sondern dem Vaterlande und der Menschheit an." Diese erweiterte Familie setzte ihm das schöne Denkmal, daher er den Ur-
hebern desselben, voraus Dr. Jacoby und dem Baumeister
Chialiva, ein Hoch bringe."

Dr. Jacoby antwortete und benutzte die alte Weissa-
gung, daß „der Brocken einst mitten in der Schweiz
stehen werde," zu einem Toaste auf die Bruderliebe zwischen
dem freien Deutschland und der freien Schweiz. Hierauf
erhob sich Ludwig Bamberger aus Paris zu einer, man-
chem ergrauten Verbannten die Thränen in die Augen locken-
den Ansprache. Dieselbe bietet ein so treues Bild der
Gesinnung der heute noch nach 13 Jahren im Exile lebenden Männer, daß wir sie den Lesern möglichst vollständig
geben wollen.

Anknüpfend an die Rede des Oberst Bernold und der
ihm entfallenen Bemerkung: daß ihm der Verstand stille
stehe, wenn er den Widerspruch zwischen der deutschen
Geistesreife und dem politischen Elend ins Auge
fasse, erkennt der Redner an, daß allerdings der Oberst den

Kernpunkt der Sache herausgegriffen habe, und daß in dem Widerspruche zwischen dem fortgeschrittenen Bewußtsein der deutschen Nation und der zurückgebliebenen staatlichen Bildung ein peinliches Räthsel liege. Vieles ließe sich zur Auflösung sagen, mehr als wozu hier Ort und Zeit sei. Nur Eins sei hervorgehoben, weil es sich an den heutigen Tag anknüpfen lasse. „Auch der Vortreffliche, dem dieser Tag gilt, hat die Bitterkeit des Exils erfahren: was es heißt, die Bahn des Lebens mitten entzwei gebrochen zu sehen und mit Aufgebung aller geistigen Ziel- und Strebepunkte, von Neuem eine materielle Grundlage für's Leben aufbauen zu müssen. In dieser selben Lage befand sich Deutschland am Ende des dreißigjährigen Krieges. Viel zu wenig ist noch den Deutschen selbst bekannt, wie tief gesunken die ökonomischen Zustände des Vaterlandes aus jenem Streit hervorgegangen, der auf seinem Boden für ganz Europa gefochten wurde; während die Nebenländer ihr intellektuelles Leben fortentwickeln konnten, mußte Deutschland erst wieder hundert Jahre lang für die Nothdurft des Lebens arbeiten. Dann erst erklomm es die geistige Höhe, aus welcher endlich auch die Blüthe, der unentbehrliche Schluß des politischen Daseins, aufzuschießen verspricht. Und wir können, wie Dr. Jacoby gesagt, mit Gewißheit dem Tage entgegensehen, an dem die große Erlösungsstunde schlagen wird. Dann werden wir vor Allem auch dieses edlen Todten, den wir heute feiern, gedenken und rufen: „Ach, daß er sie doch erlebt hätte, die schöne Stunde!" So wie er dieses Looses würdig gewesen wäre, so lassen Sie uns Alle leben! Wie der Priester zum Gläubigen spricht: „Lebe so, als könnte jede Stunde die deines Todes sein!" so spricht das Vaterland zum Verbannten: „Wandle so, als ob du lange genug zu leben hättest, um die Stunde der Freiheit zu schauen. Halte dich so aufrecht, daß du mit gehobener Stirn und mit reinen Händen hintreten kannst am Tage des großen Sieges, um auf dem Altare zu opfern." Zwei Dinge sind es vor allen, die den politischen Menschen machen: Die hehre Anschauung vom Vaterlande und das Gefühl der persönlichen Würde. Beide aber sind, als Ausgleichung für die Schmerzen des Exils, dem Verbannten vom Schicksal in die Seele gelegt. Entrückt dem Boden der Heimat und dem täglichen Empfinden ärgerlicher thatsächlicher Schranken, steht vor seinem Auge das Vaterland in seiner ganzen fleckenlosen Schönheit und Reinheit; und die herbe Nothwendigkeit des Exils, die ihn zwingt, seinem Beruf, seinem Stolze, seinem besseren halben Leben zu entsagen, treibt um so mehr das Selbstgefühl und den Selbsterhaltungstrieb des geistigen Ichs in die Brust zurück, wo sie sich zu festem Erze bilden. Ein solcher unerschütterlicher Verbannter war der Verstorbene. Wenn Sie, denen es vergönnt ist, heimkehren ins Vaterland, so bringen Sie unsern Landsleuten den Gruß der Verbannten und sagen Sie ihnen, daß wir dem Tag entgegensehen, an dem wir als freie, ungebeugte Männer heimkehren werden; bringen Sie ihnen auch den Gruß dieses edlen Todten, sagen Sie ihnen, sein letzter Gedanke sei ihrer Aller Freiheit und Wohl gewesen; und dies Denkmal am Wallensee warte hier, bis daß ihm das echte und rechte gesetzt werde auf dem Markte der guten Stadt Breslau, und dann auch ein Denkmal errichtet werde zu Wien auf der Brigittenau und eine hohe Ehrensäule zu Rastadt im Lande Baden."

Hierauf brachte Ludwig Simon dem Manne der That, dem schmählich gefangenen Joseph Garibaldi, ein feuriges Hoch. Der Arbeiter Retwisch aus Holstein schil-

berte, wie die Arbeiter in der Schweiz ihre wenigen Muße-
stunden dem Vaterlande widmen, und brachte seinen Gruß
an die Arbeiter in Deutschland. Oberst Bernold bezeich-
nete in einem warmen Lebehoch auf Deutschland und seine
Bestrebungen die heutige Feier als den „Rütlischwur
der Deutschen in der Schweiz", und Dr. Borchardt gedachte der kämpfenden Brüder in Amerika. Mayer von
Eßlingen bewährte sich als echter Volksredner durch ein
feuriges Lob der Schweizer; er sprach den Wunsch aus, daß
die brüderliche Annäherung zwischen Deutschen und Schweizern immer mehr und mehr befestigt werde.

So schloß die erhebende Feier, die — ein hellleuchten-
der Stern im Dunkel des Lebens der Verbannten, ihre
Strahlen auch nach dem geliebten Vaterlande und in die
Herzen des deutschen Volkes senden wird.

III.
Heinrich Simon.
(Ein Nachruf.*)

Das deutsche Volk hat einen großen Bürger verloren: Heinrich Simon von Breslau ist todt.

In dem Verlaufe der eilf Jahre, welche seit dem Versuche zur Erhebung Deutschlands zur Einheit, Größe und Freiheit verflossen sind, hat keines politischen Mannes Tod in Deutschland ein solches Gefühl der Trauer, ein so einmüthiges Bewußtsein des damit verbundenen schweren Verlustes wachgerufen, als das unerwartete und plötzliche Dahinscheiden dieses tapfern und muthigen Vorkämpfers unserer Nationalsache. Und dieser Mann, dessen Tod unser Volk als einen Nationalverlust beklagt, dieser Mann, für den jetzt, wo sein Herz und sein Muth, seine Begeisterung und seine Thatkraft unwiederbringlich dahin sind, sich das Mitgefühl aller edlen patriotischen Männer in Nachrufen der Anerkennung und des Schmerzes Luft macht — er war ein Geächteter, den die siegreiche Partei aus dem Vaterlande vertrieben, zu lebenslänglichem Zuchthause verurtheilt hatte, weil er von sich sagen durfte, was einst von dem letzten Römer, von dem ruhmwürdigen Besiegten im Kampfe gegen

---
*) „National-Zeitung" vom 7. September 1860.

den erſten Imperator, geſagt worden iſt: Victrix causa Diis placuit, sed victa Catoni.

Das iſt eine Erſcheinung, die zu ernſten Gedanken auffordert! — Doch wir haben die Pflicht, dem Dahingeſchiedenen den gerechten Zoll unſerer ſchmerzvollen Dankbarkeit dadurch darzubringen, daß wir dem jüngern Geſchlechte, welches ſeit den Tagen, wo Heinrich Simon's Name im deutſchen Volke unter ſeinen vorderſten Kämpfern genannt ward, zu Männern erwachſen iſt, ſagen: was er geweſen und gethan hat, um ihnen ein Vorbild zu ſein in dem Streben und in dem Kampfe, in der ausharrenden Energie und in dem freudigen Opfermuthe, deſſen die Sache, für die er gelebt hat, bedarf und in nächſter Zeit im vollen Umfange bedürfen wird.

Wie ſich in dem Leben jedes Theils das Ganze offenbart, ſo iſt auch in der Entwickelungsgeſchichte jedes einzelnen Menſchen dem ſehenden Auge der Bildungsgang der geſammten Menſchheit erkennbar. In früheſter Kindheit — unmerklich und unbewußt — durchläuft die Entwickelung des Einzelmenſchen die ſeiner Geburt vorangegangenen geſchichtlichen Bildungsphaſen der Menſchheit; langſamer, mehr oder minder bewußt und mitthätig durchlebt er die Entwickelungsepoche ſeiner eigenen Zeit. — So iſt jedes einzelne Menſchenleben ein treuer Spiegel der Zeitgeſchichte, aber ein thätiger, lebendiger Spiegel, der ſelbſt an dem Bilde, das ſich in ihm ſpiegelt, mitſchafft, mitarbeitet, mitgeſtaltet.

Je höher der Menſch ſteht, je größer ſeine Einſicht und Thatkraft ſind, deſto klarer dieſer lebendige Spiegel, deſto mächtiger wird durch Betrachtung deſſelben die Selbſterkenntniß der Zeitgenoſſen gefördert, deſto ſtärker der Thatdrang, das Vorwärtsſtreben nach dem großen Ziele der

Menschheit in ihnen erweckt. Wenn irgend ein Leben in unserer an Charakteren so armen Zeit dies Gepräge trägt, so ist es das Leben Heinrich Simon's, das jetzt vollendet vor uns liegt. Wer treu das innere und äußere Leben dieses Mannes zu schildern verstände, der hätte damit zugleich die vollständige vaterländische Geschichte der letzten dreißig Jahre gegeben, deren religiöse, soziale und politische Kämpfe für die Entwickelung des deutschen Volkes von so großer Bedeutung gewesen. Es sind diese dreißig Jahre die erst beginnende mühsame Erndtezeit einer vorangegangenen langen Arbeit geistiger Aussaat.

Es kann hier nicht unsere Absicht sein, eine solche Lebensschilderung zu geben, wir können und wollen andeutend nur daran erinnern, wie warm und lebendig Heinrich Simon an allen jenen Kämpfen — und zwar stets im Vordertreffen — mit selbstloser Hingabe — theilgenommen. Aber schon Dies wird genügen, sein Bild und sein Andenken in dem Herzen des Volkes wach zu rufen, das er so sehr geliebt, für das er freudig Alles hingegeben, und das so viel Ursache hat, ihm dankbar zu sein.

Heinrich Simon's erstes öffentliches Auftreten begann fast gleichzeitig mit der Thronbesteigung Friedrich Wilhelms IV., von welcher für Preußen wie für ganz Deutschland eine Periode der Bewegung und des Aufschwungs im öffentlichen Leben datirt. Dieses Auftreten nahm seinen Ausgangspunkt von den Studien und von der Lebensstellung, in welcher Heinrich Simon sich befand. Rechtsgelehrter und praktischer Jurist, in richterlicher Stellung thätig — waren es Gesetz und Recht seines Vaterlandes, deren Aufhellung und Verbesserung er seine Kräfte widmete. Wir erinnern hier an seine Schriften über die Gesetzgebung in Betreff der Juden in Preußen und über das preußische Staatsrecht, von denen er die erste allein, die zweite im Verein mit seinem Freunde Rönne herausgab. Die bedrohte Unabhängigkeit des preußischen Richterstandes rief seine Schrift zur Vertheidigung dieser Unabhängigkeit, und damit einen Kampf hervor, welcher, als Simon's Anstrengungen vergeblich blieben, mit seinem freiwilligen Austritte aus dem Staatsdienste endete. Schon hier bethätigte er jenen Muth der Konsequenz und jene Alles an Alles setzende Energie, welche bald auf einem größern Felde sich erproben sollte. Seine juristische öffentliche Thätigkeit war abgeschlossen, seine politische begann.

In seinem Werke über das preußische Staatsrecht hatte er auf die bisher unerfüllt gebliebene Verheißung einer reichsständischen Verfassung aus dem Jahre 1815 mit Nachdruck hingewiesen. Die Erfüllung dieser Zusage erschien ihm als das Ziel, auf dessen Erreichung alle Kraft der Bürger gerichtet sein müsse. Als daher im Jahre 1847 statt solcher Erfüllung dem vereinigten Landtage das Patent vom 3. Februar vorgelegt wurde, erhob er in seiner Schrift „Annehmen oder Ablehnen?" seine Stimme laut zu Gunsten jenes früheren königlichen Wortes, indem er vom Standpunkte des positiven Rechts die Ablehnung des Patents den Vertretern des preußischen Volkes als unabweisbare Pflicht darstellte. Trotz des Verbotes durchflog diese Schrift und der Name ihres Verfassers ganz Deutschland. Mochten auch sogenannte praktische Politiker die Einseitigkeit des juristischen Standpunktes in einer großen staatsrechtlichen Frage tadeln, die Wirkung der Schrift, in welcher mit dürren Worten das Anerbieten der Krone als eine Umgehung der Rechtsansprüche des Volkes auf eine reichsständische Verfassung dargethan war, blieb darum nicht minder von hoher Bedeutung. Für den Verfasser hatte sie zunächst die thatsächliche Folge, daß er in Anklagestand gesetzt und auf einer Reise von Breslau nach Ostpreußen begriffen, steckbrieflich verfolgt wurde, worauf er sich sofort freiwillig dem Gerichte stellte.

Indessen die Ereignisse folgten einander schnell in jenen Tagen. Vergebens hatte der Vereinigte Landtag, wie einer seiner Führer, der spätere Minister Camphausen, sich ausdrückte, weit vorgebogen die Hand zur Vereinigung und Versöhnung hingestreckt; diese Hand ward zurückgewiesen, und der Anfang des nächsten Jahres brachte, als Frucht des ausgesäeten Windes, den Sturm der März-Revolution. Der erste Beginn der Bewegung verschlang mit allen andern kleinlichen Dingen auch den gegen Heinrich Simon erhobenen Prozeß und führte den Verfolgten, statt auf die Bank der Angeklagten, an die Stufen des Thrones, wo er als Abgeandter Breslau's die Wünsche und Forderungen jener Tage geltend machte, führte ihn in das Vorparlament und in den Fünfziger-Ausschuß, sowie in das erste deutsche Parlament, in welches ihn die Achtung und das Vertrauen seiner Mitbürger berief: ein Umschlag des Schicksals, wie er für einen deutschen Bürger jäher nicht gedacht werden konnte.

Die Geschichte des deutschen Parlaments ist bekannt. Heinrich Simon war in demselben Führer einer der großen Parteien, in welche diese Versammlung sich spaltete. Nicht der Schimmer glänzender Redekunst, wohl aber die Tüchtigkeit und der Adel seines Charakters, seine Einsicht und seine Kenntnisse, verbunden mit der ebenso gewinnenden als imponirenden Persönlichkeit seines Wesens, bildeten die Grundlage seiner Stellung, so wie der Achtung, die ihm selbst von Gegnern gezollt ward. Er sprach selten und immer nur bei den wichtigsten Veranlassungen, überall nachdrücklich, klar, sachlich, gehaltvoll, und seine Reden werden vielen Zeitgenossen noch erhebend im Gedächtniß leben. Mehr aber als durch seine Parlamentsreden wirkte er als **Parteiführer** durch das Talent und die Kunst verständigender Vermittelung. Denn derselbe Mann, der an zäher Beharrlichkeit und eiserner Konsequenz wenige seines Gleichen hatte, war zugleich eben so geschickt als befähigt, da, wo höhere Gründe der Zweckmäßigkeit vorwalteten, der Uebung jener Eigenschaften zu Gunsten ausgleichender Bestrebungen zu entsagen, wobei ihm eine gewinnende Liebenswürdigkeit und die Freiheit und Feinheit seiner Umgangsformen vorzüglich zu Statten kamen. Einen Beweis dieser letzteren Eigenschaft gab er in der berühmt gewordenen Unterhandlung wegen der Kaiserwahl. Das Original des Dokuments, in welchem Herr v. Gagern und seine Partei ihre Ehre dafür verpfändeten, daß sie an der vom Parlament beschlossenen Reichsverfassung unverrückbar festhalten wollten, wenn die Partei Heinrich Simon's ihr in Sachen der Kaiserwahl nachgäbe, bewahrte Heinrich Simon noch in der Verbannung.

Heinrich Simon stand vom Beginne der Bewegung an auf Seiten der gemäßigten Linken; aber durch die Macht der Verhältnisse und Ereignisse wurde er Schritt für Schritt auf die Seite derjenigen hingedrängt, welche nur in der äußersten Konsequenz — wenn nicht Rettung, so doch einen ehrenvollen Untergang des deutschen Parlaments ersahen. Er ging mit der deutschen National-Versammlung nach **Stuttgart** und ward daselbst in die deutsche **Reichsregentschaft** gewählt. Bisher hatte er keine Amtsstellung angenommen, jetzt, wo die Aussicht auf Sieg immer geringer, der Untergang immer wahrscheinlicher und die Gefahr immer drohender ward, trug er kein Bedenken, seine

ganze Zukunft der Sache zum Opfer zu bringen, die er für
die gerechte hielt. Nach der gewaltsamen Auflösung der
National-Versammlung in Stuttgart begab er sich mit
einigen Gefährten nach Baden, von wo er, nachdem hier
die Bewegung jener Zeit ihr Ende gefunden, nach der
Schweiz ging. Er hat die Heimat nicht wieder gesehen.

Aber bis zu seinem letzten Athemzuge waren alle seine
Gedanken und Wünsche, seine Sehnsucht und seine Hoff=
nung, ja, soweit davon die Rede sein konnte, seine Kraft
und Thätigkeit dem Vaterlande und seinem Volke geweiht.
Seine nächste Sorge galt dem Loose der zahlreichen deut=
schen Flüchtlinge in der Schweiz. Mehrere Jahre hindurch
verwandte er seine Zeit und seinen Fleiß auf die Herbei=
schaffung von Unterstützungen für diese Unglücklichen, um
ihnen die Mittel zu neuer Selbstständigkeit zu gewähren;
es ist im wörtlichen Sinne zu nehmen, daß er sein
karges Brod in jenen Zeiten oft mit seinen Leidensgenossen
theilte.

Schwere Prüfungen kamen über ihn. Von Vaterland
und Familie getrennt, mußte er den greisen Vater, mußte
er die Mutter, die er über Alles liebte, sterben lassen, ohne
den nach ihm Rufenden die Augen schließen zu können.
Eben so schwer drückte die Unthätigkeit, zu der er verdammt
war, den an thätiges Wirken gewöhnten Mann. Aber auch
hier bewährte sich die Energie und Vielseitigkeit seiner
Natur. Theils um sich eine Thätigkeit zu schaffen, theils
gezwungen durch die Nothwendigkeit, sich seinen Unterhalt
zu gewinnen, begründete er, der bisher sich nur in den
Sphären der Jurisprudenz und Staatswissenschaft bewegt
hatte, zwei großartige industrielle Unternehmungen. Das
Glück begünstigte ihn nur kurze Zeit; da brach die große
europäische Geldkrisis des Jahres 1857 aus, und nur seine

Festigkeit und unermüdliche Thätigkeit, verbunden mit einer seltenen Umsicht, vermochten diesem Stoße zu stehen. Doch zogen selbst diese Sorgen und Arbeiten für seine und seiner Familie Existenz keinen Moment sein Auge ab von den allgemeinen Geschicken des deutschen Vaterlandes. Er, der Verbannte, der Ausgestoßene, begrüßte freudig den in Preußen im Jahre 1858 eingetretenen Umschwung der Dinge, wenngleich er sich keinen Illusionen über die Natur und Tragweite desselben und am Wenigsten über dessen Bedeutung für sein eigenes Schicksal hingab. Er gehörte zu den wenigen Charakteren, die im Exil nicht den Haß schärfen, sondern die Versöhnlichkeit steigern, bei denen der Schmerz über die nicht erreichten Ideale nicht die gerechte Würdigung dessen zurückdrängt, was der Augenblick und die veränderte Lage Tröstliches und Hoffnungsvolles bieten. Ja! er besaß sogar die seltene Kraft, sich zu sagen, daß ein langes Exil, wie das seine, fast jede Aussicht auf spätere eigene Wirksamkeit in der Heimat raube, selbst wenn, woran er stets zweifelte, die siegreiche Partei sich entschließen sollte, der besiegten eine annehmbare Amnestie zu ertheilen. Aber je drohender die deutschen Verhältnisse sich gestalteten, um so tiefer empfand er seine Betheiligung an dem Geschick des Vaterlandes. Die Schrift: „Don Quixote der Legitimität oder Deutschlands Befreier?", welche er im Jahre 1858 schrieb, war ein Warnungsruf an Preußen, seine Zukunft und damit die Zukunft Deutschlands nicht zu Gunsten eines Systems und einer Macht zu verscherzen, die von jeher der Feind Beider gewesen ist. Als dann endlich die seit den Zeiten des ersten deutschen Parlaments niedergehaltene deutsche Einheitsbewegung sich in dem deutschen Nationalverein den ersten Ausdruck zu geben versuchte, da trat er mit der Mahnung an das deutsche

Volk hervor, daß es das Banner der Einigung in der von seinen frei gewählten Vertretern rechtsgültig beschlossenen und von vielen Regierungen bereits anerkannten Deutschen Reichsverfassung besitze. Er hat diese Mahnung noch wiederholt an dem Tage, welcher dem letzten seiner Tage voranging.

Fassen wir jetzt das Gesammtbild des Mannes, dessen kraftvolles Leben am 16. August 1860 die Wasser des Wallensee's in ihre Tiefe hinabzogen, in wenigen Hauptzügen zusammen. Heinrich Simon war Jurist, und er hat den Stempel, den ihm seine Studien und sein Wirken als Mann des Rechts aufprägten, nie verleugnet. Die Wurzel aller seiner Eigenschaften, die ihn als Bürger den bedeutendsten Männern unseres Volkes zugesellen, war ein hoher Gerechtigkeitssinn, ein tiefes Rechtsgefühl, dem sein juristischer Scharfsinn und sein juristisches Wissen keinen Abbruch thaten. Ruhiges Selbstgefühl, männliche Thatkraft, bürgerlicher Muth im Erfassen und Zähigkeit im Festhalten des für Recht und Pflicht Erkannten waren ihm im hohen Grade eigen. Seine Empfänglichkeit und Begeisterung für die Idee war eine solche, die nicht zurückschreckt vor irgend einer Verantwortlichkeit in Betreff der erforderlichen Mittel, und seine Energie reichte stets so weit wie seine Einsicht. Feind war er stets jenem Rausche der Begeisterung, der — mit dem physischen Rausche verwandt — von gleich kurzer Dauer ist. Sein Wahlspruch hieß: „nicht müde werden!"

Männer wie Heinrich Simon verkünden durch ihr Leben eine bessere Zukunft, sind selbst eine trostreiche, frohe Botschaft für unser, trotz seiner hohen Eigenschaften zurückgesetztes und verkanntes Volk. Auch in dem Bewußtsein des deutschen Volkes taucht endlich wieder jener antike

Begriff der Sittlichkeit auf, der so lange durch ein miß-
verstandenes Christenthum verdunkelt und getrübt wor-
den, jener Sittlichkeit, die von jedem Menschen Bürger-
tugend, Gemeinsinn, Hingebung für das Vaterland fordert und ohne diese Tugenden keinen sittlichen
Werth des Menschen anerkennt, wäre er im Familien- und
Privatleben auch noch so fromm und gut. Diese antike
Sittlichkeit besaß Heinrich Simon in vollem Maße. Der
zärtlichste Sohn und Bruder, der treuste Freund seiner
Freunde, ein unermüdlicher Helfer aller Gedrückten und
Nothleidenden, war doch über Alles dieses hinaus der
Stern seines hellen Auges verwiegend auf das Allgemeine, auf die Ideen des Rechts und der Freiheit, auf
ihre Verwirklichung im Vaterlande gerichtet. Und so soll
auch dieser Nachruf, den die bebende Hand des Freundes
schreibt, und bei dem im Angedenken an die herrliche Er-
scheinung, die noch vor kurzer Zeit in ihrer ganzen Statt-
lichkeit vor uns stand, uns das Herz erzittert, keine Lob-
preisung des Mannes sein — eine solche wäre wenig in
seinem Sinne —, vielmehr eine tröstende Ermuthigung, ein
heller Aufruf an das deutsche Volk: auf dem Wege vorwärts zu streben, den Heinrich Simon als tapferer Vorkämpfer mit angebahnt. Eine Mahnung soll es sein, daß
das Volk inne werde, welche Kräfte und Männer sich im
Elend verzehren, was sie im Vaterlande für das Vaterland
zu leisten vermöchten. Es soll das Volk auf sein Anrecht
an diese Männer und deren Wirksamkeit hingewiesen —,
es soll bestimmt werden, sie auf jede gesetzliche Weise mit
Ernst und Festigkeit von seinen Fürsten zurückzufordern.

Männlich und schön, wie Heinrich Simon's Leben, ist
sein Ende gewesen. Schönheit aber war seiner innersten
Seele Bedürfniß, und seine ganze Bildung als Mann der

Erkenntniß und der That erhielt ihre Krone durch seine Empfänglichkeit für das Schöne. Sein Ideal war der vollendete Mensch im edelsten Sinne des Hellenischen Alterthums, war „das Schöne zum Guten." Er strebte und verstand es, aus seinem Leben selbst ein Kunstwerk zu machen, und das Geschick, das ihn bei diesem Streben begünstigte, vergönnte ihm einen dem Ganzen entsprechenden schönen Abschluß. Im Vollgefühl aller seiner Kräfte, das Herz von neuer Hoffnung belebt für die Zukunft seines Vaterlandes, die Brust von Jubel und Freude geschwellt über die Erfolge des Freiheitskampfes, die er wenige Wochen zuvor in dem von ihm geliebten Italien mit eigenen Augen geschaut hatte, so ist er an jenem sonnig hellen Nachmittage des 16. August 1860 in freudiger Lebensfülle dem Elemente in die Arme gesunken, in welchem sich zu bewegen von jeher sein größter Genuß gewesen war.

Mögen die Geister der Tiefe den Leib des Dahingeschiedenen festhalten im feuchten Element — sein Geist ist nicht mit niedergesunken: er lebt fort in den Herzen seiner Freunde, in dem Andenken eines dankbaren Volkes; er schließt sich dem herrlichen Geisterzug aller jener Tapfern an, die jemals für die höchsten Güter der Menschheit gestritten und gelitten haben......

www.ingramcontent.com/pod-product-compliance
Lightning Source LLC
Chambersburg PA
CBHW031352230426
43670CB00006B/515